U0635007

天津外国语大学“求索”文库

WISDOM OF ANCIENT GREEK & ROMAN PHILOSOPHERS

西方哲人智慧丛书

佟　立◎主编

古希腊罗马哲学家的智慧

吕纯山　刘昕蓉 等◎编著

天津出版传媒集团
天津人民出版社

图书在版编目(CIP)数据

古希腊罗马哲学家的智慧/ 吕纯山等编著.--天津：天津人民出版社,2019.11

(西方哲人智慧丛书/佟立主编)

ISBN 978-7-201-14906-6

Ⅰ.①古… Ⅱ.①吕…Ⅲ.①古希腊罗马哲学 Ⅳ.①B502

中国版本图书馆 CIP 数据核字(2019)第 138822 号

古希腊罗马哲学家的智慧

GUXILALUOMA ZHEXUEJIA DE ZHIHUI

出　　版　天津人民出版社
出 版 人　刘　庆
地　　址　天津市和平区西康路 35 号康岳大厦
邮政编码　300051
邮购电话　(022)23332469
网　　址　http://www.tjrmcbs.com
电子信箱　reader@tjrmcbs.com

策划编辑　王　康
责任编辑　林　雨
装帧设计　明轩文化·王烨

印　　刷　天津旭丰源印刷有限公司
经　　销　新华书店
开　　本　710 毫米×1000 毫米 1/16
印　　张　27.75
插　　页　2
字　　数　290 千字
版次印次　2019 年 11 月第 1 版　2019 年 11 月第 1 次印刷
定　　价　116.00 元

版权所有 侵权必究

图书如出现印装质量问题,请致电联系调换(022-23332469)

天津外国语大学“求索”文库

天津外国语大学“求索”文库编委会

主　任：陈法春

副主任：余　江

编　委：刘宏伟　杨丽娜

总序　展现波澜壮阔的哲学画卷

2017年5月12日，在56岁生日当天，我收到天津外国语大学佟立教授的来信，邀请我为他主编的一套丛书作序。当我看到该丛书各卷的书名时，脑海里立即涌现出的就是一幅幅波澜壮阔的哲学画卷。

一、古希腊哲学：西方哲学的起点

如果从泰勒斯算起，西方哲学的发展历程已经走过了两千五百多年。按照德国当代哲学家雅斯贝斯在他的重要著作《历史的起源与目标》中所提出的“轴心时代文明”的说法，公元前800—前200年所出现的各种文明奠定了后来人类文明发展的基石。作为晚于中国古代儒家思想和道家思想出现的古希腊思想文明，成为西方早期思想的萌芽和后来西方哲学的一切开端。英国哲学家怀特海曾断言：“两千五百年的西方哲学只不过是柏拉图哲学的一系列脚注而已。”[①] 在西方人看来，从来没有一个民族能比希腊人更公正地评价自己的天性和组织制度、道德及习俗，从

---

① 转引自［美］威廉·巴雷特：《非理性的人》，段德智译，上海译文出版社，2012年，第103页。

来没有一个民族能以比他们更清澈的眼光去看待周围的世界，去凝视宇宙的深处。一种强烈的真实感与一种同等强烈的抽象力相结合，使他们很早就认识到宗教观念实为艺术想象的产物，并建立起凭借独立的人类思想而创造出来的观念世界以代替神话的世界，以“自然”解释世界。这就是古希腊人的精神气质。罗素在《西方哲学史》中如此评价古希腊哲学的出现：“在全部的历史里，最使人感到惊异或难以解说的莫过于希腊文明的突然兴起了。构成文明的大部分东西已经在埃及和美索不达米亚存在了好几千年，又从那里传播到了四邻的国家。但是其中却始终缺少着某些因素，直到希腊人才把它们提供出来。”① 亚里士多德早在《形而上学》中就明确指出：“不论现在还是最初，人都是由于好奇而开始哲学思考，开始是对身边所不懂的东西感到奇怪，继而逐步前进，而对更重大的事情发生疑问，例如关于月相的变化，关于太阳和星辰的变化，以及万物的生成。”② 这正是古希腊哲学开始于惊奇的特点。

就思维方式而言，西方哲学以理论思维或思辨思维为其基本特征，而希腊哲学正是思辨思维的发源地。所谓“思辨思维”或者“理论思维”也就是“抽象思维”(abstraction)，亦即将某种“属性”从事物中“拖”(traction) 出来，当作思想的对象来思考。当代德国哲学家文德尔班指出：“古代的科学兴趣，尤其在希腊人那里，被称为‘哲学’。它的价值不仅仅在于它是历史研究和文明发展研究中的一个特殊主题。实际上，由于古代思想的

---

① ［英］罗素：《西方哲学史》，李约瑟译，商务印书馆，1982 年，第 24 页。

② ［古希腊］亚里士多德：《形而上学》，吴寿彭译，商务印书馆，1997 年，第 31 页。

内容在整个西方精神生活的发展过程中有其独特的地位，因此它还蕴含着一种永恒的意义。”的确，希腊人把简单的认知提升到了系统知识或“科学”的层次，不满足于实践经验的积累，也不满足于因宗教需要而产生的玄想，他们开始为了科学本身的缘故而寻求科学。像技术一样，科学作为一种独立事业从其他文化活动中分离出来，所以关于古代哲学的历史探究，首先是一种关于普遍意义上的西方科学之起源的洞察。文德尔班认为，希腊哲学史同时也是各个分支科学的诞生史。这种分离的过程首先开始于思想与行动的区分、思想与神话的区分，然后在科学自身的范围内继续分化。随着事实经验的积累和有机整理，被希腊人命名为“哲学”的早期简单的和统一的科学，分化为各门具体科学，也就是各个哲学分支，继而程度不同地按照各自的线索得到发展。古代哲学中蕴含的各种思想开端对后世整个科学的发展有着非常重要的影响。尽管希腊哲学留下来的材料相对较少，但是它以非常简明扼要的方式，在对事实进行理智性阐述的方面搭建了各种概念框架；并且它以一种严格的逻辑，在探索世界方面拓展出了所有的基本视域，其中包括了古代思想的特质，以及属于古代历史的富有教育意义的东西。

事实上，古代科学的各种成果已经完全渗透到了我们今天的语言和世界观之中。古代哲学家们带有原始的朴素性，他们将单方面的思想旨趣贯彻到底，得出单边的逻辑结论，从而凸显了实践和心理层面的必然性——这种必然性不仅主导着哲学问题的演进，而且主导着历史上不断重复的、对这些问题的解答。按照文德尔班的解释，我们可以这样描绘古代哲学在各个发展阶段上的典型意义：起初，哲学以大无畏的勇气去探究外部世界。然而当它在这里遭遇阻碍的时候，它转向了内部世界，由这个视域出发，它以新的力量尝试去思考“世界-大全”。即使在服务社会和满足宗教需要的方面，古代思想赖以获取概念性知识的这种方式也具有一种超越历史的特殊意义。然而古代文明的显著特征就在于，它具有“容易识别”的精神生活，甚至是特别单纯和朴素的精神生活，而现代文明在相互关联中则显得复杂得多。

二、中世纪哲学：并非黑暗的时代

古希腊哲学的幅幅画卷向我们展示了古代哲学家们的聪明才智，更向我们显示了西方智慧的最初源头。而从古希腊哲学出发，我们看到的是中世纪教父哲学和经院哲学在基督教的召唤下所形成的变形的思维特征。无论是奥古斯丁、阿伯拉尔，还是托马斯·阿奎那、奥卡姆，他们的思想始终处于理智的扭曲之中。这种扭曲并非说明他们的思想是非理智的，相反，他们是以理智的方式表达了反理智的思想内容，所以中世纪哲学往往被称作“漫长的黑暗时代”。一个被历史学家普遍接受的说法是，“中世纪黑暗时代”这个词是由14世纪意大利文艺复兴人文主义学者彼特拉克所发明的。他周游欧洲，致力于发掘和出版经典的拉丁文和希腊文著作，志在重新恢复罗马古典的拉丁语言、艺术和文化，对自罗马沦陷以来的变化与发生的事件，他认为不值得研究。人文主义者看历史并不按奥古斯丁的宗教术语，而是按社会学术语，即通过古典文化、文学和艺术来看待历史，所以人文主义者把这900年古典文化发展的停滞时期称为“黑暗的时期”。自人文主义者起，历史学家们对“黑暗的时期”和“中世纪”也多持负面观点。在16世纪与17世纪基督教新教徒的宗教改革中，新教徒也把天主教的腐败写进这段历史中。针对新教徒的指责，天主教的改革者们也描绘出了一幅与“黑暗的时期”相反的图画：一个社会与宗教和谐的时期，一点儿也不黑暗。而对“黑暗的时期”，许多现代的负面观点则来自于17世纪和18世纪启蒙运动中的伏尔泰和康德的作品。

然而在历史上，中世纪文明事实上来自于两个不同的但又相互关联的思想传统，即希腊文明和希伯来文明传统，它们代表着在理性与信仰之间的冲突和融合。基督教哲学，指的就是一种由信仰坚定的基督徒建构的、自觉地以基督教的信仰为指导的，但又以人的自然理性论证其原理的哲学形态。虽然基督教哲学对后世哲学的发展带来了巨大的负面影响，但其哲学思想本身却仍然具有重要的思想价值。例如，哲学的超验性在基督教哲学中就表现得非常明显。虽然希腊哲学思想中也不乏超验的思想（柏拉图），但是从主导方面看是现实主义的，而基督教哲学却以弃绝尘世的方式向人们展示了一个无限的超感性的世界，从而在某种程度上开拓并丰富了人类的精神世界。此外，基督教哲学强调精神的内在性特征，这也使得中世纪哲学具有不同于古希腊哲学的特征。基督教使无限的精神（实体）具体化于个人的心灵之中，与希腊哲学对自然的认识不同，它诉诸个人的内心信仰，主张灵魂的得救要求每个人的灵魂在场。不仅如此，基督教的超自然观念也是中世纪哲学的重要内容。在希腊人那里，自然是活生生的神圣的存在，而在基督教思想中自然不但没有神性，而且是上帝为人类所创造的可供其任意利用的“死”东西。基督教贬斥自然的观念固然不利于科学的发展，然而却从另一方面为近代机械论的自然观开辟了道路。当然，中世纪哲学中还有一个重要的观念值得关注，这就是“自由”的概念。因为在古希腊哲学中，“自由”是一个毋庸置疑的概念，一切自主的道德行为和对自然的追求一定是以自由为前提的。但在中世纪，自由则是一个需要讨论的话题，因为只有当人们缺乏自由意志但又以为自己拥有最大自由的时候，自由才会成为一个备受关注的话题。

三、文艺复兴与启蒙运动：人的发现

文艺复兴和思想启蒙运动是西方近代哲学的起点。虽然学界对谁是西方近代哲学的第一人还存有争议，但17世纪哲学一般被认为是近代哲学的开端，中世纪的方法，尤其是经院哲学在路德宗教改革的影响下衰落了。17世纪常被称为“理性的时代”，既延续了文艺复兴的传统，也是启蒙运动的序曲。这段时期的哲学主流一般分为两派：经验论和唯理论，这两派之间的争论直到启蒙运动晚期才由康德所整合。但将这段时期中的哲学简单地归于这两派也过于简单，这些哲学家提出其理论时并不认为他们属于这两派中的某一派。而将他们看作独自的学派，尽管有着多方面的误导，但这样的分类直到今天仍被人们所认可，尤其是在谈论17世纪和18世纪的哲学时。这两派的主要区别在于，唯理论者认为，从理论上来说（不是实践中），所有的知识只能通过先天观念获得；而经验论者认为，我们的知识起源于我们的感觉经验。这段时期也诞生了一流的政治思想，尤其是洛克的《政府论》和霍布斯的《利维坦》。同时哲学也从神学中彻底分离开来，尽管哲学家们仍然谈论例如“上帝是否存在”这样的问题，但这种思考完全是基于理性和哲学的反思之上。

文艺复兴（Renaissance）一词的本义是“再生”。16 世纪意大利文艺史家瓦萨里在《绘画、雕刻、建筑的名人传》里使用了这个概念，后来沿用至今。这是一场从 14 世纪到 16 世纪起源于意大利，继而发展到西欧各国的思想文化运动，由于其搜集整理古希腊文献的杰出工作，通常被称为“文艺复兴”，其实质则是人文主义运动。它主要表现为“世界文化史三大思想运动”：古典文化的复兴、宗教改革（Reformation）、罗马法的复兴运动，主要特征是强调人的尊严、人生的价值、人的现世生活、人的个性自由和批判教会的腐败虚伪。莎士比亚在《哈姆雷特》中赞叹道：“人是多么了不起的一件作品！理想是多么高贵，力量是多么无穷，仪表和举止是多么端正，多么出色。论行动，多么像天使，论了解，多么像天神！宇宙的精华，万物的灵长！”[①] 恩格斯则指出，文艺复兴“是一次人类从来没有经历过的最伟大的、进步的变革，是一个需要巨人而且产生了巨人——在思维能力、热情和性格方面，在多才多艺和学识渊博方面的巨人的时代”[②]。

文艺复兴的重要成就是宗教改革、人的发现和科学的发现。

① ［英］莎士比亚：《莎士比亚全集》（第九卷），人民文学出版社，1978 年，第 49 页。

② 《马克思恩格斯全集》（第 3 卷），人民出版社，1960 年，第 445 页。

在一定意义上，我们可以把宗教改革看作人文主义在宗教神学领域的延伸，而且其影响甚至比人文主义更大更深远。宗教改革直接的要求是消解教会的权威，变奢侈教会为廉洁教会，而从哲学上看，其内在的要求则是由外在的权威返回个人的内心信仰：因信称义（路德）、因信得救（加尔文）。

“人文主义”（humanism）一词起源于拉丁语的“人文学”（studia humanitatis），指与神学相区别的那些人文学科，包括文法、修辞学、历史学、诗艺、道德哲学等。到了19世纪，人们开始使用“人文主义”一词来概括文艺复兴时期人文学者对古代文化的发掘、整理和研究工作，以及他们以人为中心的新世界观。人文主义针对中世纪抬高神、贬低人的观点，肯定人的价值、尊严和高贵；针对中世纪神学主张的禁欲主义和来世观念，要求人生的享乐和个性的解放，肯定现世生活的意义；针对封建等级观念，主张人的自然平等。人文主义思潮极大地推动了西欧各国文化的发展和思想的解放，文艺复兴由于“首先认识和揭示了丰满的、完整的人性而取得了一项尤为伟大的成就”，这就是“人的发现”。

文艺复兴时代两个重要的发现：一是发现了人；二是发现了自然，即“宇宙的奥秘与人性的欢歌”。一旦人们用感性的眼光重新观察它们，它们便展露出新的面貌。文艺复兴主要以文学、艺术和科学的发现为主要成就：文学上涌现出了但丁、薄伽丘、莎士比亚、拉伯雷、塞万提斯等人，艺术上出现了达·芬奇、米开朗基罗、拉斐尔等人，科学上则以哥白尼、特勒肖、伽利略、开普勒、哈维等人为代表，还有航海上取得的重大成就，以哥伦布、麦哲伦为代表。伽利略有一段广为引用的名言："哲学是写在那本永远在我们眼前的伟大书本里的——我指的是宇宙——但是，我们如果不先学会书里所用的语言，掌握书里的符号，就不能了解它。这书是用数学语言写出的，符号是三角形、圆形和别的几何图像。没有它们的帮助，是连一个字也不会认识的；没有它们，人就在一个黑暗的迷宫里劳而无功地游荡着。"①

实验科学的正式形成是在17世纪，它使用的是数学语言（公式、模型和推导）和描述性的概念（质量、力、加速度等）。这种科学既不是归纳的，也不是演绎的，而是假说-演绎的（hypothetico-deductive）。机械论的自然是没有活力的，物质不可能是自身运动的原因。17世纪的人们普遍认为上帝创造了物质并使之处于运动之中，有了这第一推动，就不需要任何东西保持物质的运动，运动是一种状态，它遵循的是惯性定律，运动不灭，动量守恒。笛卡尔说："我的全部物理学就是机械论。"新哲学家们抛弃了亚里士多德主义的质料与形式，柏拉图主义对万物的等级划分的目的论，把世界描述为一架机器、一架"自动机"(automaton)，"自然是永远和到处同一的"。因此，自然界被夺去了精神，自然现象只能用自身来解释；目的论必须和精灵鬼怪一起为机械论的理解让路，不能让"天意成为无知的避难所"。所有这些导致了近代哲学的两个重要特征，即对确定性的追求和对能力或力量的追求。培根提出的"知识就是力量"，充分代表了近代哲学向以往世界宣战的口号。

马克思和恩格斯在《神圣家族》中指出："18世纪的法国启

① ［美］M. 克莱因：《古今数学思想》(第二册)，北京大学数学系数学史翻译组译，上海科学技术出版社，1979年，第33页。

蒙运动，特别是法国唯物主义，不仅是反对现存政治制度的斗争，还是反对现存宗教和神学的斗争，而且还是反对一切形而上学，特别是反对笛卡尔、马勒伯朗士、斯宾诺莎和莱布尼茨的形而上学的公开而鲜明的斗争。”[①] 黑格尔在《哲学史讲演录》中写道：“我们发现法国人有一种深刻的、无所不包的哲学要求，与英国人和苏格兰人完全两样，甚至与德国人也不一样，他们是十分生动活泼的：这是一种对于一切事物的普遍的、具体的观点，完全不依靠任何权威，也不依靠任何抽象的形而上学。他们的方法是从表象、从心情去发挥；这是一种伟大的看法，永远着眼于全体，并且力求保持和获得全体。”[②] 当代英国哲学家柏林在《启蒙的时代》中认为：“十八世纪天才的思想家们的理智力量、诚实、明晰、勇敢和对真理的无私的热爱，直到今天还是无人可以媲美的。他们所处的时代是人类生活中最美妙、最富希望的乐章。”[③] 本系列对启蒙运动哲学的描绘，让我们领略了作为启蒙思想的先驱洛克、三权分立的倡导者孟德斯鸠、人民主权的引领者卢梭、百科全书派的领路人狄德罗和人性论的沉思者休谟的魅力人格和深刻思想。

四、理性主义的时代：从笛卡尔到黑格尔

笛卡尔是西方近代哲学的奠基人之一，黑格尔称他为“现代

---

① 《马克思恩格斯全集》(第 2 卷)，人民出版社，1957 年，第 159 页。

② ［德］黑格尔：《哲学史讲演录》(第四卷)，贺麟、王太庆译，商务印书馆，1983 年，第 220 页。

③ ［英］以赛亚·柏林：《启蒙的时代》，孙尚扬译，光明日报出版社，1989 年，第 25 页。

哲学之父”。他自成体系，熔唯物主义与唯心主义于一炉，在哲学史上产生了深远的影响。笛卡尔在哲学上是二元论者，并把上帝看作造物主。但他在自然科学范围内却是一个机械论者，这在当时是有进步意义的。笛卡尔堪称17世纪及其后的欧洲科学界最有影响的巨匠之一，被誉为“近代科学的始祖”。笛卡尔的方法论对于后来物理学的发展有重要的影响。他在古代演绎方法的基础上创立了一种以数学为基础的演绎法：以唯理论为根据，从自明的直观公理出发，运用数学的逻辑演绎推出结论。这种方法和培根所提倡的实验归纳法结合起来，经过惠更斯和牛顿等人的综合运用，成为物理学特别是理论物理学的重要方法。笛卡尔的普遍方法的一个最成功的例子是，运用代数的方法来解决几何问题，确立了坐标几何学，即解析几何学的基础。

荷兰的眼镜片打磨工斯宾诺莎，在罗素眼里是哲学家当中人格最高尚、性情最温厚可亲的人。罗素说：“按才智讲，有些人超越了他，但是在道德方面，他是至高无上的。”[①] 在哲学上，斯宾诺莎是一名一元论者或泛神论者。他认为宇宙间只有一种实体，即作为整体的宇宙本身，而“上帝”和宇宙就是一回事。他的这个结论是基于一组定义和公理，通过逻辑推理得来的。“斯宾诺莎的上帝”不仅仅包括了物质世界，还包括了精神世界。在伦理学上，斯宾诺莎认为，一个人只要受制于外在的影响，他就是处于奴役状态，而只要和上帝达成一致，人们就不再受制于这种影响，而能获得相对的自由，也因此摆脱恐惧。斯宾诺莎还主张“无知是一切罪恶的根源”。对于死亡，斯宾诺莎的名言是：“自

① ［英］罗素：《西方哲学史》(下卷)，马元德译，商务印书馆，1976年，第92页。

由人最少想到死，他的智慧不是关于死的默念，而是对于生的沉思。”[①] 斯宾诺莎是彻底的决定论者，他认为所有已发生事情的背后绝对贯穿着必然的作用。所有这些都使得斯宾诺莎在身后成为亵渎神和不信神的化身。有人称其为“笛卡尔主义者”，而有神论者诋毁之为邪恶的无神论者，但泛神论者则誉之为“陶醉于神的人”“最具基督品格”的人，不一而足。但所有这些身份都无法取代斯宾诺莎作为一位特征明显的理性主义者在近代哲学中的重要地位。

笛卡尔最为关心的是如何以理性而不是信仰为出发点，以自我意识而不是外在事物为基础，为人类知识的大厦奠定了一个坚实的地基；斯宾诺莎最为关心的是，如何确立人类知识和人的德性与幸福的共同的形而上学基础；而莱布尼茨的哲学兴趣是，为个体的实体性和世界的和谐寻找其形而上学的基础。笛卡尔的三大实体是心灵、物体和上帝，人被二元化了；斯宾诺莎的实体是唯一的神或自然，心灵和身体只是神的两种样式；而莱布尼茨则要让作为个体的每个人成为独立自主的实体，“不可分的点”。按照莱布尼茨的观点，宇宙万物的实体不是一个，也不是两个或者三个，而是无限多个。因为实体作为世界万物的本质，一方面必须是不可分的单纯性的，必须具有统一性；另一方面必须在其自身之内就具有能动性的原则。这样的实体就是“单子”。所谓“单子”就是客观存在的、无限多的、非物质性的、能动的精神实体，它是一切事物的“灵魂”和“隐德来希”(内在目的)。每

① ［荷］斯宾诺莎：《伦理学》，贺麟译，商务印书馆，1997年，第222页。

个单子从一种知觉到另一种知觉的发展，也具有连续性。“连续性原则”只能说明在静态条件下宇宙的连续性，而无法解释单子的动态的变化和发展。在动态的情况下，宇宙这个单子的无限等级序列是如何协调一致的呢？莱布尼茨的回答是，因为宇宙万物有一种“预定的和谐”。整个宇宙就好像是一支庞大无比的交响乐队，每件乐器各自按照预先谱写的乐谱演奏不同的旋律，而整个乐队所奏出来的是一首完整和谐的乐曲。莱布尼茨不仅用“预定的和谐”来说明由无限多的单子所组成的整个宇宙的和谐一致，而且以此来解决笛卡尔遗留下来的身心关系问题。一个自由的人应该能够认识到他为什么要做他所做的事。自由的行为就是“受自身理性决定”的行为。“被决定”是必然，但是“被自身决定”就是自由。这样，莱布尼茨就把必然和自由统一起来了。莱布尼茨哲学在西方哲学史上具有极其重要的历史地位。在他之后，沃尔夫（Christian Wolff）曾经把他的哲学系统发展为独断论的形而上学体系，长期统治着德国哲学界，史称“莱布尼茨—沃尔夫哲学”。黑格尔在他的《哲学史讲演录》中这样评价沃尔夫哲学：“他把哲学划分成一些呆板形式的学科，以学究的方式应用几何学方法把哲学抽绎成一些理智规定，同时同英国哲学家一样，把理智形而上学的独断主义捧成了普遍的基调。这种独断主义，是用一些互相排斥的理智规定和关系，如一和多，或简单和复合，有限和无限，因果关系等等，来规定绝对和理性的东西的。”①

康德哲学面临的冲突来自牛顿的科学和莱布尼茨的形而上学、

① ［德］黑格尔：《哲学史讲演录》（第四卷），贺麟、王太庆译，商务印书馆，1978年，第188页。

理性主义的独断论和怀疑主义的经验论、科学的世界观和道德宗教的世界观之间的对立。因此，康德的努力方向就是要抑制传统形而上学自命不凡的抱负，批判近代哲学的若干立场，特别是沃尔夫等人的独断论，也要把自己的批判立场与其他反独断论的立场区分开来，如怀疑论、经验论、冷淡派（indifferentism）等。在反独断论和经验论的同时，他还要捍卫普遍必然知识的可能性，也就是他提出的“要限制知识，为信仰留下地盘”的口号，这就是为知识与道德的领域划界。他在《纯粹理性批判》中明确指出：“我所理解的纯粹理性批判，不是对某些书或体系的批判，而是对一般理性能力的批判，是就一切可以独立于任何经验而追求的知识来说的，因而是对一般形而上学的可能性和不可能性进行裁决，对它的根源、范围和界限加以规定，但这一切都是出自原则。”

费希特是康德哲学的继承者。他在《知识学新说》中宣称：“我还应该向读者提醒一点，我一向说过，而且这里还要重复地说，我的体系不外就是跟随康德的体系。”① 他深为批判哲学所引起的哲学革命欢欣鼓舞，但也对康德哲学二元论的不彻底性深感不满。因此，费希特一方面对康德保持崇敬的心情，另一方面也对康德哲学进行了批评。对费希特来说，康德的批判哲学是不完善的，理论理性和实践理性分属两个领域，各个知性范畴也是并行排列，没有构成一个统一的有机体系。康德不仅在自我之外设定了一个不可知的物自体，而且在自我的背后亦设定了一个不可知的“我自身”，这表明康德的批判也是不彻底的。按照费希特的观点，哲学的任务是说明一切经验的根据，因而哲学就是认识

① 梁志学主编：《费希特著作选集》(卷二)，商务印书馆，1994年，第222页。

论，他亦据此把自己的哲学称为“知识学”（Wissenschaftslehre，直译为“科学学”）。于是费希特便为了自我的独立性而牺牲了物的独立性，将康德的理论理性和实践理性合为一体，形成了“绝对自我”的概念。从当代哲学的角度看，费希特的哲学是试图使客观与主观合一的观念论哲学，与实在论相对立。但他提供了丰富的辩证法思想，包括发展的观点、对立统一的思想、主观能动性的思想等。总之，费希特改进了纯粹主观的唯心论思想，推进了康德哲学的辩证法，影响了黑格尔哲学的形成。

正如周瑜的感叹“既生瑜何生亮”，与黑格尔同时代的谢林也发出了同样的感叹。的确，在如日中天的黑格尔面前，原本是他的同窗和朋友的谢林，最后也不得不承认自己生不逢时。但让他感到幸运的是，他至少可以与费希特并驾齐驱。谢林最初同意费希特的观点，即哲学应该是从最高的统一原则出发，按照逻辑必然性推演出来的科学体系。不过他很快也发现了费希特思想中的问题。在谢林看来，费希特消除了康德的二元论，抛弃了物自体，以绝对自我为基础和核心建立了一个知识学的体系，但他的哲学体系缺少坚实的基础，因为在自我之外仍然有一个无法克服的自然或客观世界。谢林认为，绝对自我不足以充当哲学的最高原则，因为它始终受到非我的限制。谢林改造了斯宾诺莎的实体学说，以自然哲学来弥补费希特知识学的缺陷，建立了一个客观唯心主义的哲学体系。谢林始终希望表明，他的哲学与黑格尔的哲学之间存在着某种根本的区别。这种区别就在于，他试图用一种积极肯定的哲学说明这个世界的存在根据，而黑格尔则只是把思想的观念停留在概念演绎之中。他对黑格尔哲学的批判动摇了唯心主义的权威，费尔巴哈的唯物主义为此要向谢林表示真诚的敬意，恩格斯称谢林和费尔巴哈分别从两个方面批判了黑格尔，从而宣告了德国古典唯心主义的终结。

作为德国古典哲学的最后代表和集大成者，黑格尔哲学面临的问题就是康德哲学的问题。的确，作为德国古典哲学的开创者和奠基人，康德一方面证明了科学知识的普遍必然性，另一方面亦通过限制知识而为自由、道德和形而上学保留了一片天地，确立了理性和自由这个德国古典哲学的基本原则。由于其哲学特有的二元论使康德始终无法建立一个完善的哲学体系，这就给他的后继者们提出了一个亟待解决的难题。黑格尔哲学面临的直接问题是如何消解康德的自在之物，将哲学建立为一个完满的有机体系，而就近代哲学而言，也就是思维与存在的同一性问题。自笛卡尔以来，近代哲学在确立主体性原则，高扬主体能动性的同时，亦陷入了思维与存在的二元论困境而不能自拔。康德试图以彻底的主体性而将哲学限制在纯粹主观性的范围之内，从而避免认识论的难题，但是他却不得不承认物自体的存在。费希特和谢林都试图克服康德的物自体，但是他们并不成功。费希特的知识学实际上是绕过了物自体。由于谢林无法解决绝对的认识问题，因而也没有完成这个任务。当费希特面对知识学的基础问题时，他只好诉诸信仰；当谢林面对绝对的认识问题时，他也只好诉诸神秘性的理智直观和艺术直观。

黑格尔扬弃康德自在之物的关键在于，他把认识看作一个由知识与对象之间的差别和矛盾推动的发展过程。康德对理性认识能力的批判基本上是一种静态的结构分析，而黑格尔则意识到，认识是一个由于其内在的矛盾而运动发展的过程。如果认识是一个过程，那么我们就得承认，认识不是一成不变的，而认识的发展变化则表明知识是处于变化更新的过程之中的，不仅如此，对象也一样处于变化更新的过程之中。因此，认识不仅是改变知识的过程，同样也是改变对象的过程，在认识活动中，不仅出现了新的知识，也出现了新的对象。黑格尔的《精神现象学》所展示的就是这个过程，它通过人类精神认识绝对的过程，表现了绝对自身通过人类精神而成为现实，成为“绝对精神”的过程。换句话说，人类精神的认识活动归根结底乃是绝对精神的自我运动，因为人类精神就是绝对精神的代言人，它履行的是绝对精神交付给它的任务。从这个意义上说，《精神现象学》也就是对于“绝对即精神”的认识论证明。

对黑格尔来说，这个艰苦漫长的“探险旅行”不仅是人类精神远赴他乡，寻求关于绝对的知识的征程，同时亦是精神回归其自身，认识自己的还乡归途。马克思曾经将黑格尔《精神现象学》的伟大成就概括为“作为推动原则和创造原则的否定的辩证法”[①]。在《精神现象学》中，黑格尔形象地把绝对精神的自我运动比喻为“酒神的宴席”：所有人都加入了欢庆酒神节的宴席，每个人都在这场豪饮之中一醉方休，但是这场宴席却不会因为我或者你的醉倒而终结，而且也正是因为我或者你以及我们大家的醉倒而成其为酒神的宴席。我们都是这场豪饮不可缺少的环节，而这场宴席本身则是永恒的。

---

① ［德］卡尔·马克思：《1844年经济学—哲学手稿》，刘丕坤译，人民出版社，1979年，第116页。

黑格尔是有史以来最伟大的形而上学家，他一方面使自亚里士多德以来哲学家们所怀抱的让哲学成为科学的理想最终得以实现，另一方面亦使形而上学这一古典哲学曾经漫步了两千多年的哲学之路终于走到了尽头。黑格尔哲学直接导致了马克思主义哲学的诞生：马克思和恩格斯在吸收了黑格尔辩证法的基础上打破了他的客观唯心主义思想体系，建立了辩证的唯物主义和历史的唯物主义，完成了哲学上的一场革命。黑格尔哲学是当代西方哲学批判的主要对象，也是西方哲学现代转型的重要起点。胡塞尔正是在摈弃了黑格尔本质主义的基础上建立了“描述的现象学”，弗雷格、罗素和摩尔等人也是在反对黑格尔哲学的基础上开启了现代分析哲学的先河。

五、20 世纪西方哲学画卷：从现代到后现代

本丛书的一个重要特征是重视现代哲学的发展，这从整个系列的内容排列中就可以明显地看出来：本丛书共有九卷，其中前五卷的内容跨越了两千多年的历史，而展现现代哲学的部分就有四卷，时间跨度只有百余年，但却占整个系列的近一半篇幅。后面的这四卷内容充分展现了现代西方哲学的整体概貌：既有分析哲学与欧洲大陆哲学的区分，也有不同哲学传统之间的争论；既有对哲学家思想历程的全面考察，也有对不同哲学流派思想来源的追溯。从这些不同哲学家思想的全面展示，我们可以清楚地看到，20 世纪西方哲学经历了从现代到后现代的历程。

从哲学自身发展的内在需要看，传统哲学的理性主义精神受

到了当代哲学的挑战。从古希腊开始，理性和逻辑就被看作哲学的法宝；只有按照理性的方式思考问题，提出的哲学理论只有符合逻辑的要求，这样的哲学家才被看作重要的和有价值的。虽然也有哲学家并不按照这样的方式思考，如尼采等人，但他们的思想也往往被解释成一套套理论学说，或者被纳入某种现成的学说流派中加以解释。这样哲学思维就被固定为一种统一的模式，理性主义就成为哲学的唯一标志。但是自20世纪60年代开始，从法国思想家中涌现出来的哲学思想逐渐改变了传统哲学的这种唯一模式。这就是后现代主义的哲学。

如今我们谈论后现代主义的时候，通常把它理解为一种反传统的思维方式，于是后现代主义中反复提倡的一些思想观念就成为人们关注的焦点，也由此形成了人们对后现代主义的一种模式化理解。但事实上，后现代主义在法国的兴起直接与社会现实问题，特别是与现实政治密切相关。我们熟知的“五月风暴”被看作法国后现代主义思想最为直接的现实产物，而大学生们对社会现实的不满才是引发这场革命的直接导火索。如果说萨特的自由主义观念是学生们的思想导师，那么学生们的现实运动则引发了像德里达这样的哲学家们的反思。在法国，政治和哲学从来都是不分家的，由政治运动而引发哲学思考，这在法国人看来是再正常不过的了，而这种从现实政治运动中产生的哲学观念，又会对现实问题的解决提供有益的途径。正是在这种意义上，后现代主义的兴起应当被看作西方哲学家的研究视角从纯粹的理论问题转向社会的现实问题的一个重要标志。

如今我们都承认，“后现代”并不是一个物理时间的概念，因为我们很难从年代的划分上区分“现代”与“后现代”。“后现代”这个概念主要意味着一种思维方式，即一种对待传统以及处理现实问题的视角和方法。从这个意义上来说，特别是从对待传统的不同态度上来看，我们在这里把“后现代”的特征描述为“重塑启蒙”。近代以来的启蒙运动都是以张扬理性为主要特征的，充分地运用理性是启蒙运动的基本口号，这也构成了现代哲学的主要特征。但在后现代主义者的眼里，启蒙不以任何先在的标准或目标为前提，当然不会以是否符合理性为标准。相反，后现代哲学家们所谓的启蒙恰恰是以反对现代主义的理性精神为出发点的。这样，启蒙就成为反对现代性所带来的一切思想禁令的最好标志。虽然不同的哲学家对后现代哲学中的启蒙有不同的理解和解释，但他们不约而同地把对待理性的态度作为判断启蒙的重要内容。尽管任何一种新的思维产生都会由于不同的原因而遭遇各种敌意和攻击，但对“后现代”的极端反应却主要是由于对这种思想运动本身缺乏足够的认识，而且这种情况还因为人们自以为对“现代性”有所了解而变得更为严重。其实，我们不必在意什么人被看作“后现代”的哲学家或思想家。我们应当关心的是，“后现代”的思想为现代社会带来的是一种新的启蒙。这种启蒙的意义就在于，否定关于真实世界的一切可能的客观知识，否定语词或文本具有唯一的意义，否定人类自我的统一，否定理性探索与政治行为、字面意义与隐晦意义、科学与艺术之间的区别，甚至否定真理的可能性。总之，这种启蒙抛弃了近代西方文明大部分的根本思想原则。在这种意义上，我们可以把“后现代主义”看作对近现代西方启蒙运动的一种最新批判，是对 18 世纪以来近代社会赖以确立的某些基本原则的批判，也是对以往一切批判的延续。归根结底，这种启蒙就是要打破一切对人类生活起着支配作用、占有垄断地位的东西，无论它是宗教信念还是理性本身。

历史地看，后现代对现代性的批判只是以往所有对现代性批判的一种继续，但西方社会以及西方思想从现代到后现代的进程却不是某种历史的继续，而是对历史的反动，是对历史的抛弃，是对历史的讽刺。现代性为人类所带来的一切已经成为现实，但后现代主义会为人类带来什么却尚无定数。如今，我们可以在尽情享受现代社会为我们提供的一切生活乐趣的同时对这个社会大加痛斥，历数恶果弊端，但我们却无法对后现代主义所描述的新世界提出异议，因为这原本就是一个不可能存在的世界，是一个完全脱离现实的世界。然而换一个角度说，后现代主义又是对现代社会的一个很好的写照，是现代性的一个倒影、副产品，也是现代性发展的掘墓人。了解西方社会从现代走向后现代的过程，也就是了解人类社会（借用黑格尔的话说）从“自在”状态到“自为”状态的过程，是了解人类思想从对自然的控制与支配和人类自我意识极度膨胀，到与自然的和谐发展和人类重新确立自身在宇宙中的地位的过程。尽管这是一个漫长的历史进程，对人类以及自然甚至是一个痛苦的过程，但人类正是在这个过程中真正认识了自我，学会了如何与自然和谐相处，懂得了发展是以生存为前提这样一个简单而又十分重要的道理。

最后，我希望能够对本丛书的编排体例说明一下。整个丛书按照历史年代划分，时间跨度长达两千五百多年，包括了四十九位重要哲学家，基本上反映了西方哲学发展历史中的重要思想。我特别注意到，本丛书中的各卷结构安排独特，不仅有对卷主的生平介绍和思想阐述，更有对卷主理论观点的专门分析，称为“术语解读与语篇精粹”，所选的概念都是哲学家最有特点、最为突出，也是对后来哲学发展产生重要影响的概念。这些的确为读者快速把握哲学家思想和理论观点提供了非常便利的形式。这种编排方式很是新颖，极为有效，能够为读者提供更为快捷的阅读体验。在这里，我要特别感谢该丛书的主编佟立教授，他以其宽阔的学术视野、敏锐的思想洞察力以及有效的领导能力，组织编写了这套丛书，为国内读者献上了一份独特的思想盛宴。还要感谢他对我的万分信任和倾力相邀，让我为这套丛书作序。感谢他给了我这样一个机会，把西方哲学的历史发展重新学习和仔细梳理了一遍，以一种宏观视角重新认识西方哲学的内在逻辑和思想线索。我还要感谢参加本丛书撰写工作的所有作者，是他们的努力才使得西方哲学的历史画卷如此形象生动地展现在读者面前！

是为序。

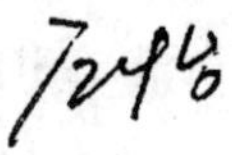

2017 年 8 月 18 日

前　言

西方哲人智慧，是人类精神文明成果的重要组成部分，也是人类社会历史发展的产物。从古希腊到当代，它代表了西方各历史时期思想文化的精华，影响着人类社会发展进步的方向。我们对待不同的文明，需要取长补短、交流互鉴、共同进步。如习近平指出："每种文明都有其独特魅力和深厚底蕴，都是人类的精神瑰宝。不同文明要取长补短、共同进步，文明交流互鉴成为推动人类社会进步的动力、维护世界和平的纽带。"① 寻求文明中的智慧，从中汲取营养，加强中外文化交流，为人们提供精神支撑和心灵慰藉，对于增进各国人民友谊，解决人类共同面临的各种挑战，维护世界和平，都具有重要的实践意义。习近平指出："对待不同文明，我们需要比天空更宽阔的胸怀。文明如水，润物无声。我们应该推动不同文明相互尊重、和谐共处，让文明交流互鉴成为增进各国人民友谊的桥梁、推动人类社会进步的动力、维护世界和平的纽带。我们应该从不同文明中寻求智慧、汲取营养，为人们提供精神支撑和心灵慰藉，携手解决人类共同面临的各种挑战。"② 本丛书坚持以马克思主义哲学为指导，深入考察西

① 习近平于2017 年 1 月 18 日在联合国日内瓦总部的演讲。

② 习近平于2014 年 3 月 27 日在联合国教科文组织总部的演讲。

方哲学经典，汲取和借鉴国外有益的理论观点和学术成果，对于加快构建中国特色哲学社会科学，促进中外学术交流，为我国思想文化建设，提供较为丰厚的理论资源和文献翻译成果，具有重要的理论和现实意义。

如果说知识就是力量，那么智慧则是创造知识的力量。智慧的光芒，一旦被点燃，顷刻间便照亮人类幽暗的心灵，散发出启迪人生的精神芬芳，创造出提升精神境界的力量。

古往今来，人们对知识的追求，对智慧的渴望，一天也没停止过，人们不断地攀登时代精神的高峰，努力达到更高的精神境界，表现出对智慧的挚爱。热爱智慧，从中汲取营养，需要不断地交流互鉴，克服认知隔膜，克服误读、误解和误译。习近平指出："纵观人类历史，把人们隔离开来的往往不是千山万水，不是大海深壑，而是人们相互认知上的隔膜。莱布尼茨说，唯有相互交流我们各自的才能，才能共同点燃我们的智慧之灯。"①

"爱智慧"起源于距今两千五百年前的古希腊，希腊人创造了这个术语"Φιλοσοφία"。爱智慧又称"哲学"（philosophy）。希腊文"哲学"（philosophia），是指"爱或追求（philo）智慧（sophia）"，合在一起是"爱智慧"。人类爱智慧的活动，是为了提高人们的思维认识能力，试图富有智慧地引导人们正确地认识自然、社会和整个世界的规律。哲学家所探讨的是人类认识世界和改造世界的根本性问题，其中最基本的问题是思维与存在、精神与物质、主观与客观、人与自然等关系问题。对这些问题的研究，丰富了人类思想文化的智库，对于推动物质文明和精神文明

---

① 习近平于2014 年 3 月 28 日在德国科尔伯基金会的演讲。

建设，发挥了重要作用。如习近平指出：“人类社会每一次重大跃进，人类文明每一次重大发展，都离不开哲学社会科学的知识变革和思想先导。”①

西方哲学源远流长，从公元前6世纪到当代，穿越了大约两千五百多年的历史，其内容丰富，学说繁多，学派林立。习近平总书记在哲学社会科学工作座谈会上的讲话中深刻揭示了西方思想文化发展的历史规律，阐明了各个历史时期许多西方重要的哲学家、思想家和文学艺术家对社会构建的深刻思想认识。习近平指出：“从西方历史看，古代希腊、古代罗马时期，产生了苏格拉底、柏拉图、亚里士多德、西塞罗等人的思想学说。文艺复兴时期，产生了但丁、薄伽丘、达·芬奇、拉斐尔、哥白尼、布鲁诺、伽利略、莎士比亚、托马斯·莫尔、康帕内拉等一批文化和思想大家。他们中很多人是文艺巨匠，但他们的作品深刻反映了他们对社会构建的思想认识。”②英国资产阶级革命、法国资产阶级革命和美国独立战争前后“产生了霍布斯、洛克、伏尔泰、孟德斯鸠、卢梭、狄德罗、爱尔维修、潘恩、杰弗逊、汉密尔顿等一大批资产阶级思想家，形成了反映新兴资产阶级政治诉求的思想和观点”③。

习近平在谈到马克思主义的诞生与西方哲学社会科学的关系时指出：“马克思主义的诞生是人类思想史上的一个伟大事件，而马克思主义则批判吸收了康德、黑格尔、费尔巴哈等人的哲学思想，圣西门、傅立叶、欧文等人的空想社会主义思想，亚当·斯密、大卫·李嘉图等人的古典政治经济学思想。可以说，没有

①②③ 习近平于2016年5月17日在哲学社会科学工作座谈会上的讲话。

18、19 世纪欧洲哲学社会科学的发展，就没有马克思主义的形成和发展。”[①]习近平为我们深刻阐明了马克思、恩格斯与以往西方哲学家、同时代西方哲学家的关系。历史表明，社会大变革的时代，一定是哲学社会科学大发展的时代。“当代中国正经历着我国历史上最为广泛而深刻的社会变革，也正在进行着人类历史上最为宏大而独特的实践创新。这种前无古人的伟大实践，必将给理论创造、学术繁荣提供强大动力和广阔空间。这是一个需要理论而且一定能够产生理论的时代，这是一个需要思想而且一定能够产生思想的时代。”[②]

20 世纪以来，西方社会矛盾不断激化，“为缓和社会矛盾、修补制度弊端，西方各种各样的学说都在开药方，包括凯恩斯主义、新自由主义、新保守主义、民主社会主义、实用主义、存在主义、结构主义、后现代主义等，这些既是西方社会发展到一定阶段的产物，也深刻影响着西方社会”[③]。他们考查了资本主义在文化、经济、政治、宗教等领域的矛盾与冲突，反映了资本主义社会的深刻危机。如贝尔在《资本主义文化矛盾》中所说：“我谈论七十年代的事件，目的是要揭示围困着资产阶级社会的文化危机。从长远看，这些危机能使一个国家瘫痪，给人们的动机造成混乱，促成及时行乐（carpe diem）意识，并破坏民众意志。这些问题都不在于机构的适应能力，而关系到支撑一个社会的那些意义本身。”[④]欧文·克利斯托曾指出，资产阶级在道德和思想

①②③ 习近平于2016 年 5 月 17 日在哲学社会科学工作座谈会上的讲话。

④ ［美］丹尼尔·贝尔：《资本主义文化矛盾》，赵一凡、蒲隆、任晓晋译，生活·读书·新知三联书店，1989 年，第 73~74 页。

上都缺乏对灾难的准备。“一方面，自由主义气氛使人们惯于把生存危机视作‘问题’，并寻求解决的方案。（这亦是理性主义者的看法，认为每个问题都自有答案。）另一方面，乌托邦主义者则相信，经济这一奇妙机器（如果不算技术效益也一样）足以使人获得无限的发展。然而灾难确已降临，并将不断袭来。”①

研究西方哲学问题，需要树立国际视野，加快构建中国特色哲学社会科学。一是要坚持马克思主义哲学的指导地位，二是要坚持传承中国传统文化的优秀成果，三是要积极吸收借鉴国外有益的理论观点和学术成果，坚持外国哲学的研究服务我国现代化和思想文化建设的方向。恩格斯指出：“一个民族想要站在科学的最高峰，一刻也不能没有理论思维。但理论思维仅仅是一种天赋的能力。这种能力必须加以发展和锻炼，而为了进行这种锻炼，除了学习以往的哲学，直到现在还没有别的手段。”② 习近平继承和发展了马克思主义，他指出：“任何一个民族、任何一个国家都需要学习别的民族、别的国家的优秀文明成果。中国要永远做一个学习大国，不论发展到什么水平都虚心向世界各国人民学习，以更加开放包容的姿态，加强同世界各国的互容、互鉴、互通，不断把对外开放提高到新的水平。”③

西方哲人智慧丛书共分九卷，分别介绍了各历史时期著名哲学家的思想。

《古希腊罗马哲学家的智慧》（*Wisdom of Ancient Greek & Roman*

---

① ［美］丹尼尔·贝尔：《资本主义文化矛盾》，赵一凡、蒲隆、任晓晋译，生活·读书·新知三联书店，1989 年，第 74 页。

② 《马克思恩格斯选集》（第三卷），人民出版社，1972 年，第 467 页。

③ 习近平于2014 年 5 月 22 日在上海召开外国专家座谈会上的讲话。

Philosophers），我们选编的著名哲学家代表有：苏格拉底（Socrates）、柏拉图（Plato）、亚里士多德（Aristotle）、普罗提诺（Plotinus）、塞涅卡（Lucius Annaeus Seneca）等。

《中世纪哲学家的智慧》（*Wisdom of Medieval Philosophers*），我们选编的著名哲学家代表有：奥古斯丁（Saint Aurelius Augustinus）、阿伯拉尔（Pierre Abelard）、阿奎那（Thomas Aquinas）、埃克哈特（Meister Johannes Eckhar）、奥卡姆（William Ockham）等。

《文艺复兴时期哲学家的智慧》（*Wisdom of Philosophers in the Renaissance*），我们选编的著名哲学家、思想家的重要代表有：但丁（Dante Alighieri）、彼特拉克（Francesco Petrarca）、达·芬奇（Leonardo di ser Piero da Vinci）、马基雅维里（Niccolò Machiavelli）、布鲁诺（Giordano Bruno）等。

近代欧洲哲学时期，我们选编的著名哲学家代表有：洛克（John Locke）、孟德斯鸠（Charles de Secondat, Baron de Montesquieu）、卢梭（Jean - Jacques Rousseau）、狄德罗（Denis Diderot）、休谟（David Hume）、笛卡尔（Rene Descartes）、斯宾诺莎（Baruch de Spinoza）、莱布尼茨（Gottfried Wilhelm Leibniz）、康德（Immanuel Kant）、黑格尔（Georg Wilhelm Friedrich Hegel）等。为便于读者了解世界历史上著名的启蒙运动和理性主义及其影响，我们把近代经验主义哲学家、启蒙运动时期的哲学家、近代理性主义哲学家、德国古典哲学家等重要代表选编为《启蒙运动时期哲学家的智慧》（*Wisdom of Philosophers in the Enlightenment*）和《理性主义哲学家的智慧》（*Wisdom of Rationalistic Philosophers*）。

《分析哲学家的智慧》（*Wisdom of Analytic Philosophers*），我们

选编的著名哲学家的重要代表有：罗素（Bertrand Russell）、维特根斯坦（Ludwig Josef Johann Wittgenstein）、卡尔纳普（Paul Rudolf Carnap）、蒯因（Quine Willard Van Orman）、普特南（Hilary Whitehall Putnam）等。

《现代人本主义哲学家的智慧》（*Wisdom of Modern Humanistic Philosophers*），我们选编的著名哲学家的重要代表有：叔本华（Arthur Schopenhauer）、尼采（Friedrich Wilhelm Nietzsche）、柏格森（Henri Bergson）、弗洛伊德（Sigmund Freud）、萨特（Jean-Paul Sartre）、杜威（John Dewey）、列维-斯特劳斯（Claude Lévi-Strauss）等。

《科学-哲学家的智慧》（*Wisdom of Scientific Philosophers*），我们选编的著名哲学家、科学家的重要代表有：爱因斯坦（Albert Einstein）、石里克（Friedrich Albert Moritz Schlick）、海森堡（Werner Karl Heisenberg）、波普尔（Karl Popper）、库恩（Thomas Sammual Kuhn）、费耶阿本德（Paul Feyerabend）等。

《后现代哲学家的智慧》（*Wisdom of Postmodern Philosophers*），我们选编了后现代思潮的主要代表有：詹姆逊（Fredric R. Jameson 国内也译为杰姆逊）、霍伊（David Couzen Hoy）、科布（John B. Cobb Jr.）、凯尔纳（Douglas Kellner）、哈钦（Linda Hutcheon）、巴特勒（Judith Butler）等。

本丛书以西方哲人智慧为主线，运用第一手英文资料，以简明扼要、通俗易懂的语言，阐述各历史时期先贤智慧、哲人思想，传承优秀文明成果。为便于读者进一步理解各个时期哲学家的思想，我们在每章的内容中设计了“术语解读与语篇精粹”，选引了英文经典文献，并进行了文献翻译，均注明了引文来源，便于读者查阅和进一步研究。

本丛书有三个特点：

一是阐述了古希腊至当代以来的四十九位西方哲学家的身世背景、成长经历、学术成就、重要思想、理论内涵、主要贡献、后世影响及启示等。

二是选编了跨时代核心术语，做了比较详尽的解读，尽力揭示其丰富的思想内涵，反映从古希腊到当代西方哲学思潮的新变化。

三是选编了与核心术语相关的英文经典文献，并做了有关文献翻译，标注了引文来源，便于读者能够在英文和汉语的对照中加深理解，同时为哲学爱好者和英语读者进一步了解西方思想文化，提供参考文献。

需要说明的是，在后现代主义思潮中，有一批卓有建树的思想家，如福柯（Michel Foucault）、德里达（Jacques Derrida）、利奥塔（Jean - Francois Lyotard）、罗蒂（Richard Rorty）、贝尔（Daniel Bell）、杰姆逊（Fredric R. Jameson）、哈桑（Ihab Hassan）、佛克马（Douwe W. Fokkema）、斯潘诺斯（William V. Spanos）、霍尔（Stuart Hall）、霍兰德（Norman N. Holland）、詹克斯（Charles Jencks）、伯恩斯坦（Richard Jacob Bernstein）、格里芬（David Ray Griffin）、斯普瑞特奈克（Charlene Spretnak）、卡斯特奈达（C. Castaneda）等。我在拙著《西方后现代主义哲学思潮》（天津人民出版社，2003 年）和《全球化与后现代思潮研究》（天津人民出版社，2012 年）中，对上述有关人物和理论做了

浅尝讨论，欢迎读者批评指正。

西方后现代思潮与西方生态思潮在理论上互有交叉、互有影响。伴随现代工业文明而来的全球性生态危机，超越了国家间的界限，成为当代人类必须面对和亟需解决的共同难题。从哲学上反省现代西方工业文明，批判西方中心论、形而上学二元论和绝对化的思想是当代西方"后学"研究的重要范畴，这些范畴所涉及的理论和实践进一步促进了生态哲学思想的发展，从而形成了"后学"与生态哲学的互动关系和有机联系。一方面，"后学"理论对当代人类生存状况的思考、对时代问题的探索、对现代性的质疑和建构新文明形态的认识，为生态哲学的研究提供了理论基础；另一方面，生态哲学关于人与自然的关系研究，关于生态伦理、自然价值与生物多样性及生命意义的揭示，对种族歧视、性别歧视、物种歧视的批判，丰富了哲学基本问题的研究内容和言说方式，为当代哲学研究提供了新的范式。二者在全球问题的探索中，表现出殊途同归的趋势，这意味着"后学"理论和生态思潮具有时代现实性，促进了生态语言学（ecolinguistics）和生态思想（ecological thought）在全球的传播。我在《天津社会科学》（2016年第6期）发表的《当代西方后学理论研究的源流与走向》一文，对此做了初步探讨，欢迎读者批评指正。

在当代西方生态哲学思潮中，涌现出一批富有生态智慧的思想家，各种流派学说在人与自然、人与人、人与社会的关系问题上（包括生态马克思主义、心灵生态主义等），既存在着相互渗透、相互影响和相互融合的倾向，也存在着分歧。他们按照各自的立场、观点和方法，研究人类共同关心的人与生态环境问题，即使在同一学派也存在着理论纷争，形成了多音争鸣的理论景观。主要代表有：

施韦泽（Albert Schweitzer）、利奥波德（Aldo Leopold）、卡逊（Rachel Carson）、克利考特（J. Baird Callicott）、纳斯（Arne Naess）、特莱沃（Bill Devall）、塞逊斯（George Sessions）、福克斯（Warwick Fox）、布克金（Murray Bookchin）、卡普拉（Fritjof Capra. Capra）、泰勒（Paul Taylor）、麦茜特（Carolyn Merchant）、高德（Greta Gaard）、基尔（Marti Kheel）、沃伦（Karen J. Warren）、罗尔斯顿（Holmes Rolston）、克鲁岑（Paul Crutzen）、科韦利（Joel Kovel）、罗伊（Michael Lowy）、奥康纳（James O'Connor）、怀特（Lynn White）、克莱顿（Philip Clayton）、梭罗（Henry David Thoreau）、艾比（Edward Abbey）、萨根（Carl Sagan）、谢帕德（Paul Shepard）、福克斯（Matthew Fox）、卡扎（Stephanie Kaza）、洛夫洛克（James Lovelock）、马西森（Peter Matthiessen）、梅茨纳（Ralph Metzner）、罗扎克（Theodore Roszak）、施耐德（Gary Snyder）、索尔（Michael Soule）、斯威姆（Brian Swimme）、威尔逊（Edward O. Wilson）、温特（Paul Winter）、怀特海（Alfred North Whitehead）、戈特利布（Roger S. Gottlieb）、托马肖（Mitchell Thomashow）、帕尔默（Martin Palmer）、怀特（Damien White）、托卡（Brian Tokar）、克沃尔（Joel Kovel）、普鲁姆伍德（Val Plumwood）、亚当斯（Carol J. Adams）、蒂姆（Christian Diehm）、海森伯（W. Heisenberg）、伍德沃德（Robert Burns Woodward）等。

我在主编的《当代西方生态哲学思潮》（天津人民出版社，

2017年）中，对有关生态哲学思潮做了浅尝讨论。2017年5月31日《天津教育报》以“服务国家生态文明建设”为题，做了专题报导。今后有待于深入研究《西方生态哲学家的智慧》，同时希望与天津人民出版社继续合作，努力服务我国生态文明建设。

习近平指出：“文明因交流而多彩，文明因互鉴而丰富。文明交流互鉴，是推动人类文明进步和世界和平发展的重要动力。”[①] 这为哲学社会科学工作者开展中西学术交流与互鉴指明了方向。

我负责丛书的策划和主编工作。本丛书的出版选题论证、写作方案、写作框架、篇章结构、写作风格等由我策划，经与天津人民出版社副总编王康老师协商，达成了编写思路共识，组织了欧美哲学专业中青年教师、英语专业教师及有关研究生开展文献调研和专题研究工作及编写工作，最后由我组织审订九卷书稿并撰写前言和后记，报天津人民出版社审校出版。

参加编写工作的主要作者有：

《古希腊罗马哲学家的智慧》：吕纯山（第一章至第五章）、刘昕蓉（第一章术语文献翻译、第二章术语文献翻译、第五章术语文献翻译）、李春侠（第三章术语文献翻译）、张艳丽（第四章术语文献翻译）、方笑（搜集术语资料）。

《中世纪哲学家的智慧》：聂建松（第一章）、张洪涛（第二章、第三章、第四章）、姚东旭（第五章）、任悦（第一章至第五章术语文献翻译）。

《文艺复兴时期哲学家的智慧》：金鑫（第一章至第四章）、

① 习近平于2014年3月27日在联合国教科文组织总部的演讲。

曾静（第五章）、夏志（第一章至第三章术语文献翻译）、刘瑞爽（第四章至第五章术语文献翻译）。

《启蒙运动时期哲学家的智慧》：骆长捷（第一章至第五章）、王雪莹（第一章、第二章、第三章术语文献翻译）、王怡（第四章、第五章术语文献翻译，选译第一章至第五章开篇各一段英文）、袁鑫（第一章至第五章术语解读）、王巧玲（收集术语资料）。

《理性主义哲学家的智慧》：马芳芳（第一章）、姚东旭（第二章、第三章）、季文娜（第一章术语解读及文献翻译、第二章术语解读及文献翻译）、郑淑娟（第三章术语解读及文献翻译）、武威利（第四章、第五章）、郑思明（第四章术语文献翻译、第五章术语文献翻译）、袁鑫（第四章术语解读、第五章术语解读）、王巧玲（搜集第四章、第五章术语部分资料）。

《分析哲学家的智慧》：吴三喜（第一章）、吕雪梅（第二章、第三章）、那顺乌力吉（第四章）、沈学甫（第五章）、夏瑾（第一章术语解读及文献翻译、第三章术语解读部分）、吕元（第二章至第五章术语解读及文献翻译）、郭敏（审校第一章至第五章部分中文书稿、审校术语文献翻译）。

《现代人本主义哲学家的智慧》：方笑（第一章）、孙瑞雪（第二章）、郭韵杰（第三章）、张亦冰（第四章）、刘维（第五章）、朱琳（第六章）、姜茗浩（第七章）、马涛（审校第一章至第七章部分中文书稿、审校术语文献翻译）、于洋（整理编辑审校部分书稿）。

《科学-哲学家的智慧》：方笑（第一章并协助整理初稿目

录)、孙瑞雪（第二章)、刘维（第三章)、张亦冰（第四章)、郭韵杰、朱琳（第五章)、姜茗浩（第六章)。冯红（审校第一章至第六章术语文献翻译)、郭敏（审校第一至第二章部分中文)、赵春喜（审校第三章部分)、张洪巧（审校第四章部分中文)、赵君（审校第五章部分中文)、苏瑞（审校第六章部分中文)。

《后现代哲学家的智慧》：冯红（第一章)、高莉娟（第二章)、张琳（第三章)、王静仪（第四章)、邓德提（第五章)、祁晟宇（第六章)、张虹（审校第二章至第六章术语文献翻译，编写附录：后现代思潮术语解读)、苏瑞（审校第一至六章部分中文书稿)、郭敏（审校附录部分中文)。

由于我们编著水平有限，书中一定存在诸多不足和疏漏之处，欢迎专家学者批评指正。

佟　立

2019 年 4 月 28 日

目录

第一章　苏格拉底：古希腊理性哲学的先驱

It is the greatest good for a man to discuss virtue every day and those other things about which you hear me conversing and testing myself and others, for the unexamined life is not worth living for men. (*Apology*, the translation of Cooper)①

——Socrates

人所能做的最大的好事，就是天天谈论德性以及其他你们听见我谈的东西，对自己和别人进行考察，未经考察的生活是不值得过的。(《申辩》38A2-4)②

——苏格拉底

① J. M. Cooper, (ed.), *Plato*: *Complete Work*, Hackett Publishing Company, 1997.

② 王太庆:《柏拉图对话集》，商务印书馆，2004年。

一、成长历程

（一）坦言思辨走过一生

苏格拉底（公元前469年—公元前399年）这位古希腊哲学家，是西方理性哲学的奠基人，亦是西方哲学史上第一位追求普遍定义和归纳论证的哲学家。他首次把哲学所关注的领域从自然转向人本身，并开创了哲学的伦理学学科。他的学生柏拉图，在发展和完善苏格拉底哲学的基础上，创建了西方哲学史上第一个哲学体系，为后人提供了取之不尽的思想源泉；柏拉图的学生亚里士多德，更深入地发展和扩充了先师的哲学思想，是后世多门学科的奠基人，更以古希腊哲学集大成者著称。人们常把苏格拉底、柏拉图和亚里士多德三代师徒称为“古希腊哲学三贤”，因此作为西方理性哲学奠基人的苏格拉底功不可没。

“苏格拉底”已经成为“智慧”的代名词，他思想之伟大，洞见之深刻，与他的长相不甚相符。据说他拥有一张扁平脸，一双厚嘴唇，一个大狮鼻，还大腹便便，活脱脱一个矮胖滑稽的森林之神西勒诺。

苏格拉底的父亲是一位石雕工，母亲是一位助产士。他出生于伯里克利统治时期的雅典，少年和青年时期也在这一黄金时代度过。该时期的雅典是全希腊的文化中心，文化与艺术百花齐放，向城邦所有公民开放，对处于手工业者阶层的苏格拉底也不例外。

现在虽难寻确切记载来说明苏格拉底所接受的教育，但从他表现出的睿智和博学多才来看，黄金时代的熏陶与影响，应该为他提供了良好的教育。他的两个著名的学生柏拉图和色诺芬曾记叙过许多他们之间的对话，从中可以窥见，他学过音乐、几何、算术、天文学，深谙前辈巴门尼德、赫拉克利特、原子论者、阿那克萨戈拉以及恩培多克勒等人的哲学，同时他也与一些著名的智者有交往，他们是赫赫有名的普罗狄科、希庇亚、高尔吉亚、塞拉西马柯和欧绪德谟等人。当时的智者运动风起云涌，在其影响下，他似乎与智者们志趣相投，却又显得格格不入。他与智者的共同点在于，他们都把哲学研究的重心从自然转向人本身，围绕人的问题展开哲学研究。但他们的不同之处也很明显，他从不以教授智术为生，不收取学生的钱财，更没有开设学校，只是每天与一群仰慕其思想的同道中人在公共场所讨论问题罢了；智者们更强调说话的技巧，反而有时会忽视知识的真理性，但苏格拉底并不认为知识是相对的，而是坚信知识的绝对性，穷其一生在伦理概念中寻求普遍定义，并致力于哲学方法的创新。

苏格拉底早年继承父业，掌握着精湛的雕刻技艺，却并未以此为生，因其专注于讨论道德及其他人生问题，无暇顾及生计，落得一生穷困潦倒。苏格拉底的妻子克珊西普性格暴躁，是有名的“悍妇”。一次，克珊西普对苏格拉底大发雷霆，用一盆水将他浇了个透心凉，而苏格拉底却平静地说：“我不是早说过，克珊西普的雷声会带来大雨吗？”苏格拉底的一些学生看不惯他的妻子经常在大庭广众之下对他不敬，便怂恿他去教训妻子，但他拒绝道：“骑手驯服了烈马就可以毫不费力地对付其余的马，我也一样，如果我学会了和克珊西普相处，就可以毫不费力地和其余的世人相处了。”[①] 有一次，他的长子（他共育有三个儿子）对母亲发脾气，他还谆谆教导儿子要有孝心。作为哲学家，苏格拉底始终以哲人的气质对待生活中的一切遭遇，既没有让妻子易怒的个性扰乱自己沉着冷静的哲学思考，也没有因为家务琐事的牵绊而停止对哲学的追求。

苏格拉底喜欢常年与人们谈话、辩论，这种坦言相对得罪了很多人，一些人认为他这种行为动摇了城邦的宗教思想。因此，在他 70 岁时，苏格拉底遭到起诉，被加以毒害青年、不信仰本邦敬奉的神灵、另奉新神的罪名。本来法官们在第一次判决时，并未判处他死刑，但苏格拉底坚决不认罪的态度激怒了法官，于是再审时被判以死刑。按照当时的法律，苏格拉底本可以交一笔费用免死，他的学生都在暗中策划帮助他逃跑，但是他决意遵守审判的结果。临刑前，他的妻子哭嚎着说，他被处死是不公正的，他却反驳道：“怎么，你愿意这事情公正吗?”[②] 最终，苏格拉底死于狱中。柏拉图在对话集《斐多》中，生动地描述了他临终前与朋友们的一番谈话。第欧根尼 · 拉尔修对苏格拉底一生的总结是：“苏格拉底是第一个就生活主题展开论述的人，也是第一个受审并被判处死刑的哲学家。”[③]

---

① ［古罗马］第欧根尼 · 拉尔修：《名哲言行录》，转引自王太庆译文。见王太庆：《柏拉图对话集》，商务印书馆，2004 年，附录，第 607 页。

② 同上，第 606 页。

③ ［古罗马］第欧根尼 · 拉尔修：《名哲言行录》，徐开来、溥林译，广西师范大学出版社，2010 年，第 77 页。

（二）冷静而睿智的个性

在西方哲学史上，没有哪位哲学家像苏格拉底这样，能把哲学与自己的人生紧密地结合在一起，甚至他的死都是自己哲学思想的体现。苏格拉底没有留下任何文字性的著作，但幸运的是，他伟大的学生柏拉图给我们留下了以他为主角的 30 多部对话著作，学者们认为，其中一部分对话代表了苏格拉底本人的思想；另一位学生色诺芬的《回忆录》和《申辩》，相对忠实地刻画了苏格拉底的历史形象。我们对苏格拉底思想的研究，基本上就是依据这两位弟子的著作，有时也会参考以他为主角的同时代的喜剧作家阿里斯托芬的《云》及亚里士多德的一些记述和评价。

说起苏格拉底的形象，常被人提起的就是阿里斯托芬曾经在喜剧《云》中生动而简略的素描：

> 你在路上趾高气扬地走着，
> 转动着双眼，
> 虽打着赤脚，忍受着困苦，却神情庄严地
> 盯着我们。①

《云》给我们描述了一个聪明绝顶、蔑视世俗的苏格拉底形象。在柏拉图的多部以苏格拉底为主角的对话集中，我们看到了一位那个时代里最好、最敏锐、最公正的人，看到了一位将反讽

① ［古希腊］阿里斯托芬：《云》，第 361～362 页，转引自［古罗马］第欧根尼·拉尔修：《名哲言行录》，见王太庆：《柏拉图对话集》，商务印书馆，2004 年，附录，第 604 页。

与严肃优雅结合的谈话者，看到了一位从辩论和提问中敲打人性的教化者，这位智者以敏捷的思维、雄辩的口才和幽默的语言见长，总能掌握谈话的主动权，以便抓住所有机会，引导谈话者走向自我认知的道路。色诺芬是这样评价老师的："他是那么虔敬，如果不向神咨询，就不做任何事情；他是那么公正，从来没有伤害过任何人，哪怕只是最小的方面；他是自己的主人，从来没有因为选择快乐而不选择善；他是那么理智，从来没有在决定较好的和较坏的事情上犯错误。一句话，他是最好的、最幸福的人。"①

德国著名古希腊哲学史家爱德华·策勒认为，苏格拉底是一位活在现代的古人。策勒说道，虽然他是土生土长的古希腊人，但是他的表现一直与他的时代格格不入，他经常会讲出谜一般的箴言，总是让人觉得古怪而奇特。他说自己从小就拥有一种叫作"灵机"（δαιμόνιον）的内在的声音，这种声音经常提醒他不要做某些事情，也使他比别人能更好地领悟内心的思想。他经常陷入灵魂的最深处沉思冥想，精力充沛地与自己作斗争，试图洞察到自己的每一个动机，有时会一天一夜一动不动地陷入沉思，对外部世界感觉迟钝，甚至漠然处之，有时候，在别人看来，他就像是一个毫无头脑的人。② 柏拉图在《会饮》中借阿尔基比亚德之口这样描述苏格拉底："有一回他遇到一个问题，就站在一个地方从清早开始沉思默想，由于没有想出头绪，仍旧站在那里钻研。到了中午，有人发现了这件事，非常惊奇，就一传十、十传百，说苏格拉底从清早起一直站在那里思考问题。直到傍晚吃过

① E. Zeller, *Socrates and the Socratic Schools*, Longmans, Green and CO, 1877, p. 72.

② Ibid., p. 77.

晚饭，有几个伊奥尼亚人把铺盖搬了出来（由于当时是夏天），想在露天睡得凉快些，同时看他会不会站在那里过夜。结果他一直站到清早太阳出山，然后向太阳做了祈祷才走开。”（柏拉图：《会饮》220C-D）[①] 虽然苏格拉底在演说中经常拿鞋匠、裁缝和制革匠等手工业者做例子，显得荒唐又粗俗，似乎与雅典人生活中的风雅背道而驰，但在这可笑又傻气的面具下，是圣洁的思想和崇高的目的。他不热衷于城邦事务，认为自己通过与别人谈话来改善对方的灵魂、提升对方的德性，就是对城邦的贡献，这一独特的行为举止使他卓尔不群。

苏格拉底通过不寻常的自制力，努力做到不为各种欲望所动，也对一切身外之物丝毫不感兴趣，全身心地关注内心的追求。根据第欧根尼·拉尔修的记载，苏格拉底总喜欢吟诵如下诗句：“那紫色的长袍和闪亮的银盘，适合悲剧演员所用，而非我的生活所需。”[②] 他拒绝学生们的一切馈赠，认为自己离神最近，所以需求最少，他一直生活简朴，是一个坚强、知足和自律的模范。他大量饮酒却从未宿醉。在与人通宵饮酒后，别人酩酊大醉之时，他会起身走开，好像什么事情也没有发生过，他在柏拉图《会饮》中的形象就是如此。虽然阿里斯托芬在喜剧《云》中对他进行了嘲讽，但对他在生活中表现出来的节制和智慧仍然进行了最高的赞美：“噢，那个正当渴求大智慧的人，在雅典人和希腊人中你悠闲度日是多么幸福，你记忆惊人，思维缜密，愿意忍受劳

---

① 王太庆：《柏拉图对话集》，商务印书馆，2004年。

② ［古罗马］第欧根尼·拉尔修：《名哲言行录》，徐开来、溥林译，广西师范大学出版社，2010年，第79页。

苦；你从不疲倦，无论站立还是行走；你不因严寒冻僵，不为早餐饥渴；你戒除酒和贪食，以及其他愚蠢之举。”[①] 而且苏格拉底对自己所做的事情都充满了深沉的宗教情感，投入整个生命为神服务。苏格拉底终其一生服从城邦法律，在最后的审判期间，他不愿违背法律，但又蔑视平常的辩护，被判死刑之后拒绝从监狱逃跑，最终死于对城邦的服从。

（三）苏格拉底之死

苏格拉底之死，是西方哲学史上最为著名的事件之一。公元前399年，有人控告他不信仰城邦的宗教、引进新神、毒害青年，因此他被判以死刑。他拒绝了朋友们对他的友好帮助，恪守法律，成为哲学史上第一个为真理而献身的哲学家。他坚信法律来源于神，服从城邦法律就是服从神，这是他慨然赴死的内在动力。他一生为了重振母邦的道德而尽心竭力，而母邦则用死刑酬谢了他的贡献。他的死无疑是一个悲剧。这位哲学家的死亡也使自己的哲学理念获得了永恒的生命力，成为后人口中不朽的话题。

然而对于苏格拉底的死因，历来议论纷纷。传统的哲学史认为，判处苏格拉底死刑是雅典人犯的一个重大错误，此后不久他们就后悔了，并以不同方式惩罚了当初控告苏格拉底的那些人。也有人认为，是诗人、智者、政治家等各方力量合力“谋杀”了苏格拉底。然而在策勒看来，苏格拉底的死亡是必然的：苏格拉底曾经的两个学生克里底亚和阿尔西比亚德最终都成为给雅典造

---

① ［古罗马］第欧根尼·拉尔修：《名哲言行录》，徐开来、溥林译，广西师范大学出版社，2010年，第80页。

成极大危害的人——前者后来成为30僭主之一，后者背叛雅典；苏格拉底强调认识自己，教育年轻人反思父母的教育，不要不加反思地接受习俗；他是一个虔敬的人，但他的神不是传统的希腊的神，而是理性神，他相信人自己的理性，因此他被看作对传统习俗和虔敬的颠覆，最终被定义为一个毒害青年的危险公民。[①]与最后一点的说法一致，黑格尔也指出，他的思想根基与古老的希腊道德皆不一致。古希腊人的道德生活，和每一个民族传统的生活形式一样，本来是依赖于权威的。它一部分依赖于毫无疑义的国家法律的权威；另一部分依赖于习俗和教化无所不能的影响力，没有人试图怀疑它的正确性。反对这种传统道德被认为是对神和公共利益的冒犯，也是犯罪。但是在苏格拉底看来，仅存一个普遍承认的规则和法律规则也是不够的，个人必须彻底思考每一个主题并揭示其原因：真正的德性和正确的行为只有当它们发源于个人的信念时才是可能的。[②] 因此，他将全部生命都花费在检验有关德性的流行法则上，考察它们的真理性，并寻求它们的源头，苏格拉底的观点甚至在理论上背离了希腊思想的原始基础，与城邦的传统道德产生了尖锐的、不可调和的矛盾，因此他的死亡结局是不可避免的。

二、理论内涵

苏格拉底是西方哲学史上一个里程碑式的人物，我们研究古

---

① E. Zeller, *Socrates and the Socratic Schools*, Longmans, Green and CO, 1877, pp. 193-235.

② Ibid., pp. 226-227.

希腊哲学史时，往往将他之前的哲学家统称为前苏格拉底哲学家，这些哲学家研究的是自然哲学，思考的是万物本原。而到了公元前5世纪后半叶，以雅典为代表的希腊社会进入了繁荣时期，经济、政治制度的发展进一步促进了人们思想的觉醒，是智者运动最为兴盛的时代，智者们把探究审视的目光由外部世界转向了人自身，开始集中思考人的问题。苏格拉底深受这一思潮的影响，认为践行德尔菲神庙的铭文“认识你自己”才是哲学的根本任务。不过苏格拉底并非智者（虽然在平常人眼里他们没有分别），智者相信个人的感觉，而苏格拉底则强调人的理性；智者质疑知识的确定性，苏格拉底则反思人的本性，尤其强调理性思维，强调关乎伦理学概念的普遍化思考，为德性概念寻求普遍化的定义，为绝对的真理和知识奠定基础。苏格拉底对哲学的对象、方法和理论层次都进行了全新的思考，可以说在他身上孕育了思想的新生命。最终，他凭借自己的哲学原则，成为哲学的改革先驱。苏格拉底开创了古希腊哲学的理性传统，为柏拉图、亚里士多德哲学之发展奠定了坚实的基础。策勒有一句精辟的名言：“在其历史发展的全盛时期，苏格拉底是希腊哲学孕育的胚芽，柏拉图是盛开的花，亚里士多德是成熟的果实。”①

那么苏格拉底的哲学智慧究竟体现在哪些方面呢？

（一）认识你自己

苏格拉底受智者思潮的影响，把功利和效用作为哲学的目标，放弃了对自然奥秘的探究，他提醒哲人们要把探寻的目光从外部

① E. Zeller, *Socrates and the Socratic Schools*, Longmans, Green and CO, 1877, p. 49.

世界转移到人的内心。苏格拉底认为，前贤们思考万物本原问题的结论迥然不同，都只是利用感官来认识事物，却不注重人的理性认识能力，人不能认识超出自身范围以外的事情。在柏拉图的《斐多》中，他承认自己过去也曾研究自然，尤其对阿那克萨戈拉提出的直观理性/努斯（νοῦς）这一概念倍加赞赏，但当他发现这位前贤并未用这个概念解释世界，而是求助于气或以太等其他事物来定义世界的本原时，便感到非常失望。他把所考察的对象设定为与人类事务相关的对象，其中最著名的就是虔敬、正义、明智、勇敢等德性概念，并注重道德实践和实际行动，但至此，苏格拉底尚未发展出一套系统的伦理学说。

"认识你自己"是雅典的德尔菲神庙墙上的铭文，据说是古希腊七贤之一的梭伦所说的，苏格拉底把它当作自己哲学实践的座右铭。苏格拉底对"认识你自己"有着独特的认识。他认为，人必须先考察自己作为人的用处和能力，才算认识了自己。在《卡尔米德》中，苏格拉底认为认识自己就是要节制（σωφροσύνη），因为明智、自律使灵魂健全。在《阿尔西比亚德Ⅰ》中，苏格拉底进一步论证了这个命题：人要认识自己，就必须通过灵魂中的理性来认识自己，只有以理性为手段才能达到认识的目的，换句话说，认识自己并不是认识自己的身体，而是要认识灵魂，但也不是灵魂的全部，而是理性灵魂，只有理性才是灵魂的德性。因此，只有认识到这一点，才真正认识了自己，才能做到节制。

而苏格拉底对这个铭文最大的贡献在于，他身体力行了这个铭文的主旨。他不仅花费了极大的精力去考察自己的思想，同样也花了很大的精力去考察别人的思想。在《申辩》中，他在为自己辩护时说："我这个人……一心为你们每个人做出我认为最大的服务，千方百计说服各位关心你们自身，关心自己尽可能地臻于完善和智慧。"（《申辩》36B-C5）[①] 他运用谈话的方式使对话者认识到自己的观点究竟是对还是错。而他把自己谈话的方式自比于母亲作为助产士所用的助产术，他认为自己只是帮助别人把他尚未意识到的真理显现罢了，让别人进一步对自己有所认识。他从不把信念强加于别人身上，却检验他们的信念；他没有把真理直接传递下去，而是去动摇未经思考的判断力，推翻谬误，以揭示真正的知识。

"认识你自己"最终成为后世诸多哲人的根本宗旨。德国古典哲学创始人康德把自己的哲学宗旨归结为回答"人是什么"的问题，20 世纪著名的文化哲学代表人物卡西尔在其流传甚广的《人论》第一句话中就引用了"认识你自己"作为人的哲学的纲领。

（二）对普遍性定义的追求

亚里士多德这样评价苏格拉底："苏格拉底本人正忙于伦理问题，忽视了整个自然界。他在这些问题中寻求普遍者，第一次把思想集中到定义上。"（《形而上学》A6，987b1-3）[②]"苏格拉底当时正专注于德性，并且与此相联系，成了第一个提出普遍定义的人……要寻求事物的本质，这是很自然的，因为他还寻求理性的推导，而事物的本质正是理性推导的出发点……有两件事可

① 王太庆：《柏拉图对话集》，商务印书馆，2004 年。
② 同上。

以公正地归给苏格拉底：归纳论证和普遍定义。这两者都是与知识的出发点有关的。”（《形而上学》M4，1078b17-29）[①] 在研究古希腊哲学史的资料中，亚里士多德的论述，是后人认为最可靠的资料来源，他对苏格拉底的这两段评价也为世人所称道。

定义（όρισμοός）这个概念，对于我们现代人来说并不陌生，但是对于定义的对象是什么，定义的构成这些问题的回答，却经历了从苏格拉底到柏拉图再到亚里士多德这三代哲学巨人的艰苦努力。苏格拉底是奠基人，他提出了追求普遍定义的问题，指出定义要回答“是什么”的问题，创造性地提出了归纳法，强调定义不是来表述事物的个别特征，而只表达普遍性，但他却未做任何结论；柏拉图进一步认为“理念”这样的类概念就是定义的对象，具有普遍性特征，还发明了分类法，或称“二分法”，也就是在一类之下进行二分，一直划分到最低的类，他或雅典学园的成员已经提出“属加种差”的定义方式[②]并给出一个关于人的著名定义：“人是两足动物”；亚里士多德对柏拉图的“二分法”进行了批判性分析，承认分类法在下定义时的重要性，但不能二分而要“多分”，并就“属加种差”的分类法定义进行了充

---

① 王太庆：《柏拉图对话集》，商务印书馆，2004年。

② 在这个问题上，我们还无充分的证据来证明或驳斥这一点。我们无法在柏拉图本人的著作中找到证词，而亚里士多德似乎给了我们相互对立的说法。一种说法在《形而上学》Z14开篇，他这样说道：“显然，由同样这些，这一结论也适用于那些主张理念是实体和分离物的人，以及那些使种由属加种差构成的人。”这句话中的“那些使种由属加种差构成的人”，显然是他下文要批评的对象，与“那些主张理念是实体和分离物的人”即使不是同一个或同一类人，至少也不是他自己。但是我们知道，亚里士多德在《论题篇》中讨论最多的就是“属加种差”构成的定义，强调这是正确的定义方式，其中属最有标志性，不仅有专门的章节分别讨论如何正确地划分属和种差，还专门就这一方式下的定义进行了详细的考察，似乎应该冠以“属加种差”定义的发明者的称号。

分而详细的论证，认为定义的对象就是“本质”，包括回答类的“是什么”，从形式和现实，进而到提出由形式和质料构成的新的定义方式，为定义理论写下了浓墨重彩的一笔。从苏格拉底到柏拉图再到亚里士多德，他们各自的定义理论逻辑清晰，特色鲜明，定义理论也都是他们各自哲学体系中非常重要的一个部分。那么苏格拉底究竟是如何奠基定义理论的呢？

苏格拉底的兴趣在德性概念之上，他显然不满足于仅仅判断某一行为是否虔敬、是否正义、是否勇敢。在《欧绪弗若》[1]中，苏格拉底与欧绪弗若讨论了什么是虔敬，什么是不虔敬。在与苏格拉底的反复对答中，欧绪弗若依次给出的定义是：

（1）虔敬就是告发那些犯有杀人罪或者盗窃庙产罪的人，不告就是不虔敬。

（2）神喜爱的就是虔敬的，神不喜爱的就是不虔敬的。

（3）所有的神都喜爱的就是虔敬的，所有的神都厌恶的是不虔敬的。

（4）圣洁和虔敬就是对待神的那部分公正。

（5）虔敬就是向神送礼或索取酬劳的知识。

（6）虔敬是神喜爱的。

最后的这个定义又回到第二个定义上，因此两人的谈话最终没有结果。苏格拉底希望对方提出一个虔敬的、普遍的定义，而对方只能描述某一个具体领域的实例，而始终无法给出一个能普遍地描述这一德性本质的定义，对其他德性的讨论也是如此。

---

① 关于《欧绪弗若》的文本，均引自王太庆的译文。参见王太庆：《柏拉图对话集》，商务印书馆，2004年。

所谓的普遍性定义，就是对一类事物的本质特性进行普遍描述。这一描述可以说明多个事物，而不是仅仅描述个别行为。这样一种对普遍性定义的追求，是获得确定性知识的要求。苏格拉底对于知识的确定性的追求，迎合了那个时代的需要，这也正是他的伟大之处，他敏锐地洞察到了理智发展的要求。苏格拉底意识到每个人必须为自己去寻找确信的理由，必须通过个人的思想活动去寻找真理，要从人的理性思维出发来探究事物的本质。他使用归纳论证法，要求对所有的意见进行重新考察，无论它们有多么古老。他从日常生活中著名的、具有普遍真理性的例子着手。在每一个有争议的点上，他都回到这些例子上来，并希望以这种方式求得普遍的同意。通过指出个别事例涉及这种普遍的性质，使得这个问题引起大家的注意。即使苏格拉底没有促成正式的定义，至少他总是寻求某种普遍的性质来应用于对象的概念和本质之上。就像策勒所评价的，苏格拉底所追求的方法的特殊性，在于从人们的公共意见中推导出概念。然而他的方法终究是一种个人的理智训练，并没有形成最终的明确概念，也没有获得概念的任何体系。但是苏格拉底的普遍性定义所追求的事物的普遍本质与柏拉图的“理念”是一致的，理念就是那个普遍本质，因此可以说，普遍性定义是柏拉图理念论的直接来源。

（三）德性即知识

当代哲学中所讨论的知识和德性这两个主题，通常被认为是哲学不同领域的问题——知识是认识论讨论的问题，而德性是伦理学讨论的问题。亚里士多德之前的苏格拉底和柏拉图，都认为知识和德性是同一个东西，认为知识就是关于德性的知识，因为他们认为虔敬、正义、勇敢等问题是与人密切相关的。在苏格拉底看来，人们只有知道了什么是正义，才能做正义的事，而人作恶是因为他不知道什么是善。没有德性无法想象知识，没有知识也无法想象德性，这两个因素在他的心中是紧密相连的。

苏格拉底之所以产生这样的革命性思想，是他在对人的反思中注意到了人的理性，并开始依赖理性，认为依赖传统的习俗和权威的道德行为没有根基，必须经过理性的判断。因此他的一个伟大想法就是，如何通过改变知识来重建道德行为。换句话说，他的伦理学目的就在于重建道德并让它深深地植根于知识之中。为了获得真正的德性，人必须在清楚而确定的知识中寻找行为的标准。对他而言，知识不仅是德性不可缺少的条件和方式，而且它就是德性本身。缺少知识的地方，不仅德性不完美，也绝无德性可言。为了支持自己的立场，苏格拉底提出这样的观点：没有正确的知识，就不可能有正确的行动，反之，知识存在的地方，就会有正确的行为。他以这样的方式来定义所有的个别德性：知道如何正确对神的人，是虔敬的；知道如何正确对人的人，是正义的；知道如何正确地对待危险的人，是勇敢的；知道如何利用善与高贵，并知道如何避免作恶的人，是审慎而智慧的。总之，所有的德性都指向智慧或知识，而这是相同的。那种认为有许多种德性的日常观念是错误的。德性是真理，是唯一的。

一句话，知识是所有道德行为的根基，而缺少知识是恶的根源。苏格拉底把道德行为完全建立在知识基础之上，明确指导人追求知识并反省自身。苏格拉底认为，只有概念知识才是真知识，只有概念的存在才是真正的存在。当然，苏格拉底认为道德领域的善才是真实的，他把普遍定义的对象限定于道德领域，他总是去揭示和阐明本真本善，并要求人们去思考，认为所有行为都应该由一种概念的知识来决定。他把自己限制于那些与人类行为有直接关系的问题之上，并没有达到普遍的理论层次，也没有建立一个体系。在苏格拉底学派中，道德兴趣和理智兴趣的结合是学生和老师建立亲密关系的基础。苏格拉底不仅本人是一个自我否定和节制的典范，他也竭尽全力在朋友们身上培养相同的德性。

与此相关，他伦理学的另一指导思想就是“无人愿意作恶”。因为既然拥有了知识，人就可以有正确的行为，如果一个人作恶，那只能说明他没有知识，不懂是非对错，是知识的缺乏导致了错误的行为。

（四）自知无知与反讽

苏格拉底在《申辩》中提到他的朋友凯瑞丰到德尔菲阿波罗神庙去求签，问有没有人比苏格拉底更智慧。女祭司回答说：“在所有人中，苏格拉底最智慧。”然而苏格拉底觉得自己并没有什么知识，而神谕又不可能犯错，因此他决定对别人进行考察，以验证祭司所言之正确。他与各行各业的人对话，最终发现别人往往只因精通某一领域的技能，便认为自己无所不知，但是他们并没有认识到这一点，而自己恰恰能够认识到这一点，正是在这个意义上讲，自己才是最智慧的。他说：“我还是比这个人（指一位政治家——笔者注）智慧，因为我们本无人知晓何为美、何为善，他一无所知却自以为知道，而我既不知道也不自以为知道。

看来我在这一小点上要比他智慧，这就是以不知为不知。”（《申辩》21D3-5）[①]

正是在与别人的交谈中，他开创并实践了自己独特的哲学方法。他提出问题，迫使他人在自己面前敞开胸怀，询问他们的真意见，询问他们的信仰和行为的理由，试图通过这种方式对他们的观点提出质疑，使他们自己都没有意识到的潜藏的思想呈现出来。苏格拉底坚信概念的知识构成了真知识，因而喜欢盯着所有的假设性知识，问它是否与真知识一致。在他看来，当你相信你了解你所不知道的东西时，便无法获得真知识。为了明确地知道我们到底知道什么，很有必要进行一下自我检查。这种自我检查的一个结果是，苏格拉底发现自己的实际知识与自己心中对知识的标准不符，也就是说，发现自己其实并没有什么知识，从而产生了无知的意识，而这就是他所宣称的知识。因为他否认掌握任何其他知识，并因此拒绝成为朋友们的老师，只是希望通过与他们的交往去学习和考察。这种对无知的承认当然不是对确定性知识的怀疑和否定。也正是在这一点上，苏格拉底与智者有了另一个根本的区别：智者使无知成为一个原则，认为最高的智慧在于怀疑一切；苏格拉底则遵循他对知识的要求，坚持信仰知识的可能性，认为无知是最大的恶。这样，苏格拉底式的无知的重要性在于，无知的知识导致对真知识的追求。

苏格拉底是极懂谈话艺术的人。基于他自知无知的信念，他谈话的特点被人总结为反讽。也就是说，他经常在谈话中揭露对方言语中的矛盾，让对方自己来暴露思想中模糊的地方，从而认

① 王太庆：《柏拉图对话集》，商务印书馆，2004年。

识到问题所在。反讽不仅仅是谈话的技巧，更不是专门为了嘲笑别人的无知。苏格拉底之所以采用反讽，是因为他自知没有真知识，但他相信自己拥有追求真知识的方法，拥有对知识的信念。如果没有这个信念，他就不会承认自己的无知，也不能揭示别人的无知。在与别人的交谈中，苏格拉底亲口说，希望从他们身上学到他们所知道的东西，但是基于对他们观点的批判性分析，他发现，他们所假想的知识是根本不存在的。可以说，反讽是苏格拉底方法论中辩证和批判的因素。

（五）关于“善”的思想

苏格拉底认为，知识和德性是一致的，都是善的、无与伦比的。善是最高的标准，是任何行为、任何事物的最终目的。做善的事情，就是要符合相应行为的概念，知识要在实际应用中得到体现。苏格拉底认为，每一个善和美的事物都与其特殊的需要相关，同一个事物，对一个对象是好的，而对另一个对象则不是。他认为，善是有利的和有用的，因而判断善恶的标准就是有利或不利，善从属于特定的目的，每一个善的和美的东西都是对应一种善的关系而言。因此，相同的事物在一种关系下是善，而在另一种关系下是恶。所以说，并没有绝对的善，只有相对的善，有利或不利是衡量善恶的标准。因此在色诺芬记录的对话中，苏格拉底总是把他的道德概念置于功用的动机之上：我们应该节制，因为节制的人比不节制的人拥有一个更愉快的生活；我们应该遵守法律，因为遵守法律产生了对我们自己和对城邦的最伟大的善；我们应该避免犯错，因为错误最终总要被惩罚；我们应该合乎道德地生活，因为只有这样才能收到来自神和人的丰厚的报答。

然而，善的概念究竟由什么构成，他并没有做出进一步说明。换句话说，苏格拉底并没有对道德行为及其目的做出系统的理论说明，他只是主张一切行为的目的都是善，而善就是有用和有利，与各个具体对象相关，众多行为的具体目的共同指向善。但是他没有说会存在一种改善心灵的、绝对的、无条件的善，他只要求德性是生命的最终目的，同时因为它能为人带来益处而受到推崇。苏格拉底关于“善”的思想，后来不仅被柏拉图发展为一个形而上学和伦理学的最高概念，也被其他小苏格拉底学派所接受并进一步发展，甚至成为亚里士多德伦理学的核心思想。

三、主要影响

（一）对柏拉图哲学的影响

由于苏格拉底哲学思想的绝大部分内容都是由柏拉图以对话形式记述下来的，而且柏拉图对话多以苏格拉底为自己的代言人，从哲学史的角度来看，我们无法把两个人的思想截然分开，可以说，他们的哲学思想具有水乳交融的亲密关系：柏拉图哲学的许多概念都成长于苏格拉底的哲学土壤，柏拉图哲学本身就是苏格拉底哲学更为完善的形式。当然，这种特殊的写作形式也产生了著名的“苏格拉底问题”，即柏拉图对话中哪些思想属于历史上的苏格拉底的思想？我们暂且不去争论他们的哲学思想有何区别，先看一下他们的一致性，或者说苏格拉底对柏拉图的影响表现在哪里呢？

首先，他强调人的灵魂中具有理性认识的能力。我们在前文中说道，苏格拉底被人看作智者中的一员，是因为智者们都关注人而不再对自然有兴趣，但苏格拉底强调知识是人的理性认识能力而非感性知觉。“认识你自己”强调的就是对人的灵魂的考察，强调灵魂的理性能力，强调要通过自身的理性来思考传统道德或习俗，并区分意见和知识，他本人就是一个把理性发挥到极致、完美控制欲望的典型。无疑，柏拉图沿着同样的思路继续前进，在他的哲学体系中，意见和知识进一步分为对可生灭事物的认识和不变的事物的认识，不变的事物即理念。柏拉图在将灵魂进一步分为理性、激情和欲望之后，依然坚持理性的支配作用，因为理性与认识能力相关，与知识相关。在他那里，好的或高贵的人应该是用理性来统治欲望的，绝非相反，他在《理想国》里描写的那位强调理想人格的哲学家，总会让我们联想到苏格拉底。亚里士多德又进一步强调，无论是人的认识能力，还是实践能力，都需要理性的指导，没有理性，人连道德的目的、什么是中道都无法确定下来。这也是后世把他们的哲学称为理性主义哲学的主要原因。总之，苏格拉底首先将哲学的基础奠定于理性之上，而他开创的理性主义哲学经过柏拉图和亚里士多德的继承和发扬，成为古希腊本质主义哲学的基本思想。

苏格拉底关于知识与德性同一的观点也直接为柏拉图所继承。苏格拉底强调，没有知识就没有德性，也无法行善。在柏拉图那里，知识的对象就是理念，而在《理想国》中最具代表性的理念就是善、正义、节制、勇敢、智慧等德性概念，也即知识就是关于德性的知识，他将各种德性上升到了形而上学的地位，以至于后世研究者在分析他伟大的著作《理想国》的主题究竟是形而上学、伦理学还是政治哲学时，都会惊奇地发现根本无法区分，因为这些主题在他那里本来就是同一的。如果说苏格拉底把“善”作为生活的最高目的，而他的善还仅仅是有用，或者说与不同的对象相关而有不同的善，那么到了柏拉图那里，“善”进一步发展成为理念世界里最高的存在，甚至说“善是一”，相当于可感世界里的太阳。而且伦理学中的善、政治哲学中的善，都是形而上学的那个“善本身”的摹本。可以说，在对“善”这一哲学中重要概念的考察上，他们二人也是一脉相承的。虽然亚里士多德批评柏拉图普遍的、分离的善对人是没有意义的，也不存在这样的“善本身”，强调各行各业、各个范畴有不同的善，但他还是认为，在人终极的追求上是有最高的、最完美的善的，这就是幸福，并在形而上学的意义上肯定了神最幸福或者说神就是善。在对德性伦理学这门学科的发展上，他们都有不容忽视的独特贡献。

前文提到过，亚里士多德对苏格拉底在哲学史上贡献的评价是：苏格拉底是第一个追求普遍定义和归纳论证的哲学家。在对普遍定义的追求上，苏格拉底提出的“是什么”问题直接为柏拉图和亚里士多德所继承。柏拉图对于这个问题，以“理念”做了回答，认为回答“是什么”就是对事物类、或者说种属的描述，这就是理念，就是事物的普遍本质。虽然后来亚里士多德批评柏拉图把在苏格拉底那里没有分离的本质和个别事物分离开来，但还是充分肯定了柏拉图追问的“是什么”就是事物的本质，他也充分地发展了老师的分类法定义，并对“属加种差”的定义方式进行了详细的讨论。可见，对于事物本质的强调，在苏格拉底、柏拉图、亚里士多德那里是一脉相承的，这也是我们称他们的哲学为本质主义的缘由。

从方法论上来说，苏格拉底的方法可以归结为三个步骤：自知无知，反讽，形成概念。与智者们对知识确定性的怀疑相反，苏格拉底对于知识具有坚定的信念，他从不把自己的意见强加于别人，而是通过反诘的技艺不断使对方意识到自己所持意见的不正确之处，不断地修正再修正，以期最终形成普遍的概念。到了柏拉图这里，“辩证法”（διαλεκτιγή）第一次成为一个专门术语，用以表述一种独特的对话方式，即对话的双方审查并批驳对方的观点，在不断修正的过程中，达到一种更为确切的认识。提问并主导问答过程的人被柏拉图称为“辩证法家”，在他看来这就是真正的哲学家。可见，被称为柏拉图哲学方法的辩证法就是从苏格拉底的方法论发展而来的。辩证法最突出的一个特点就是辩驳，通过审查个别的例子，通过清除一些矛盾的或者偶性的东西，提炼或者总结具有普遍性的东西。这一特点就是苏格拉底在形成概念的过程中所坚持的方法。

（二）小苏格拉底学派

苏格拉底的哲学变革具有开创性和探索性，尽管具有非常丰富的内容，却没有形成体系。苏格拉底的学生们对他的哲学进行了继承和发展，柏拉图以“苏格拉底对话”为体裁而著就全部对话著作（柏拉图在40岁时创建学园，下一章将重点介绍）。还有三支“小苏格拉底学派”的创始人都自诩为苏格拉底学派的正统，他们分别是犬儒学派、居勒尼学派和麦加拉学派。这些学派在继承苏格拉底哲学思想的过程中，也受到其他哲学思潮的影响，最终形成了各自不同的哲学思想。

1. 放荡不羁的犬儒学派

概括地讲，犬儒学派将苏格拉底“善”的思想解释为顺应自然并禁欲，也就是将个人欲望抑制到最低限度，摒弃一切感性享受。这个学派在学术理论上的建树相对较少，但他们顺应自然和禁欲主义的思想对后来的斯多亚学派影响颇大。代表人物是安提司泰尼、第欧根尼、克拉底与希帕基娅。

犬儒学派的创始人安提司泰尼，是一位雅典本地人，早年他接受智者高尔吉亚等人的教诲，后来与苏格拉底熟悉起来，并在苏格拉底死后开办了一所学校。他的一位学生辛诺普的第欧根尼因其诙谐机智的古怪个性、泰然自若的独特举止、令人称赞的放肆行为以及充满活力的坦率心灵，成为古希腊哲学家中最典型的代表，也是最著名的犬儒，柏拉图称他为“疯了的苏格拉底”。据说他经常挑衅柏拉图，最著名的例子就是，当柏拉图给“人”下定义时说：“人是无羽的两足动物”，第欧根尼就起身出去从外面捉了一只公鸡，拔光毛，掷于柏拉图面前。[①] 第欧根尼被人称为“犬”，他披着一件破烂外衣，手里拿一根橄榄枝、一个讨饭袋、一床被子和一个杯子，在雅典到处游荡。而犬儒学派的另外两个代表人物克拉底与希帕基娅则以放浪形骸的生活方式而著称，也最终导致了该学派的衰落。[②]

① 转引自先刚:《柏拉图的本原学说》，生活 · 读书 · 新知三联书店，2014 年，第 11 页。

② 汪子嵩等主编:《希腊哲学史》（第二卷），人民出版社，1993 年，第 570，575 页。

犬儒学派声称自己的哲学是真正的苏格拉底的学说。然而与苏格拉底把理智和德性因素完全融合在一起的思想不同，安提司泰尼否定了沉思性知识的可能性。他宣称，每一对象只能为它自身独特的名称所称呼，例如不能说一个人是善的，而只能说一个人是人，或善是善的。他拒绝所有的定义，认为名称绝不能被定义，也绝不会有一个谓词。如果说柏拉图从苏格拉底对一种概念知识的要求为出发点，创立了一个实在论体系的话，安提司泰尼也从同一要求为出发点，创建了一个唯名论体系，认为普遍的概念只是思想的虚构。安提司泰尼的学说从逻辑上毁灭了所有的知识和判断，使得对所有科学的探寻都成为不可能。

在犬儒学派看来，知识的唯一目的就是实践——知识会使人有德性，有德性就会使人幸福，而幸福就是生活的最高目的。属于人的唯一真正的东西是心灵。只要拥有了精神和道德的力量，人就是独立的。因此，理智和德性构成抵御外在诱惑的唯一盔甲。要使一个人感到幸福，首先必须让他具有德性。而为了使自己满足于自身的德性，人要学会鄙视其他所有事物。在犬儒学派看来，最没有价值和最有害的事情便是快乐。犬儒学派不仅否认快乐是一种善，而且宣称快乐是最大的恶。安提司泰尼的一个格言就是，他宁愿发疯也不愿快乐。第欧根尼断言，幸福只能通过一种源自心灵的平静愉快而获得。只有那些超越了贫穷和富有、羞耻与尊严、安逸与疲劳、生与死的人，以及那些准备好接受任何一种好的或坏的生活的人，不害怕任何人，不被任何事物打扰的人，才能蔑视财富，从而才能获得自由和幸福。犬儒学派认为，他们的特殊使命就是把自己设立为智慧和节制的典范，并为这一使命而做出彻底的奉献，但是他们却最终都陷入放纵而荒唐的生活。

犬儒学派的主要思想是德性的自足性。他们把个人的欲望限制于绝对不可缺少的东西之上，他们不太能够感受到外在的影响，对于所有不在自己能力范围之内的事都表现得无动于衷，就是要通过摒弃一切享受来表达自己的思想。在他们这里，苏格拉底对欲望的独立变成了与外界关系的断绝。他们生活得像乞丐，没有房子，没有床，晚上在雅典城里随处找地方休息，据说，第欧根尼还通过吃生肉来表示自己的生活不依赖火。他们认为智慧的人必须做到不被任何关系所束缚和妨碍，为了获得全方位的自由，他们既漠视家庭生活，也漠视公民生活，以最为原始而又不缺乏文雅的方式行事，用幽默和玩笑来评论人类的愚蠢。

毫无疑问，犬儒学派在希腊世界占据了特殊的地位。他们因行为乖张而遭嘲笑，由于自我否定而被尊敬；他们作为乞丐屡遭鄙视，作为道德家又令人敬畏；他们蔑视人类的愚蠢，也同情同胞道德上的贫困；他们意志顽强，行为粗犷，机智而辛辣。他们强调独立性，要求人与社会分离，凸显个体，而这样做的结果就是，思想沦为反复无常的游戏，最终不可避免地走向衰落。

2. 追求快乐的居勒尼学派

居勒尼学派结合苏格拉底和智者的感觉论思想，也把“善”看作个体的自由和独立，但是与犬儒学派将善规定为禁欲和顺应自然相反，居勒尼学派将善规定为个体的快乐，并将此规定为感觉的标准，是西方哲学史上第一次讨论快乐的学派。但是这一学派主张的“善是快乐”并非纯然的来自感官的享乐主义，而更倾向于寻求理智的快乐，寻求不动心的结果，以至于发展出怀疑论的因素，并对后来的伊壁鸠鲁学派产生了深远的影响。

一般说来，居勒尼学派只关注伦理学问题，不再思考苏格拉底哲学中的其他问题。他们认为，只有享受是目的本身，只有快乐是无条件的善，生活的唯一目的是享受现在。只有现在属于我们，不要为已经过去的、不属于自己的东西担忧。对我们来说，最好的事物是最令人感到愉快的东西。个别的快乐的感觉，就其本身而言一定是所有行为的目的。产生快感的事物的特征就其本身来说是不重要的。每一种快乐本身是一种善，在这方面，一种快乐与另一种快乐之间没有区别。在他们看来，快乐可以由一个名声不好的行为引起，但就其本身来说仍然是善的和值得追求的。

阿里斯提波是其创始人和主要代表人物，据说在结识苏格拉底时，他的思想体系已经形成，但他还是接受了苏格拉底的哲学实践。他是一个家境富有的人，生活很奢侈，但他同时也能超越享受，为人洒脱。他曾经与柏拉图一样在西西里国王狄奥尼修斯的宫廷里生活过，柏拉图曾因自己的观点和国王相左而被当奴隶出卖，他则不同，凭借很强的应变力，在宫廷里更能获得恩宠。有一次狄奥尼修斯问他为什么到宫廷中来，他回答说："因为我需要钱，当我需要智慧时就到苏格拉底那里。"犬儒派的第欧根尼称他为"国王的哈巴狗"。[①] 据说，有一次第欧根尼在洗菜时看到阿里斯提波走过，就说："要是你学会做饭做菜，你就用不着向国王献殷勤了。"阿里斯提波回应道："要是你懂得如何同人结

① 汪子嵩等主编:《希腊哲学史》（第二卷），人民出版社，1993 年，第 579 页。

交，你就用不着洗菜了。”[1]

阿里斯提波贪图享乐，同时也很超脱，善于根据环境巧妙地处理事情，还能机智地应答以避免尴尬。同时，他也能保持心灵的平静和精神的自由，无论是穿长袍还是破布，他都同样优雅，因此无论处于什么位置，他都能感到满足，平和安详。他的格言是：“去享受当下，不要管将来和过去。”他喜欢享受快乐，同时他也能随之免除快乐，因为他善于控制自己的欲望。他很富有，但是从不为财富所困扰。有一次在旅途中，他的奴隶扛了一大笔钱，因为该奴隶觉得很累，他就把大部分的钱给扔掉了。他认为自己高于一切事物，因此既不愿意统治也不愿意被统治，更不属于任何共同体，无论如何也不愿失去自由。

3. 以诡辩著称的麦加拉学派

麦加拉学派将苏格拉底哲学与埃利亚学派的哲学结合起来，将苏格拉底的“善”理解为存在的普遍本质，规定为不动的“一”，对“善”进行了形而上学的阐释，因此他们的道德实践色彩相对薄弱，思辨色彩比较浓厚。他们还致力于论辩和逻辑思维，并且为了否定“动”和“多”，提出了一系列的悖论，因此这个学派被人称为诡辩派。麦加拉学派的创始人是欧几里德，而斯提尔波凭借高超的演讲技艺为这个学派赢得了很高的荣誉。

麦加拉学派哲学的出发点，就是苏格拉底对一种概念性知识的要求，欧几里德把这个要求和埃利亚学派关于可感知识与理性知识

---

[1] 汪子嵩等主编：《希腊哲学史》（第二卷），人民出版社，1993 年，第 579 页。

之间的矛盾学说联系起来。这两种知识的区别是它们各自对象的不同，他们确信，感觉显示给我们的是能生成变化的东西，只有思想能提供给我们关于不变的、真实存在的东西的知识。他们否定变化，认为只有现实的事物存在，事物超过了活动的时间就不存在了；只是可能却不是现实的事物，会同时既存在又不存在。

苏格拉底曾把“善”描述为知识的最高对象，在这个问题上欧几里德与老师的观点一致，但他还把最真实的东西当作知识的最高对象，因此他把巴门尼德已经赋予真实存在的所有性质转移到“善”上。只有一个真正的“善”在那里，从不发生变化，总是同一的。无论我们说到神，或理智，或理性，总是意味着一个相同的东西——“善”。同理，德性总是一个，我们所说的许多德性也不过是相同德性的不同名称罢了。欧几里德还否认任何不善的事物存在。

由于他们的观点与当时的流行观点之间存在着尖锐的冲突，所以他们必须坚持自己的立场来反对攻击，他们选择了与埃利亚学派一致的方式。他们并不直接证明自己立场的正确性，而是去攻击对方的结论，也就是通过归谬来反驳对方。据说，欧几里德也反对通过苏格拉底经常使用的类比来解释，因此欧几里德被认为是麦加拉学派批评主义的创始人，但他的批评主义并没有呈现出该学派后来所具有的吹毛求疵的特征，只是利用论证的精妙性作为正面论证原则的一种方式。

在欧几里德的后继者那里，诡辩的成分更多起来。此外，这些善于辩论的人经常对流行的意见进行争论，因此他们的形而上学假设经常作为言辞辩论的理由，麦加拉学派后来就是由于那些诡辩中出现的谬误而声名狼藉。

（三）小苏格拉底学派与苏格拉底哲学

所有小苏格拉底学派都自认为是苏格拉底真正的追随者，他们均把苏格拉底的某个哲学因素置于自身哲学体系的核心地位上。论证如安提司泰尼和欧几里德，他们都有意识地、忠实地复制苏格拉底的生活和教义，把他归为一个理智的核心。然而实际上，他们都偏离了苏格拉底的理性、完美、丰富和敏锐，失去了苏格拉底的多面性，并未完整地发展苏格拉底哲学，而只是部分强调，甚至是歪曲地强调。总体上看，这几个小苏格拉底学派的学说都有矛盾之处。就犬儒学派来说，他们认为人类的实践生活应该建立在知识的基础上，但他们同时否定了理论知识的可能性；强调独立于外部世界的一种生活方式，同时却赋予它的外在形式以更大的价值；否定快乐是一种善，同时也宣称哲人没有道德责任；放弃全部享受，却完全没有苏格拉底的节制。阿里斯提波关于知识和快乐的相对性的学说也是如此，与其说继承的是苏格拉底的学说，不如说继承的是智者的学说。而麦加拉学派的矛盾在于，虽然坚持知识的概念化，却同时否认概念的多义性；宣称存在就是善，同时否定变化和运动；以苏格拉底的智慧开始，而以无意义的吹毛求疵结束。可以说，麦加拉学派强词夺理的推理，犬儒学派对于所有推理知识的冷漠，以及他们对于整个概念理论的蔑视，都是对苏格拉底哲学的背离。

而在这三个学派之中，犬儒学派和居勒尼学派更为相似。这两个学派都强调实践哲学的重要性而忽视理论哲学，它们的伦理学目的相同，都是为了求得个人的解放和自由，并在与外部世界的关系中突出人的地位，最后都走向怀疑论。但令人诧异的是，它们的追求方式恰恰是相反的：犬儒学派遵循自我否定的路径，而居勒尼学派遵循自我放纵的路径；犬儒学派摒弃了外部世界，而居勒尼学派则为了它自己的目标利用了它。如果说苏格拉底的哲学基础是一种概念知识，那么犬儒学派和居勒尼学派的哲学则是对感官最彻底的依附；苏格拉底对确定性的知识有一种无法满足的渴望和锲而不舍的追求，而这两派却对理论知识的追求漠不关心，甚至完全放弃了知识，失去了理智信念和目标；苏格拉底具有严肃而完美的道德标准，也严格地实践它，而它们或者过于放纵自己，或者强调生活的舒适性，失去了作为学者的严谨，在生活中添加了恶作剧的成分。

四、启示

（一）改变哲学的发展方向

苏格拉底在西方哲学史上是一种非常独特的存在。在他身前及身后，没有任何一个人将哲学等同于自己的生活，如此真诚而彻底地践行自己的哲学思想，最终还死于对哲学信念的坚守。而且他关心的问题也时刻拷问着古往今来的每一个人，正是在这个意义上，苏格拉底的哲人形象成为永恒。

能把所追求的哲学与个人的生活紧密联系起来，最大的可能性就是去思考并实践伦理学，苏格拉底就是这样做的，他认为能思考并与人们一起来讨论伦理学问题，能促进人们的道德，能帮助大家为善，具有最大的价值。因此他关心的重点不再是自然哲学家们的自然本原问题，而是德性问题。正义、智慧、勇敢与节制，是柏拉图和色诺芬对话中出现最多的话题，也是后来亚里士多德在其多本伦理学著作中重点讨论的四种主要的德性，而这四种主要的德性其实也是希腊人传统上最为重视的德性。然而，虽然这些是传统上人们认可的德性，但是对于它们究竟“是什么”，苏格拉底发现人们其实并不能进行很好的解释，甚至根本不知道它们“是什么”，他们似乎只是知道在具体的情况下做出一些合适的选择。于是追问这些德性究竟“是什么”，成为苏格拉底的根本任务。而他在追问的过程中，不仅提醒人们这些价值的高贵与美好，而且开创了完全不同于以往的哲学方法——普遍归纳法。他并不满足于在具体实践中表现出来的德性，他要人们知道某种德性的本质是什么，也就是它的定义，而对这些德性的追求就是对知识的追求，所以他宣称德性即知识，把德性提到了本体论的地位。

柏拉图和色诺芬以及其他人之所以愿意重现、编撰或幻想苏格拉底的对话，就在于苏格拉底追求德性、知识和真理的那颗赤诚之心。他一生践行“认识你自己”的箴言，永不疲倦地挖掘自己的内心，也敦促朋友们进行理性的反思，是人类历史上第一次把理性、灵魂、自我、德性等与人的尊严直接相关的概念提升到一定高度的哲人。在苏格拉底的进一步提倡下，“认识你自己”也成为愿意进行哲学思考的人们的主要任务，甚至是每一个人精神觉醒后的第一任务。也正是这种对哲学的执着直接刺激了柏拉图用全部的著作来纪念老师，继续老师的哲学和伦理学事业，并最终在亚里士多德那里结出了硕果，他们师徒三人都是德性伦理学的奠基人。毫无疑问，苏格拉底是这一对后世影响深远、在当代再次复兴的伦理学思潮的鼻祖。

（二）哲学是一种生活方式

在古希腊哲学家中，苏格拉底是以生命为代价捍卫自己哲学信念的第一人。他不从事生产活动，每天的活动就是在雅典的市场上找人谈话。他也没有建立严格意义上的学园，但是在苏格拉底人格魅力的巨大影响下，柏拉图和小苏格拉底学派的开创者及各色人等不仅怀着极大的敬意保存和实践他的主要思想，还把当时流行的“苏格拉底对话”这种体裁发扬光大，许多人都留下了“苏格拉底对话”体裁的著作。尤其是柏拉图，他以自己的伟大天赋为我们塑造了睿智、冷静、极具谈话技巧的哲学史上最为正直的人物形象，甚至声称永远不会有柏拉图的著作，有的只是美化了的苏格拉底的作品。一个伟大的灵魂对另一个伟大的灵魂造成了如此深远的影响，这在整个中外哲学史上也是十分罕见的事情，这也正体现了苏格拉底把哲学和伦理学理论同实践密切联系起来的特点。如果说柏拉图把握了老师划时代的思想精髓，从理论的深度上极大地发展了老师的学说的话，那么犬儒学派实际上在实践方面放大了苏格拉底节制的一面，他们的言行就是哲学，虽然是片面的苏格拉底，但苏格拉底与他们的一致性在于，生活本身就是哲学化的，哲学就体现在生活之中。他从不为身外之物所累，甚至在对他不公正的判决下达之际，他都没有考虑自己生命的安危，仍然执着于信念。他是那么伟岸决绝地赴死，而他的死亡也成就了他的哲学，人们不禁会反思究竟什么造成了他的死亡，他的死亡成了一个哲学事件。而由他开创，经两代伟大的弟子发扬光大的德性伦理学，之所以成为后世的基本范式之一并在当代如此蓬勃地复兴，也正是因为这种伦理学强调生活本身，强调德性体现于生活的每一选择之中，体现于人的品性之中，也就是做一个好人，而绝非满足一些抽象的条条框框。而德性伦理学的这种特点在其开创者身上已经深刻地体现了出来，他用他的一生、用他悲壮的死亡赋予了德性伦理学永恒的价值。

五、术语解读与语篇精粹

（一）埃利亚学派（Eleaticism）

1. 术语解读

埃利亚学派的核心思想是：世界的本原是不变的一。代表人物有克塞诺芬尼、巴门尼德和芝诺。克塞诺芬尼提出理神论，即通过理性思辨来探索世界本原，借用神的名义进行理性分析。他批判神和人有相同的外形和本性的说法，指出神是绝对的，是一、不变的。巴门尼德是克塞诺芬尼的学生，他提出“存在”“真理之路”和“意见之路”的说法，认为真理是对存在的认识，是用理性进行的认识；而对意见的认识是用感觉，是不可靠的，所以真正的存在是一，也是唯一能被表达的东西。他认为有两条道路：“一条路，存在，非存在是不可能的，这是说服之路（因为它为真理所伴随）；一条路，不存在，非存在是必然的，我要告诉你这是全然不可思议的绝路，因为你既不可能认识非存在（因为这是不可行的），你也不可能言说。”[①] 巴门尼德拒绝存在和非存在之间的任何联系和转化，并认为存在是不生不灭的、连续的，还是完美的。[②] 他的学生芝诺提出了否认运动可能性的四个悖论，如飞矢不动、阿基里斯永远追不上乌龟等。埃利亚学派的思想对后世柏拉图的影响巨大。

2. 语篇精粹

语篇精粹 A

Parmenides was a Greek philosopher from Elea (in southern Italy) who founded Eleaticism, one of the leading schools of Greek thought before Socrates. His general teaching has been diligently reconstructed from the few surviving fragments of his principal work, a lengthy three-part verse composition titled On Nature. Parmenides held that the multiplicity of existing things, their changing forms and motion, are but an appearance of a single eternal reality ("Being"), thus giving rise to the Parmenidean principle that "all is one". From this concept of Being, he went on to say that all claims of change or of non-Being are illogical. Because he introduced the method of basing claims about appearances on a logical concept of Being, he is consid-

① ［德］G. S. 基尔克、J. E. 拉文、M. 斯科菲尔德：《前苏格拉底哲学家——原文精选的批评史》，聂敏里译，华东师范大学出版社，2014 年，第 376 页。

② 赵敦华：《西方哲学简史》，北京大学出版社，2001 年，第 18 页。

ered one of the founders of metaphysics. ①

参考译文 A

巴门尼德是一个来自埃利亚（意大利南部）的希腊哲学家，是苏格拉底之前的领军学派的代表人物之一。他的总体教学思想于为数不多的主要著作的残片中被人们努力地重解着。那本著作是一个篇幅很长的三部曲著作，题目为“论自然”。巴门尼德认为现存万物的多样性，以及它们的变化的形势和运动，只不过是一个永恒的实体（“存在”）的表面现象，这样一来，便导致了巴门尼德原理“万物就是一”。从这个“存在”的理论出发，他继续说所有关于变化和非存在的观点都是没有逻辑的。因为他介绍了一种基本的方法，是关于存在的逻辑概念的表面现象的，由此他被认为是形而上学的奠基人之一。

语篇精粹 B

The Eleatic philosophers, likewise, had an influence which reached far beyond their few actual followers, and is still active today. Higher standards of precision in statement and rigour of argument are noticeable everywhere in the later fifth century. Metaphysical argument in the Eleatic style appears: in Melissus, and as an intellectual exercise or for skeptical purposes, as in the sophist Gorgias. More significantly, Socrates' step-by-step, mostly destructive argumentation is Eleatic in spirit; it developed into the philosophical method of Plato and Aristotle, both of whom pay tribute to "father Parmenides". In the

① BrianDuigman et al., *The 100 Most Influential Philosophers of All Time*, Britannica Educational Publishing, 2010, p. 26.

philosophy of scientific theorizing, it was Zeno's dazzling attacks on incipient mathematizing physics that, for a long time, stole the show. Their effect was not wholly negative: they stimulated further investigations into the foundations of mathematics, and its relation to the physical world, which culminated in the work of Aristotle. The more constructive thinking of Parmenides and Philolaus about scientific theorizing has only very recently begun to be understood and appreciated.①

参考译文 B

埃利亚学派的哲学家们都具有很深远的影响力，这种影响力远远超出他们为数不多的追随者的范围，而且活跃至今。其观点中的精确度和严谨程度较高，这在5世纪后期是随处可见的。埃利亚风格的形而上学观点如下：麦里索，作为一个心智的应用或怀疑主义的目的，和高尔吉斯是一样的。更重要的是，苏格拉底式循序渐进的、最具破坏性的论证，是埃利亚学派的精神所在，这发展成为柏拉图和苏格拉底的哲学方法，两者都赞扬“父辈巴门尼德”。在科学理论的哲学中，正是芝诺那种让人头晕目眩的、对于初期数理化的物理学的攻击长时间地抢占了风头。这些影响并非完全负面：它们进一步刺激了人们对数学基础的调查，以及数学和物理世界的联系，这在亚里士多德的著作中登峰造极。巴门尼德和菲洛劳斯对科学理论方面更为建设性的思考，仅仅在近期才为人所理解和欣赏。

① C. C. W. Taylor, *Routledge History of Philosophy Volume I: From the Beginning to Plato*, Routledge, 1999, p. 150.

语篇精粹 C

Besides Xenophanes, we should also juxtapose with Zeno three other Presocratics of Zeno's day or a bit after, who, like Zeno, explored the distinction between appearance and reality. These are Melissus, Anaxagoras, and Democritus. The latter two also shared Zeno's interest in things very small. Melissus, though he came from the island of Samos on the other side of the Greek world, is often classified as an honorary "Eleatic" with Parmenides and Zeno. This is because of his commitment to Presocratic Philosophy roughly similar, and equally counter-intuitive, views. Melissus was a monist, like Parmenides, and held that plurality was an illusion. That led him to the idea that the senses must deliver a misleading message. ①

参考译文 C

除了克塞诺芬，还应该有另外三位哲学家与芝诺齐名，他们都是芝诺时代或稍晚期的前苏格拉底时代的哲学家，他们和芝诺一样，探索了现象与现实之间的区别。他们是：麦里梭、阿那克萨戈拉和德谟克利特。后两者很少像芝诺那样对万物感兴趣。麦里索尽管来自希腊社会另一端的萨默斯岛，但却经常被尊称为与巴门尼德和芝诺齐名的“埃利亚主义者”。这是因为他的学说中包含了那种与前苏格拉底哲学相似的、同样反直觉的观点。麦里索与巴门尼德一样，是一元论者，他认为多元现象是假象。这就使他认为感官必然传递错误的信息。

① Catherine Osborne, *Presocratic Philosophy: A Very Short Introduction*, Oxford University Press, 2004, pp. 68-69.

（二）原子论（Atomism）

1. 术语解读

以留基波和德谟克利特为代表的自然哲学家认为，整个实在是由不可分割的最小的微粒原子和虚空构成的，不同的形状和排列的原子构成不同的事物。按亚里士多德在《形而上学》中的说法："留基波和他的同伴德谟克里特在讲到存在者、非存在者的时候说元素是充实和虚空，其中那充实和坚固的是存在者，而那空虚和疏散的是非存在者；因此，他们说存在者并不比非存在者更存在，因为虚空并不比物体更少存在；而它们都是诸存在者的作为质料的原因。而且正如那些主张基础的实体是一的人作为其性状来生成其他的东西，同时提出疏散和浓厚是各种表现的本原，同样，他们也说差异是其他事物的原因。然而他们说差异有三种，性状、排列和方位；因为他们说存在者仅仅按照比例、关联和旋转相区别；其中比例就是形状，而关联就是排列，而旋转就是方位；因为 A 根据形状区别于 N，而 AN 按照排列区别于 NA，Z 按照方位区别于 N。"① 原子论者认为世界的形成就是因为原子的运动，重的在漩涡的中央，轻的被抛到外侧，万物因原子的结合而生成，因为原子的彼此分离而消灭。

---

①［德］G. S. 基尔克、J. E. 拉文、M. 斯科菲尔德：《前苏格拉底哲学家——原文精选的批评史》，聂敏里译，华东师范大学出版社，2014 年，第 655 页。

2. 语篇精粹

语篇精粹 A

Atomism, Atomist School. Leucippus, Democritus and the Epicureans believed that the world divides into indivisible entities. The theory may be seen as a response to the Eleatic thesis that being is one and thus that there is no real change. The Atomists held that since being is many, change does indeed occur, fundamentally in terms of the relative positions of atoms to each other. Interestingly, Plato never names either Leucippus or Democritus, although he may refer to them obliquely sometimes as those who claim that nothing is real except that which one can lay one's hands upon. Aristotle understands the Atomists as the most consistent, and radical, of earlier materialists and consequently refers to them frequently as proponents of one of the two major theories in opposition to his own, the other being the formalism of the Pythagoreans and Plato. ①

参考译文 A

原子论，原子主义学派。留基波、德谟克利特和伊壁鸠鲁相信世界可分为不可分割的实体。这个理论可以被看作是对埃利亚学派观点的一种回应，埃利亚学派认为存在是一体的，且无真正的变化。原子论主义者认为，既然存在是多，变化实际无须产生，从原子间的相对位置的角度来看基本是这样的。有趣的是，柏拉

① Anthony Preus, *Historical Dictionary of Ancient Greek Philosophy*, The Scarecrow Press Inc., pp. 63-64.

图从来不提留基波或德谟克利特的名字，尽管他可以有时转弯抹角地把他们称作是那些主张除了可以触摸得到的东西以外皆不是真相的人。亚里士多德认为原子论者为早期唯物主义者中最持久、最激进的，认为他们是与自己观点相反的两大理论之一的支持者，另一个则是毕达哥拉斯和柏拉图的形式主义。

语篇精粹 B

Leukippos and Demokritos developed atomism in response to the challenge posed by the Eleatic philosopher Parmenides, who had argued that the apparent multiplicity of the world around us is illusory, and that all that exists is Being, one and motionless. Motion, plurality, and "not being" cannot and do not exist. Addressing this paradox, Leukippos and Demokritos divided the world into being and non-being, defining being as "the full" (i. e., without any empty space) and non-being as "the empty" Being, or "the full" was composed of indestructible "atoms" (literally, "uncuttables"), and non-being, or "the empty", was described as empty space. "Being", that is, each individual atom, was "one", but could move, thanks to the "existence" of non-being, or void. Leukippos and Demokritos thus explained how and in what sense being and non-being, and motion and plurality, could exist while still meeting many of Parmenides' objections.①

① Paul T. Keyser & Georgia L. Irby-Massie, *The Encyclopedia of Ancient Natural Scientists: The Greek tradition and its many heirs*, Hackett Publishing Company Inc., 1985, p. 235.

参考译文 B

留基波和德谟克利特发展了原子论，以回应埃利亚学派哲学家巴门尼德提出的挑战。巴门尼德认为我们周围世界表面的多元性是一种幻想，而且所有的存在都是一种单一的、静止的“存在”。运动、多样和“非存在”不能存在也未存在。为了解决这一矛盾，留基波和德谟克利特把世界分为存在和非存在，把“存在”定义为“实在”（如，实在中没有空隙）而把“非存在”定义为“虚空”。存在，或实在，是由不可分的“原子”组成的（字面上，叫作“不可分割的”），而非存在，或虚空，被描绘成空隙。“存在”就是每一个个体的原子，都是“一”，却可以运动，这多亏了非存在，或虚空的存在。留基波和德谟克利特如此解释存在与非存在、运动与多元，是如何以及为何在巴门尼德的诸多不同意见中存在的。

（三）伊壁鸠鲁主义（Epicureanism）

1. 术语解读

在后世，伊壁鸠鲁主义主要体现为快乐主义，在自然观上伊壁鸠鲁是原子论的忠实追随者，并强调了原子具有重量。伊壁鸠鲁的伦理学被称为快乐主义，因为快乐就是幸福，他认为静态的快乐才是最高的幸福。所谓静态的快乐，“指身体免遭痛苦和心灵不受干扰两个方面”①，但更强调心灵宁静的状态才是最好的。只是后世误解了伊壁鸠鲁主义，把享乐主义甚至纵欲主义也归于它。

① 赵敦华:《西方哲学简史》，北京大学出版社，2001 年，第 85 页。

2. 语篇精粹

语篇精粹 A

Much as Plutarch criticizes Epicurus' view of religion, his physics or his hedonism, he still knows how to distinguish between Epicurus the person and Epicurus the philosopher, and to see positive features in Epicurus the person——this, too, is a strategy which is known not least from the reception of Lucretius: "If they (sc. the Epicureans) were completely wrong in their opinions……and in their statement that no-one wiser than Epicurus existed, yet someone who attracted such affection is to be admired." However much Plutarch criticizes the fundamental principles of Epicureanism, agreements in the area of practical ethics can nevertheless be observed, particularly in his discussions of emotions, such as anger (in the De cohibenda ira), or garrulousness (in De garrulitate), and of how to deal with them in a methodical fashion. When, for example, in De cohibenda ira, Plutarch recommends a method for controlling and appropriately handling the emotions, which he calls epilogismos, the rules he prescribes are much like Philodemus' recommendations Plutarch's strict Anti-Epicureanism does not exclude borrowing from Epicurus in other areas when it seems opportune to him.[①]

① James Warren, *The Cambridge Companion to Epicureanism*, Cambridge University Press, 2009, p. 51.

参考译文 A

尽管普鲁塔克批评伊壁鸠鲁的宗教观、物理学或是享乐主义，他依然知道如何区分作为人的伊壁鸠鲁和作为哲学家的伊壁鸠鲁，也知道如何发现作为人的伊壁鸠鲁的优点——这也是一个策略，至少不仅限于来自对卢克莱修的接受：“如果他们（伊壁鸠鲁主义者们）的观点完全错误，且他们中无人能达到伊壁鸠鲁的智慧，那么能够如此让人喜爱的人也是值得崇拜的。”然而，无论普鲁塔克如何批评伊壁鸠鲁主义的基本原则，在实用伦理领域的一致观点还是可以被观察到的，尤其在他那些关于情绪的讨论中——如愤怒或唠叨——以及如何以一种有条理的方式来处理这些情绪的讨论中。例如，当普鲁塔克在《论愤怒》中推荐一种控制及恰当处理情绪的方法时（他称之为事实归纳法），他所规定的这些规则就很像菲洛德姆所推荐的方法。当伊壁鸠鲁也适用于他的观点时，普鲁塔克那种严格的反伊壁鸠鲁主义观点也不排除从中借用其其他领域的观点。

语篇精粹 B

It is tempting to portray Epicureanism as the most straightforward, perhaps even simplistic, of the major dogmatic philosophical schools of the Hellenistic age. Starting from an atomic physics, according to which “the totality of things is bodies and void”, Epicurus proposes a resolutely empiricist epistemology, secured on the claim that every appearance (and not merely every perception) is true, maintains a materialist psychology and espouses hedonism in ethics. Indeed, it is perhaps not too far-fetched to see in Epicurus' work an attempt to return to the natural philosophy of the pre-Socratics, and especially that of his atomist predecessor Democritus. However, even if there is some truth in this, the natural philosophy we find in him is much more sophisticated than any produced before the work of Plato and Aristotle. Epicurus certainly eschews dialectic and rejects the central role given to definition in the acquisition of understanding, but he nevertheless builds on the sophisticated empiricism we find in Aristotle. Again, whilst he returns to an earlier tradition of natural philosophy in denying the place accorded to teleological explanation by Plato and Aristotle, unlike his predecessors, he is duly aware of the need to meet the challenge posed by those who deny that natural change and the development of natural substances can be properly explained without the use of such explanation. Moreover, whilst Epicurus is at pains to reject natural teleology, he seems not to renounce formal as well as final causes: we find no attack on Aristotle's contention that one must distinguish a substance from its material constitution. Most importantly, perhaps, Epicurus is concerned to provide the kind of systematic ethical theory which was simply unknown before the Republic and the ethical writings of Aristotle. ①

① David Furley, *Routledge History of Philosophy Volume II: From Aristotle to Augustine*, Routledge, 1999, p. 188.

参考译文 B

把伊壁鸠鲁主义描绘成希腊时代主要的教条主义哲学流派中最直接，甚至可能是最简单的一个学派，这是一件很有诱惑力的事情。原子理论相信“万物的总和就是实体和虚空”，伊壁鸠鲁从这个理论出发坚决提出了经验主义的认识论，在声称中确保了每一种现象（不仅仅是每一种知觉）都是真实的，他还主张一个唯物主义的心理学说，并支持伦理学中的享乐主义。实际上，不难从伊壁鸠鲁的作品中看出试图回归到前苏格拉底自然哲学的倾向，尤其是回到他那个原子论的前辈德谟克利特那里。然而，即便其中暗含某种真理，我们从他的理论中发现的自然哲学也比柏拉图和亚里士多德作品之前的理论更为复杂。伊壁鸠鲁当然会避开辩证法，也反对在获得理解的过程中赋予概念中心地位，但是他依然依赖于我们在亚里士多德作品中发现的复杂而成熟的经验论。另外，当他否认柏拉图和亚里士多德目的论解释方式的地位而回归到自然哲学较早的传统中时，他并不像他的前辈那样，而是认识到需要面对挑战，那些否认自然变化和自然物质发展可以无须目的论的解释从而得到解释的挑战。另外，当伊壁鸠鲁努力地反对自然目的论时，他似乎不能与正式因和终极因割裂：亚里士多德主张人必须将一种物质和它的物质成分区分开来，但我们并未发现这一主张受到攻击。更重要的也许是，伊壁鸠鲁关心的是如何提供一种系统的伦理理论，这在《理想国》和亚里士多德的伦理学著作问世之前是不为人知的。

语篇精粹 C

It is far from being the case that Epicureanism was a minority position, represented in early modern philosophy by no one of significance besides the enigmatic Pierre Gassendi, the largely forgotten opponent of Descartes whom no one bothered to take to task because his Christianized version of Epicureanism was so innocuous. Gassendi's philosophy, it is true, did not mobilize partisans and opponents under a banner in the same way that Cartesianism did; and his antiquarianism, his empiricism, and his wearying discursiveness have not contributed to his habilitation as one of the most important of seventeenth-century philosophers. However, as recent scholarship is establishing, his influence was significant. As Thomas Lennon has demonstrated, the contest between proponents of Augustinian metaphysics and proponents of Epicurean materialism was actual in the second half of the seventeenth century, evoking the ancient quarrel between the gods and the giants described by Plato in his Sophist. Gassendi's contributions to experimental physics and his philosophy of science were admired by his contemporaries, especially members of the English Royal Society, including Walter Charleton, Robert Boyle, and Isaac Newton. His vehement attacks on the Cartesian soul and on the very notion of immaterial substance were echoed by Thomas Hobbes and by John Locke. His efforts to reconcile Epicurean natural and moral philosophy with Christian doctrine by expurgating Epicurus' most characteristic doctrines, his anti-providentialism, his doctrine of the mortality of the human soul, and his many-worlds theory, were ambitious and largely successful. With his theory of an inferential science of appearances and his rejection of a priori knowledge, Gassendi can be considered the foreign parent of British empiricism.①

参考译文 C

其实伊壁鸠鲁主义并非仅是处于一个次要的地位。在早期现代哲学的代表人物中，只有神秘的皮埃尔·伽桑狄还算有点名气，他是笛卡尔的反对者，却已经在很大程度上被人遗忘了，都没人愿意劳神去与他争论，因为他那伊壁鸠鲁主义的基督教化版本基本无伤大雅。的确，伽桑狄的哲学虽然没有像笛卡尔主义者那样打着某种旗号动员党徒及反对者，然而他的古物研究、经验主义以及令人感到乏味的推论，都没有令其有资格成为 17 世纪最重要的哲学家。然而随着后期学术体系的形成，他的影响力趋于明显。正如托马斯·列农所阐释的，奥古斯丁的形而上学的支持者和伊壁鸠鲁的唯物主义的支持者之间的竞争实际出现在 17 世纪下半叶，引发了柏拉图在其智者中所描绘的那种众神与巨人之间的古老的争执。伽桑狄对于经验主义物理学及其科技哲学方面的贡献为同辈人所仰慕，尤其是英国皇家科学会的成员们，这其中包括沃尔特·查利顿、罗伯特·博伊尔和伊萨克·牛顿。他强烈攻击笛卡儿的灵魂论，也攻击其非物质论的观点，托马斯·霍布斯和约翰·洛克都对此做出了回应。他努力用基督教教义来调和伊壁鸠鲁的自然及道德哲学，并删去了最具伊壁鸠鲁特征的学说、反天赋论、人类灵魂的死亡学说以及多世界理论。这种努力雄心勃勃，基本上也是成功的。鉴于他的表象推论科学理论和他的先验知识，伽桑狄可被认为是来自异国的英国经验主义之父。

---

① Wilson, *Epicureanism at the Origins of Modernity*, Clarendon Press, 2008, pp. 2-3.

（四）毕达哥拉斯主义（Pythagoreanism）

1. 术语解读

毕达哥拉斯是萨摩斯人，在鼎盛之年移居意大利南部，在那里建立了一个兼有宗教、学术和政治特征的秘密团体，毕达哥拉斯没有留下什么著作，据说他的学说都是内传给弟子的。他关于数和灵魂的学说最为著名。他认为数是万物的本原，1、2、3、4构成了10这个最完美的数："这个数便是头一个四元（即四个数1、2、3、4），它被称作永恒流动的自然的源泉是因为根据它们，整个世界便是按照和谐安排的。"① 而他关于灵魂的学说，是灵魂不朽说，认为人的灵魂在人死后可能转移到一个动物身上。毕达哥拉斯的学说深刻影响了后世的柏拉图，柏拉图将他的关于数和灵魂不朽的学说几乎全部都继承了下来，后者的未成文学说更体现了其对数的重视。

2. 语篇精粹

语篇精粹 A

Plato barely mentions Pythagoras by name; but incorporates into some of his myths material which is likely to be genuinely Pythagorean. After Plato, philosophically-inspired reconstructions of Pythagoras begin to appear, in which he is represented as the head of a regular

① ［德］G. S. 基尔克、J. E. 拉文、M. 斯科菲尔德：《前苏格拉底哲学家——原文精选的批评史》，聂敏里译，华东师范大学出版社，2014年，第353页。

school, promoting research into philosophy and the mathematical sciences; or as an enlightened statesman and instructor for political life. At best, even when based on good sources, these fourth-century accounts (which themselves survive only in later reports) are more or less anachronistic idealizations. Still less reliance can be placed in the great mass of later statements about Pythagoras and his followers. Indirectly, the fact that certain later fifth-century thinkers were called Pythagoreans gives some indication of what theoretical interests were then attributed to Pythagoras. The cosmology of Parmenides and the poems of Empedocles have a substratum of ideas that may be suspected to be Pythagorean in inspiration. All in all, there is a body of general ideas, appearing by the mid fifth century and reasonably firmly associated with Pythagoras, which was to be influential in a programmatic way throughout the century, and on Plato, above all, in the fourth. These ideas may be grouped under the headings of "metempsychosis" and "mathematics". ①

参考译文 A

柏拉图几乎没有提到毕达哥拉斯的名字，但引入了他的一些神话素材，这可能真正出自毕达哥拉斯。在柏拉图之后，以哲学启发为主导的、对毕达哥拉斯的重构开始出现，其中，他被描述成为一个常规学派的代表人物，促进了哲学研究和数学科学的发展；同时也是一个开明的政治家和政治生活的教育家。在最好的

---

① C. C. W. Taylor, *Routledge History of Philosophy Volume I: From the Beginning to Plato*, Routledge, 1999. pp. 117-118.

情况下，即便来源可靠，这些4世纪的描述（仅在以后的报告中留存下来）或多或少有些过时和理想化。后来对毕达哥拉斯和他的追随者的大量评价都不很可靠。某些5世纪的思想家被间接地称为毕达哥拉斯主义者，这一事实表明了理论的意义被归功于毕达哥拉斯。巴门尼德的宇宙学和恩培多克勒的诗中的思想都可能会被怀疑是来自毕达哥拉斯的灵感。总之，一个完整的思想形成于5世纪中期，并理所当然地与毕达哥拉斯联系起来，在整个世纪里影响着柏拉图，最重要的是，占据第四的地位。这些思想可能被归为“轮回”和“数学”的范畴。

语篇精粹 B

The Ionian tradition was further diversified in the later sixth century by Pythagoreanism and by Heraclitus. The former movement, which had at least as much of the character of an esoteric religion as of a philosophical or scientific system, might appear altogether remote from the Ionians, but Aristotle's evidence suggests that the early Pythagoreans thought of themselves rather as offering alternative answers to the same fundamental questions about the physical world as the Ionians had posed than as taking an altogether new direction. Their fundamental insight, which was to have a profound influence on Plato and thereby on later developments, was that understanding of the physical world was to be attained by grasping the mathematical principles of its organization, but those principles do not appear to have been, at this early stage, clearly distinguished from the physical principles which the Ionians had posited. Another important aspect of early Pythagoreanism was its development of a theory of the nature of the soul, and in particular of the view that the soul is akin to the world as a whole, and therefore to be explained via the application of the same mathematical conceptions as make the world intelligible. While Heraclitus' thought was closer to that of his Ionian predecessors, lacking the peculiarly mathematical slant of the Pythagoreans, it none the less has certain affinities with the latter. He too seeks to identify an intelligible structure underlying the apparent chaos of phenomena, and thinks that that structure has to be ascertained by the intellect, rather than directly by observation. He too is interested in the nature of the soul, and stresses its continuity with the rest of the physical world. ①

参考译文 B

爱奥尼亚式的文化传统在 6 世纪后期进一步分化为毕达哥拉斯主义和赫拉克利特学派。前者的运动，既有深奥的宗教特点，也有哲学和科学系统的特点，可能显得完全远离爱奥尼亚式，但亚里士多德的证据表明，早期的毕达哥拉斯主义者认为自己和爱奥尼亚学派一样，对于关乎物质世界的基本问题提出了不同的答案，而非选择了一个全新的方向。他们的基本见解，对柏拉图产生了深远的影响，从而对其以后的发展也产生了影响，是通过掌握其组织内部的数学原理来理解物质世界。但这些原则在早期阶段，显然有别于爱奥尼亚提出的物理原则。早期毕达哥拉斯主义的另一个重要方面是其灵魂本质理论的发展，特别是认为灵魂类

① C. C. W. Taylor, *Routledge History of Philosophy Volume I: From the Beginning to Plato*, Routledge, 1999, pp. 2-3.

似于整个世界，进而通过相同数学概念的应用解释世界是可理解的。而赫拉克利特的思想接近他的爱奥尼亚的前辈，与其一样，没有特别的数学倾向。他也试图确定一个可理解的结构，以此作为表面混乱现象的基础，并认为这一结构必须通过智力得以确定，而非通过直接的观察。他也对灵魂的本质感兴趣，并强调其与物理世界其余部分的连续性。

语篇精粹 C

Pythagoras is not only the most famous name in the history of philosophy before Socrates and Plato; he is also one of the most fasc-inating and mysterious figures of antiquity. Pythagoras was celebrated in the ancient tradition as a mathematician and a philosopher of mathematics, and his name is still linked to a major theorem in plane geometry. Aristotle claims that Plato's own philosophy was profoundly influenced by Pythagorean teaching, and later authors regard Pythagoras as the creator of the Platonic tradition in philosophy. In the literature of late antiquity Pythagoras appears as a unique genius, the founding father for the mathematics, music, astronomy, and philosophy. A modern Platonist, the twentieth - century mathematician and philosopher A. N. Whitehead, has described Pythagoras as the first thinker to appreciate the function of mathematical ideas in abstract thought: "He insisted on the importance of utmost generality in reasoning, and he divined the importance of number as an aid to the construction of any representation of the conditions involved in the order of nature." Whitehead is echoing the ancient reports that credit Pythagoras with inventing the very notion of philosophy, with the first description of nature as a cosmos or ordered whole, with discovering the sphericity of the earth, developing the theory of proportionals in mathematics, identifying the five regular solids, and discovering the numerical ratios that underlie the basic musical concordances. Since he is represented as the greatest-scientific mind of early Greece if not of all antiquity, his ancient admirers came to look upon him as the source of all wisdom, "the prince and father of divine philosophy" in the words of Iamblichus.①

参考译文 C

毕达哥拉斯不仅是哲学史上苏格拉底和柏拉图之前最著名的，也是古代最迷人、神秘的人物之一。毕达哥拉斯是古代著名的数学家和哲学家，他的名字甚至用于命名平面几何的主要定理。亚里士多德主张，柏拉图的哲学深受毕达哥拉斯的教学影响，以致后来的学者们认为毕达哥拉斯是柏拉图哲学传统的缔造者。在古代末期的文学作品中，毕达哥拉斯被描绘为一个独特的天才，是数学、音乐、天文学和哲学的奠基人。现代柏拉图学派主义者、20 世纪的数学家和哲学家怀特海，将毕达哥拉斯描绘为第一思想家，赞赏了他抽象思维中的数学思想："他坚持推理中最大通用性的重要性，神化了数的重要性，可以辅助构成与自然的秩序相关的任何代表物。"怀特海附和古代的笔录，赞誉毕达哥拉斯的哲学概念为第一个将自然描述成宇宙有序的整体的概念，他发现

---

① Charles H. Kahn, *Pythagoras and the Pythagoreans: A Brief History*, Hackett Publishing Company, Inc., 2001, p. 1.

了地球为球形的概念，发展了数学比例理论的概念，确定了五个常规固体和发现构成基本音乐和谐的数值比率的概念。因为他是早期希腊的（即便不是整个古代时期）最伟大的科学思想家，古代的崇拜者把他看作是一切智慧的来源。用扬布利柯的话说："他是神圣哲学之父君。"

（五）柏拉图主义（Platonism）

1. 术语解读

柏拉图坚持以理念和可感事物的分离为基础的二元论，并强调一元、即理念地位更高，区分实在与现象、一与多、动与静、知识与意见、灵魂与身体，奠定了西方哲学二元的主客对立的传统哲学思想，而他的学园一直坚信这种理论的真理性，与亚里士多德同时重视经验的思想形成了鲜明的对比。以普罗提诺为代表的以解释和发展柏拉图的学说为主要任务的学派被称为新柏拉图主义。它们比较强调柏拉图学说中超越性的一面，并且认为真理是唯一的，一直致力于用亚里士多德的思想来解释柏拉图的思想，而忽视了二圣的不同，把亚里士多德哲学当作理解柏拉图哲学的门径，他们称柏拉图为"神圣的柏拉图"，亚里士多德是"前往神圣的亚里士多德"。

2. 语篇精粹

语篇精粹 A

Philosophy derived from the spirit of the philosophy of Plato, in particular from his Theory of Forms, which contrasts reality with phenomena; soul with body; knowledge with opinion; reason with sensation; and rationality with emotion. It then claims that the first member of each contrasting pair is superior or more real than the second member. Such contrasts form an essential ingredient of Western philosophy and have inspired many philosophers since Plato. In this sense, Whitehead reasonably claimed that all subsequent philosophies are footnotes to Plato. Those who claim explicitly to be the heirs of Plato include the Academy tradition (the Old, Middle, and New Academy), Neoplatonism, the Renaissance Platonism of Marsilio Ficino, and the Cambridge Platonism of the seventeenth century. In contemporary philosophy, all positions that suggest the independent existence of abstract objects are called Platonism. According to these accounts, abstracta can be grasped by the mind, but can not be created by it. Platonism in this sense is virtually synonymous with realism and is opposed to nominalism. ①

参考译文 A

哲学来源于柏拉图的哲学精神，特别是他的理念论。理念论对比了现实和现象、灵魂与身体、知识与意见、原因与感觉、理性与情感之后，声称每一对对比物中的前者都要高于后者，也比后者更真实。自柏拉图以来，这样的对比成为西方哲学的一个基本组成部分，并启发了许多哲学家。从这个意义上讲，怀特海理性地声称所有后续哲学都是柏拉图哲学的脚注。那些明确声称为

① NicholasBunnin and Jiyuan Yu, *The Blackwell Dictionary of Western Philosophy*, Blackwell Publishing Ltd., 2004, pp. 532-533.

柏拉图继承者的学派包括雅典学园传统（古学园派、中世纪学园派、新学园派），新柏拉图主义，斐奇诺的文艺复兴时期的柏拉图主义和 17 世纪剑桥的柏拉图主义。在当代哲学里，所有表明抽象对象的独立存在的立场都被称为柏拉图主义。根据这些学说，抽象概念可以被心灵所掌握，但不能为它所创造。柏拉图主义在这个意义上几乎是现实主义和反对唯名论的同义词。

语篇精粹 B

The picture for Platonism is not all that different. The first person to claim that he was trying to revive the doctrine of Plato and to restore the school of Plato to its true tradition, betrayed by Arcesilaus and his sceptical successors, was Antiochus. But the picture of Plato's doctrine which he developed is one heavily coloured by Stoicism. Already in antiquity he was characterized as being more of a Stoic than a member of the Academy. Nevertheless he gained some following for his enterprise of restoring the philosophy of Plato. These new Platonists, however, quickly corrected his Stoicizing conception of Platonism. They did so by emphasizing the highly abstract and speculative elements in Plato which are associated with Pythagoreanism.①

参考译文 B

柏拉图主义的情况则并无大异。第一个声称试图复兴柏拉图的学说，并恢复其真正的柏拉图学园传统的人是安提奥卡斯，而安提奥卡斯和他的怀疑论继任者则背叛了他。但他所发展的柏拉

① Keimpe Algra et al. *The Cambridge History of Hellenistic Philosophy*, Cambridge University Press, 1999, p. 776.

图的学说却带有浓浓的斯多亚学派的色彩。在古代时期，他的学说的斯多亚派的特点要多于雅典学园派的特点。不过之后在恢复柏拉图的哲学过程中，他赢得了一些追随者。然而这些新柏拉图学派的人通过强调柏拉图主义中与毕达哥拉斯主义相关联的那些高度抽象和思辨的元素，迅速地纠正了柏拉图主义中斯多亚化的概念。

语篇精粹 C

In the Platonism of post-classical times, the outstanding period is the Renaissance. For it was then that the great process of the recovery, editing and translation of the works of Plato in Western Europe was undertaken. As Michael Allen put it, the restoration of the Platonic corpus was "a distinctly Renaissance achievement". It was in the fifteenth century that the complete dialogues of Plato were recovered in the original Greek. The major work of translating them was first undertaken by Marsilio Ficino, who also supplied commentaries. Of course Plato was not the only philosopher of antiquity recovered in this period: Plotinus, Iamblichus, Proclus, were all recovered, edited and translated into Latin, the lingua franca of the age. Some were also translated into the vernacular. This means, of course, that Platonism itself and the interpretations to which it was subjected were new in this period. In spite of the claims for the importance of other philosophical "isms" (particularly Aristotelianism and Scepticism), in the Renaissance Platonism becomes a significant component in European thought of the Re-

naissance, as never before.[①]

参考译文 C

后古典时代的柏拉图主义，于文艺复兴时期达到了巅峰。因为正是在那个时候，柏拉图作品在西欧的复兴、编撰和翻译的伟大工程开始了。正如迈克尔·艾伦所说，柏拉图文献的恢复“明显是文艺复兴时期的成就”。在 15 世纪，柏拉图全部对话集的希腊原文才得以恢复。由斐奇诺率先从事翻译的主要工作，同时他还进行了评注。当然，在此期间，并不是只有柏拉图的作品得到了恢复，普罗提诺、扬布利柯、普罗克洛的作品都得到了恢复、编辑并被翻译成拉丁文，因为拉丁文是那个时代的通用语。一些作品还被翻译成白话。当然，这意味着在这个时期，柏拉图主义本身及其解释是以全新面貌示人的。尽管其他哲学流派（特别是亚里士多德哲学和怀疑论）也得到了重点宣扬，但是文艺复兴时期的柏拉图主义成为欧洲文艺复兴思想的一个重要组成部分，这是前所未有的。

（六）亚里士多德主义（Aristotelianism）

1. 术语解读

亚里士多德的著作从地窖中被发现并整理后，漫步学派内部的学园主持阿弗洛狄希亚的亚历山大为其写了许多注释，被尊称为“评注者”，他的评注对中世纪古代遗迹的影响十分巨大，后

① Douglas Cairns，Fritz-Gregor Herrmann and Terry Penner，*Pursuing the Good*：*Ethics and Metaphysics in Plato's Republic*，Edinburgh University Press，2007，p. 36.

来是新柏拉图主义者对它的解释。公元6至12世纪东方的阿拉伯世界，亚里士多德的成就被公认为是人类理性的最高峰，有这么一句话："亚里士多德的教导是最高的真理，因为他的智力是人类理智的极限"，阿拉伯世界的思想家们掀起了翻译和注释亚里士多德哲学的高潮，是当时世界上讨论亚里士多德哲学最热闹的地方。12世纪以后，西方人通过阿拉伯亚里士多德派的哲学家（如百科全书式的科学家阿维洛依）重新发现了大量亚里士多德著作，并从希伯来语转译为拉丁语。13世纪以后，西方人重新全面研究亚里士多德哲学，基督教哲学家把亚里士多德尊称为"The Philosopher"，即专指"大哲学家"，可见他极其崇高的地位，因为基督教哲学家发现亚里士多德哲学可以被充分用来为他们的信仰问题做论证，这样客观上使亚里士多德哲学的研究有了充分的发展，黑格尔认为经院哲学的核心就是亚里士多德哲学。古代世界最后一个亚里士多德哲学注释高峰是文艺复兴时期。总体而言，古代世界的亚里士多德著作评注有四个传统：①漫步学派内部的注释，从安德罗尼柯开始，到阿弗洛狄希亚的亚历山大达到顶峰；②公元3至7世纪新柏拉图主义的评注，波菲利最为突出；③阿拉伯世界的评注；④基督教哲学家的评注。现代哲学中，分析哲学家把亚里士多德视为他们的鼻祖。

2. 语篇精粹

语篇精粹 A

The interpretation of Aristotle starts with Aristotle's disciple and successor Theophrastus. In the first century BC, Andronicos of Rhodes edited and published the first Complete Works of Aristotle, containing all the esoteric works. Other exoteric works survive only in the form of fragments, which were first collected by V. Rose in the nineteenth century. The Neoplatonists Plotinus and Proclus took Aristotle's thought as a preface to Plato's philosophy and attempted to reconcile them. Plotinus' disciple Porphyry wrote a famous commentary to Aristotle's *Categories* that set the stage for the subsequent long-standing discussion between realism and nominalism regarding the nature of universals. This tendency was further reinforced in the sixth century by Boethius's commentary to Porphyry's *Isogage*, a book that was based on Aristotle's *Organon*. Boethius also translated the *Categories* and *On Interpretation*, which were the only primary Aristotelian materials that were available to Western Europeans until the twelfth century, and constituted the major basis for the development of medieval logic. Arabic Aristotelianism developed in the ninth century, largely through the work of Avicenna (Ibn Sina) and Averroes (Ibn Rushd), who translated Aristotle's works into Arabic and commented on them. They paid much attention to Aristotle's doctrine of active intellect in the De Anima. Their work helped Western Europeans to understand Aristotle, particularly through the study of their commentaries in the arts faculties of Paris and Oxford during the thirteenth century. ①

① NicholasBunnin and Jiyuan Yu, *The Blackwell Dictionary of Western Philosophy*, Blackwell Publishing Ltd., 2004, p. 50.

参考译文 A

对亚里士多德的解释，始于亚里士多德的弟子和后继者塞奥弗拉斯特。在公元前 1 世纪，罗兹的安德罗尼克斯编辑和发表了首个亚里士多德作品全集，所有深奥的作品都在内。其他开放给一般读者的作品只以片段的形式存在，首先由 V. 罗斯在 19 世纪整理。新柏拉图主义者普罗提诺和普罗克洛斯将亚里士多德的思想视为柏拉图哲学的序言，并试图将两者的思想调和。普罗提诺的学生波菲利为亚里士多德的《范畴篇》写了一个著名的评论，为随后唯实论和唯名论有关共性本质的长期讨论做好了准备。6 世纪波爱修斯为波菲利的《导论》撰写了评论，这种讨论的趋势被进一步加强。这本书以亚里士多德的《工具论》为基础。波爱修斯也翻译了《范畴篇》和《解释篇》，这些亚里士多德的主要文献，直到 12 世纪才传到西欧人那里，也是唯一可用的资料，并构成了中世纪逻辑发展的主要依据。9 世纪阿拉伯亚里士多德哲学的发展，主要通过阿维森纳（伊本·辛纳）和阿维罗伊（伊本·鲁世德）的工作得以实现。亚里士多德的著作被译成阿拉伯语并加上评注。他们重视《论灵魂》中亚里士多德的“主动理智”这一学说。他们的工作有助于西欧人理解亚里士多德，特别是 13 世纪在巴黎大学和牛津大学文科学院里，通过研究他们撰写的这些评论来理解亚里士多德。

语篇精粹 B

Those for whom the most important aspects of Aristotelianism are those which they see Aristotle’s immediate successors as questioning, rejecting or neglecting have tended to see the decline of the Peripatetic school as a natural consequence of the change of emphasis. Others, themselves favouring an empiricist approach to the natural world, have seen Theophrastus and Strato as advancing scientific enquiry where Aristotle's attitudes hindered it; this equally seems to overstate the contrast between Aristotle and his successors. The real reasons for the decline of the Lyceum may be harder to recapture. Certainly the special sciences in the Hellenistic period developed an impetus of their own in institutions other than the Lyceum—notably medicine in Ptolemaic Alexandria; but that does not explain why zoology and botany, the sciences Aristotle and Theophrastus had made their own, declined in the Lyceum without developing elsewhere. Where philosophy in a narrower sense is concerned, the answer may be easier. Aristotle's thought is guided by certain structures and assumptions, but within that framework it is characteristically questioning, open-ended and provisional. ①

参考译文 B

在一些人看来，亚里士多德哲学的重点，就是那些亚里士多德的直接继承者们对其学说所产生的质疑、拒绝和忽视的态度。这些人往往将漫步学派的衰落看成哲学思想重点转移的自然结果。还有人对自然世界持经验方法论的态度，他们将塞奥弗拉斯特和希特拉托的方法视为进步的科学研究方法，而认为亚里士多德的态度阻碍了这种科学方法的发展。这似乎同样夸大了亚里士多德

① DavidFurley, *Routledge History of Philosophy Volume II*: *From Aristotle to Augustine*, Routledge, 1999, p. 151.

和他的后继者之间的不同。亚里士多德学派衰败的真正原因难以考证。当然希腊时期的特殊学科在体系上有自己发展的动力，而亚里士多德学派却不是这样的。例如，托勒密的亚历山大的医学成就显著，但这并不能解释为什么动物学和植物学、自成体系的亚里士多德科学和塞奥弗拉斯特学科会在亚里士多德的学园中衰落，而未能发展成其他分支。从狭义上看，答案可能更简单。亚里士多德的思想是由特定的结构和假设指导的，但在该框架下，却具有质疑式、开放式和临时性的特点。

语篇精粹 C

Of course, it would be foolhardy to predict the next directionsof Aristotelian scholarship, or of philosophy practised in an Aristotelian vein, or indeed of philosophy of any stripe whatsoever. After all, a half-century ago it would have seemed ludicrous to the practitioners of Logical Positivism that metaphysics would enjoy the astonishing renaissance it has witnessed in the last few decades. Before the advent of various forms of non-reductivematerialism in philosophy of mind, or of virtue theory in ethics, we would have been similarly hard pressed to predict the activity in these fields which have encouraged additional activity in the latest periods of Aristotelian philosophy and philosophical scholarship. Prudence thus dictates that predictions about likely future directions of Aristotle and Aristotelianism be muted or eschewed altogether-beyond, perhaps, saying what seems fitting precisely because it is certain: in one guise or another Aristotelianism will continue to have a future. The perennial interest in his surviving corpus, however challenging and intricate its texts may be, remains an enduring testimony to Aristotle's pre-eminent philosophical legacy.[①]

参考译文 C

当然，对亚里士多德学术的未来方向进行预测，或是对以亚里士多德哲学之名发展的哲学方向进行预测，或是对任何哲学的发展方向进行预测，那纯粹是瞎冒险。毕竟半个世纪以前，在逻辑实证主义者看来，形而上学在过去几十年里得到极大的复兴，这似乎是可笑的。在心灵哲学里各种不可还原的唯物主义出现之前，或是伦理学的美德理论出现之前，我们也同样很难预测这些领域的哲学发展动态，而近期亚里士多德哲学及其哲学学术就在这些领域焕发了活力。审慎的态度会使得人们对亚里士多德和亚里士多德哲学未来方向的预测，既温和又委婉，也许另有一种说法比较准确，也比较确切：亚里士多德哲学将在一种或另一种形势下持续存在。保存下来的亚里士多德的文献，虽然文本复杂，也富有争议，但却一直为人津津乐道，这足以证明，亚里士多德杰出的哲学遗产具有永恒的魅力。

① Christopher Shields, *Aristotle*, Routledge, 2007, pp. 403-404.

第二章 柏拉图：古希腊理性哲学的开拓者

It is the nature of the real lover of learning to struggle toward what is, not to remain with any of the many things that are believed to be, that, as he moves on, he neither loses nor lessens his erotic love until he grasps the being of each nature itself with the part of his soul that is fitted to grasp it, because of its kinship with it, and that, once getting near what really is and having intercourse with it and having begotten understanding and truth, he knows, truly lives, is nourished, and—at that point, but not before—is relieved from the pains of giving birth? (*Republic*, 490B)[①]

——Plato

凡是真正爱学问的人，总是出于天性而寻求“存在”；他不会停留于纷繁多样的表象，相反，他将一路向前，孜孜不倦，毫不放松，直到他通过他的灵魂，去掌握每一个“存在”的本性。因为他们本为一体；一旦他，接近真实的“存在”，与之交会，孕育出真知与真理，便会产生认识，真切生活，得以滋养，且在真理孕育而生的那一刻，不早也不晚，得以最终的解脱。(柏拉图：《理想国》490B)[②]

——柏拉图

① Plato, *Republic*, G. M. A. Grube (trans.), C. D. C. Reeve (rev.) J. M. Cooper (ed.), *Plato: Complete Work*, Hackett Publishing Company, 1997.

② ［古希腊］柏拉图:《理想国》，顾寿观译，吴天岳校注，岳麓书社，2010年。本文所引用的《理想国》中译文均采用顾译文，个别字句有修订，下同。

一、成长历程

（一）为政治和哲学而献身的一生

柏拉图（约公元前427年—公元前347年）是古希腊哲学家、西方哲学中首个伟大哲学体系的创建者、西方哲学的奠基人之一。他出生于一个希腊雅典的贵族家庭，父亲名叫阿里斯同，母亲名叫佩里克提奥妮，是雅典名门望族梭伦的后代。雅典著名的政治人物克里底亚和他的外祖父是亲兄弟，另一位政治人物卡尔米德是他的舅舅。他早年丧父，母亲改嫁，继父是伯里克利的朋友。在《理想国》中出现的格劳孔和阿德曼图斯是他的两个同母异父的兄弟。他自幼受到了良好的教育，学过绘画，喜欢写诗，最先写酒神赞歌，后来又写抒情诗和悲剧，还曾追随赫拉克里特学派的克拉底鲁，也向研究巴门尼德思想的赫谟根尼学习过。

他在20岁时经人介绍，认识了苏格拉底，据说苏格拉底嘲笑了他的诗，结果他便把自己的诗作付之一炬，从此献身哲学。虽然苏格拉底并不是柏拉图严格意义上的老师，因为正如前文提到的，苏格拉底的学生们只是组成了比较松散的谈话圈子而已，但是苏格拉底很具人格魅力，他机智、诚实、正直、勇敢，对哲学认识敏锐，这都使柏拉图着迷，他追随苏格拉底深入地讨论哲学问题，并认为老师是德性和智慧的完美统一体。但是柏拉图似乎与苏格拉底其他学生的关系并不十分融洽。公元前399年，苏格拉底受审并被判处死刑，28 岁的柏拉图对雅典政治感到失望，于是开始游历意大利、西西里岛、埃及、居勒尼、麦加拉等地，以寻求知识。其间，他结识了南意大利的毕达哥拉斯学派成员阿旭塔斯，与其结下了深厚的友谊。他在 40 岁时结束旅行返回雅典，并在雅典城外西北郊的圣城阿卡德米（Academy）创立了自己的学园。学园除了教授哲学，还教授数学、天文学、声学和植物学等，而且这是一个综合性的文化机构，既传授知识又进行学术研究。当时希腊大批最有才华的青年被吸引到学园来从事科学研究和学术讨论，为后世西方各门自然科学和社会科学的发展提供了许多原创性的思想；还有多名学园成员游历到希腊其他城邦担任政治顾问。学园的创立是柏拉图一生最重要的功绩，他创立的学园成为欧洲世界第一个组织完整的高等学府，以致后来的高等学术机构都被称为“Academy”。

在柏拉图一生中，除了青年时期的游历，大部分时间都在学园中著书立说。他的三次西西里之行经常为人称道。首次游历之时，叙拉古王国的僭主是狄奥尼修斯一世，因两人话不投机，柏拉图竟被其当奴隶出卖，幸亏被柏拉图的朋友、毕达哥拉斯学派的阿旭塔斯赎回；后来的两次叙拉古之行都在柏拉图 60 岁以后，那时的僭主已经是狄奥尼修斯二世，这位僭主声称对柏拉图的哲学感兴趣，但结果证明只是沽名钓誉罢了。虽然狄奥尼修斯二世的内兄狄翁真心想要实践柏拉图“哲学家王”的政治理想，柏拉图也因此与他成为朋友，但狄奥尼修斯二世和狄翁之间矛盾重重，以致柏拉图与这位僭主的两次见面都不欢而散。后来狄翁政变夺权，当柏拉图正要再次出发去实践自己的政治理想之时，挚友狄翁却被人杀害了。经历这次打击后，柏拉图对政治彻底失去了兴趣，把全部的精力投入哲学之中。据称公元前 347 年，80 岁高龄的柏拉图在参加一次宴会时无疾而终。柏拉图学园存在了 900 年之久，直到公元 529 年东罗马皇帝查士丁尼下令关闭了学园。

（二）为命运眷顾而保留完整的著作

柏拉图一生著有四十多篇对话，可谓高产作家，更幸运的是，他的著作命运与前苏格拉底自然哲学家们的著作命运形成了鲜明的对比——他的全部作品被完整地保留了下来，甚至还有一些伪作。现存四十多篇对话，其中 36 篇被认为是真作，其他被认为伪作，包括一些信件。

更重要的是，柏拉图是哲学成果的集大成者，开辟了哲学的重要领域，提出并讨论了后世几乎所有的哲学问题，开创了二元对立的哲学思维模式。柏拉图的对话不仅是重要的哲学著作，还具有很高的文学价值，语言优美，论证严密，人物和场景描写生动，达到了哲学和文学、逻辑与修辞的高度统一。这也是西方哲学中，对柏拉图哲学的解释长盛不衰的原因。而阅读柏拉图著作的体验则是，每一次阅读都不会让你一无所获，但是他的思想也不会被人一次性地彻底把握，因此他的著作既适合作哲学入门读物，也是专业研究人员百读不厌的经典。

柏拉图对话集中的主角多为苏格拉底，对话的名称多以与苏格拉底进行对话的人来命名，这种体裁形式被称为“苏格拉底对话”，这是苏格拉底身后流行于雅典学界的一种文体，除柏拉图和色诺芬的对话著作之外，我们现在能找到十多位作者的“苏格拉底对话”残篇。由此产生了一个著名的问题，即“苏格拉底问题”。在柏拉图对话中，究竟哪些代表了历史上真实的苏格拉底的思想，哪些代表了柏拉图本人的思想呢？要想解答这个问题，往往需要对柏拉图对话的方法论问题进行研究。通常有两种研究方法，即发生学和系统论。按照发生学的方法，人们把柏拉图对话按年代次序分成早、中、晚期对话，并认为对话没有整体一致的思想。而按照系统论的方法，人们忽视对话的创作次序，仅仅按照主题来研究，并认为柏拉图著作中的思想是统一的。发生学方法强调著作的创作时间有先后，系统论不管创作时间，强调一个人思想的统一性。19 世纪下半叶开始，受德国浪漫学派的影响，当代绝大多数英美学者提倡使用发生学方法，力图通过对文本的研究来确定柏拉图对话的写作顺序。这些学者根据对话的风格、用词、内容的不同，一般把柏拉图的对话分为早期、早中期、过渡期、中期和后期。

早期对话以《拉克斯》和《欧绪弗若》为典型，还包括《申辩》《克力托》《依翁》等，被认为表达了历史上苏格拉底的思想。

过渡期的对话有《普罗泰戈拉》《高尔吉亚》《美诺》《欧绪德谟》等，虽然伦理意味更浓，但仍然被认为表达了苏格拉底的思想。

中期的对话有《理想国》《斐多》《会饮》《斐德罗》，还有《蒂迈欧》等，集中体现了柏拉图的代表性思想——理念论。

后期的对话有《泰阿泰德》《巴门尼德》《智者》《斐勒布》《政治家》《法律》等，对理念论有所发展，并表达了柏拉图的政治思想。

然而近来有学者对古代柏拉图注释家进行研究，发现这些古代的注释家们并未把柏拉图对话进行分期研究，他们认为柏拉图的对话出现多种声音，实际上是以不同方法、从不同角度来讨论同样的问题。而且亚里士多德也在《诗学》和《修辞学》中说过，因为受苏格拉底哲学活动的影响，“苏格拉底对话”是当时流行的一种文章体裁，在苏格拉底去世以后，雅典的许多知识分子采用这种题材写作，这种体裁均以苏格拉底为谈话主角，借以表达自己的观点，柏拉图也不例外。因此，柏拉图对话中的苏格拉底也应该是虚构的角色，阐发的是柏拉图自己的思想而非历史上的苏格拉底的哲学。因此，与发生学方法相对的系统论思想认为，虽然对话写于不同时期，但并不意味着它们代表了柏拉图不同的思想阶段，反而可以看作是他从不同角度对同类问题进行的探索，或者是不同程度的反思。柏拉图说过，能够对事情进行系统观看的才是辩证法家，因此柏拉图的思想应该具有一种统一性和整体性。当代德国古典学者一般倾向于以系统论的方法来讨论柏拉图对话，德国著名的“图宾根学派”甚至把柏拉图的“未成文学说”也结合到对话录中进行讨论，认为柏拉图的思想是一个整体的、系统的学说。

二、理论内涵

柏拉图是西方哲学史上第一位哲学体系宏大的哲学家，也是西方哲学二元对立思想的鼻祖。他在对话中所讨论的实在与现象、知识与意见、普遍与个别、美与丑、善与恶、理性与欲望、一与多、静与动、原型与摹本、永恒与暂时、人与社会以及其他相互对立的概念，构成了西方文化的基本概念构架，甚至可以说，后世西方哲学所讨论的所有问题，几乎都能在柏拉图这里找到原型。其中，《理想国》是他最重要的一部哲学对话，是西方哲学乃至西方思想史上最具奠基性的经典之一，甚至可能是阅读量最高的哲学著作。这部著作不仅展现了柏拉图哲学的精华，而且阐明了哲学本身的核心问题，影响巨大。我们所熟知的有关柏拉图的著名思想都能在这部著作中找到，如理念论（形而上学）、两个世界的划分、灵魂三分、灵魂不朽、哲学家王、线段比喻、洞穴比喻、太阳的比喻、伦理学、政治哲学……当然《斐多》《会饮》《智者》《巴门尼德》等也是为人所熟读的文本。下面我们来介绍一些重要的主题。

（一）理念论

1. 什么是理念

理念论是柏拉图最著名的学说。柏拉图从来没有对这一理论进行系统而完整的阐述。相对集中讨论这一学说的著作是《理想国》和《斐多》，在《会饮》《斐德罗》中也有不少相关讨论。理念论的中心概念是 εἶδος /ἰδέα （form/idea），中文翻译为“理念”，就是直接用理性把握的事物的内在形式，也就是灵魂之眼“观照”的事物的本质，或者说是知识的对象。他认为，现实可感世界里的事物都是不完美的，而在认识的对象，也就是理念的世界里对应一个最完美的对象：如果说灵魂是正义的，那么一定存在“正义”的理念；如果说景色是美的，那么一定存在“美”

的理念等等。在《理想国》第十卷中他说，如果有一类事物分享了同一个名称 F，我们就可以确定有 F 这个理念存在（596A）。于是理念就是多上面的一，是多种具体事物所呈现的共性，是多种事物的共名，是客观的性质，是一类事物自身的属性，也就是种属，是普遍，同时又是个别，它们应该是一种客观存在物。

理念还是可感事物模仿的范型。在《理想国》第十卷中，床的理念被看作木匠用来制作的床的模型。在第五卷中，爱声色的人生活在梦幻中，因为他们分不清楚范型（476C－D）。作为范型，理念自身一定是绝对完美的，必定是所代表属性的最完美的代表。美自身必定是美的，大自身必定是大的，善自身必定是善的。这就是自我述谓，主语和谓语同一，这样理念既是个别事物的共同谓项，又是自身的自我述谓。

理念还是可感事物的原因。我们说事物是美的，就是因为有美的理念，我们要找到一类事物的理念，因为有理念，一切事物才具有理念所代表的属性。柏拉图在《理想国》第五卷中说，由于美的形式，一切美的事物才成为美的，因为美是具体美的事物的原因。理念就是事物的假设性的原因，如果在美自身之外还有美的事物存在，那么美的事物之所以是美的，一定是因为有了美的理念，而非其他原因。

总之，在柏拉图这里，理念既是一类事物共同的属性，又是范型，也是事物存在的原因，而且它还是最完善的存在；同时它们又是与可感事物分离存在的，只有它们构成了知识的对象，具有永恒性，分有“善”的理念，只有哲学家才可能认识它们。

理念论是柏拉图学说的典型代表，也是最为人所熟知的。不可否认，理念的确是柏拉图首创的新颖思想，标志着人类理性思维的一个新高度。同时，我们应该知道，柏拉图提出了理念论，也正是他自己首先对理念论进行了极为深入的批评和反思，这就是《巴门尼德》的第一部分。其中最主要的问题就是“第三人论证”，也就是说，如果一个别事物有一理念，而因为这一理念也是个别的，那么这个个别事物和这个理念之间又会有一个共性，那就又会有一个理念，这就是第三个理念，如此反复会无穷尽。这些问题在当代形而上学中仍在讨论。但是虽然柏拉图对理念论进行批评，但是并不意味着他要放弃，他在《巴门尼德》中总结道：

> 如果有人看到我们刚刚提出的这些困难及其他类似的问题，便要否认有事物的理念的存在，不被每类事物区分一理念，他的思想便无处可转向。①

2. 理念与可感事物的关系——分离、分有、摹仿

按亚里士多德的说法，历史上的苏格拉底与柏拉图最大的差别在于，苏格拉底寻求普遍的定义，但是没有把普遍从可感的个别事物中分离出来，而柏拉图则把普遍与可感的个别事物分离开来；苏格拉底关注伦理问题，常常追问什么是美、什么是善，但却没有最终答案；柏拉图回答了这个问题，他给出的答案就是理念，也就是某类事物的共同属性和特征。那么随之而来的问题就

① J. M. Cooper，(ed.)，*Plato*：*Complete Work*，Hackett Publishing Company，1997.

是，既然理念是与可感事物不同的存在，二者是什么关系呢？

他在《巴门尼德》中明确了理念“分离”于可感的个别事物。但是“分离”为何意？柏拉图却并没有详细解释。《蒂迈欧》中柏拉图说理念不存在于任何时空之中，因为它们不可感知。如果理念与可感事物不是空间上的分离，又是什么呢？学者们有的认为是定义上的分离，认为定义理念不必考虑可感事物；有的认为理念与可感事物类别上不同；有的认为应该把分离理解成独立，也就是形式独立于可感事物而存在，不需要分有它的可感事物。亚里士多德在《形而上学》中批判柏拉图理念与个别事物“分离”的观点，他认为理念的分离使得它自身成为个别事物，于是柏拉图的理念既是普遍的，又是个别事物，这样说来，理念论便是矛盾的理论，亚里士多德后来以 εἶδος（在亚里士多德哲学中，中文习惯上翻译为“形式”）不脱离质料而存在来克服这一点矛盾。

理念与可感事物虽然分离，但是相互之间是有关系的，它们的关系就是分有和摹仿。首先来说分有，世界上所有美的事物之所以是美的，就是因为分有了美的理念。不过，具体事物以何种方式分有呢？柏拉图对此也没有做任何解释和说明。他自己在《巴门尼德》里已经做过反思：个别事物分有的，究竟是理念的整体还是理念的部分？如果是整体，那么作为一的理念怎么可能被各种具体事物同时占有？如果大的事物分有了大的理念的一部分，那么它分有的就不是大本身，而是小。这是荒谬的。所以后来亚里士多德说分有是空洞的比喻。然后再说摹仿。美的事物之所以为美，除了分有美的理念这一可能之外，也可能是因为摹仿了美的理念。但是柏拉图对摹仿也未作详细的解释。亚里士多德在《形而上学》中说："分有只不过是名称的改变。因为毕达哥拉斯学派的人说，存在物摹仿数而存在。柏拉图的分有，仅是名词的改变。至于分有或者摹仿到底是什么，还是让大家讨论去吧。"①

无论理念与可感事物如何联系，在理念论中，柏拉图强调更多的是二者的区别，实际上他的思想更多被总结为两个世界的理论：理念处于可知世界，是知识的对象，是存在的，是永恒的，其中善是最高的理念，其他的理念都分有善，理念的世界里没有不好的东西；可感事物处于可感世界，是意见的对象，可感事物是变化易逝的，既存在又不存在。正是在理念与可感事物的对立中，体现了存在与非存在、知识与意见、永恒与暂时、本质与现象等多重的二元对立。而且在这些对立中，柏拉图强调的是理念这一方。

（二）三个比喻

1. 四线段比喻——存在的结构

对于柏拉图来说，存在不仅仅是理念和可感事物的二元划分，更是一个多层次结构。著名的四线段比喻就是对存在的划分，同时又是对人类认识能力的区分。柏拉图这样表达："把一条直线分割成两个不相等的部分，然后再把每一部分按同样比例分割，部分代表可感和可知的序列，比例表示它们相对的清晰和模糊的

① ［古希腊］亚里士多德：《形而上学》，苗力田译，中国人民出版社，1993年。

程度。”（《理想国》509E）知识以及与之对应的存在领域是绝对完满的状态，意见以及与之对应的可感事物处于既存在又不存在、半真半假的状态。按照这一比例分割出来的四线段用长度的计量表示性质的程度，即事物以及与之对应的认识的真实性的程度，勾勒出了世界和认识的等级图式。

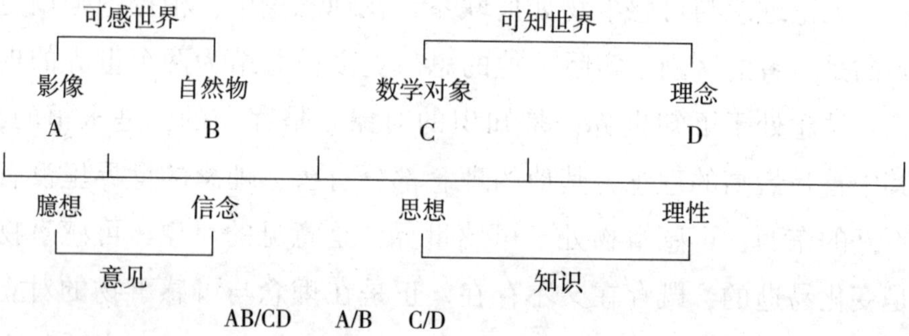

影像与臆想。“所谓影像，我指的是，首先，种种影子，其次，水中的倒影，以及在一切密致的、光滑的、明亮的平面上的光鉴的投影，以及诸如此类的一切。”（《理想国》510A）相应的心智状态是臆想。臆想不能区分影像与它的原本，不能明白物理对象比影像更真实，搞不清可感物才是影像的原因，属于意见。

自然物与信念。自然物是指我们周围的具体事物，如动物、植物和一切人工物，是影像的原本，可感事物是个别的、有生灭的，既存在又不存在。相应的心智状态是信念。信念的特征是能区分物理对象及其影子，但不能解释它们之间的不同，是真判断，但不是知识。

数学对象与思想。数学低级的知识，介于意见和理性知识之间，起中介作用。理念是知识的对象。

四线段是柏拉图对存在结构的划分，他把存在划分为四层：影像，可感事物，数学对象，理念。而我们知道，他还强调理念世界中善的理念的最高地位，如果更详细地划分，我们应该说他的存在结构是：影像，可感事物，数学对象，理念，善。当然，由于前两者在可感世界，后三者在可知世界，所以更为概括地说也符合两个世界的划分理论。但这一存在的结构，与他未成文学说中的划分还是有些微差别的，在后者那里，善与数学对象这些概念会进一步划分，我们会在下文中谈到。

2. 太阳的比喻

柏拉图还运用太阳来比喻善的理念。正如可见世界里有万物，和使万物生长的太阳一样，在可知的理念世界里也有诸如正义、智慧、节制、勇敢等各种理念，和最高的理念善一样，善也如阳光普照万物一样，使各种理念得以存在。如果说在可见世界里，太阳不仅散发光芒，也使人的眼睛具有视觉，从而能看到万物，那么在可知世界里，善的理念不仅给予知识的对象以真理，还给了认识的主体以认识能力，用柏拉图文本中的话说就是："太阳不仅使可见对象能被看见，而且还使它们产生、成长、得到营养，虽然太阳本身不是产生……同样……知识的对象不仅从善得到它们的可知性，而且从善得到它们自己的存在和实在，虽然善本身不是实在，而是在地位和能力上都高于实在的东西。"（《理想国》509B）因此，有两个王，一个统治着可见世界，一个统治着可知世界。理念世界里有一个最高的理念，那就是善的理念，它是一。在洞穴比喻中，如果把洞穴比作可见世界，火光就是太阳的能力，囚徒从洞穴走到地面上的过程也就是灵魂的上升过程。因为，“善的理念就是一切事物中一切正确者和美者的原因，就是可见世界中创造光和光源者，在可知世界中，它本身就是真理和理性的决定性源泉；任何人凡能在私人生活或公共生活中行事合乎理性的，必是看到了善的理念的人”。(《理想国》517B)

3. 洞穴的比喻

洞穴的比喻是对哲学家命运的刻画，也是对一般人生存处境的一种描述。柏拉图这样形象地描述：有一个洞穴，通过一条长长的通道与外界相连，有一群人从小就住在这里，他们的脖子和腿脚一直都被绑着，因此他们只能直视前方。有一堆火在他们的后上方，火与这些人之间有一堵矮墙，有些人拿着人造的各式器皿和人与动物的石制或木制的塑像放在矮墙上，于是囚徒们只能看到映照在对面墙上的影子。时间一长，囚徒们就认为，这些影子才是最真实的东西。如果有一个人被解除捆绑，起身转动脖子，直视火光，他会感到特别痛苦，如果有人告诉他，原先他所看到的只是虚妄的影子，现在看到的才是真实的存在物，那么他会不知所措。如果他被人从那陡峭的向上的通道强行拖拽出来，直到他看到了耀眼的太阳，他自然会感到痛苦和生气，因为太阳的直射使他看不到真实的事物。然而等他逐渐适应以后，他终于看到了地面上的影子、事物、星星、月亮以及太阳，意识到太阳就是那可见世界中一切事物的主宰。这时他开始怜悯洞穴中的同伴，因为即使他们当中最聪明的人，也不过是清楚地记着影子出现的先后顺序罢了。可是如果他再次下到洞穴中，他首先会感到眼前漆黑一片，当他和囚徒们争辩真实的事物时，只受到了别人的嘲笑，认为他的这次外出使他瞎了眼睛，而当他试图去解脱大家，并引导大家走出洞穴时，只会被众人杀死。

洞穴理论是将洞穴里囚牢般的居所，用来比喻我们的可见领域；火光，用来比喻太阳的能力和作用；向上的行程和观照，其实就是灵魂向上进入思维世界的行程。如果一个人曾经观照了正义的理念，当他在现实世界还没有适应黑暗，没有适应正义的影子时，就被迫与别人争论正义的问题，势必争论不休。同时洞穴比喻说明，就像眼睛从黑暗到光明，或者从光明到黑暗需要逐渐适应一样，灵魂也有类似的过程：当灵魂遇到困难而失去理解能力的时候，可能是从光明走向黑暗，因为不习惯而变得蒙昧，也可能是从无知走向光明时，被光辉照得窒息。洞穴比喻，实际上是对哲学家处境的一种形象的刻画：洞穴内外分别代表可感世界和可知世界，只有哲学家对于可知世界的理念有所理解，知道什么是真正不变的，但却无法对浑浑噩噩的庸众解释清楚，以致他们与众人总是处于紧张的关系之中。同时，洞穴比喻也描述了一般人的生存处境，大家生来就被一定的立场、偏见所左右，只有接受教育，才能逐步摆脱偏见，能全面一些看问题。

（三）哲学家王

除非，我说，或者哲学家们在我们的这些城邦里是君主，或者那些现在我们称之为君主或掌权者的人认真地、充分地从事哲学思考，并且这两者，也就是说政治力量和哲学思考，能够相契和重合，而那许多形形色色的在这两者之中只是单独从事其中之一的人们被严格地禁止这样做。不这样做，那么亲爱的格劳孔，我们这些城邦的弊端是不会有一个尽头的，并且在我看来，人类的命运也是不会有所好转的。(《理想国》473D-E)

哲学家王，是柏拉图在《理想国》中提出的一个重要概念，是其政治学的中心概念之一。哲学家王，顾名思义，就是指哲学家当国王来统治城邦或者国王懂得真正的哲学。因为哲学家热爱的是整个的理念和智慧，而不是某一具体领域的知识；他们理解和掌握那种永远保持自身同一的事物，并把这些真实的事物作为标准，来建立关于美、正义和善的事物的习俗和法则。他们是天生资质圆满的少数人，他们聪颖善学、记忆力强、沉静坚毅，通常从幼年起就全力追求一切真理，既爱智，又节制，不贪财、豁达、不看重生命，总之，“出于天性，是一个记忆力强、善于学习、慷慨大度、优雅温良，并且对于真理、正义、勇敢和节制有着爱好和亲切感的人”。(《理想国》487A）他们热爱城邦，经受过严峻的考验，他们真正关心存在问题，无暇关注那些小事，用看到的最美的模式，来塑造自己和公众，他们总是一边向着那些纯粹的理念——如正义、善、明智、勇敢，一边把它们付诸实践。

护卫者成为哲学家王之前，必须经过城邦的严格培养：六七岁离开父母后，他们开始接受体育和音乐的培养，然后学习算术、平面几何学、立体几何学、天文学、谐音学，最后学习辩证法，在学习的过程中，迫使人们开始运用理性思维本身去寻求真理，最终达到对最大的“善”的观照和对各门知识的领悟。他们从三十多岁开始到城邦服务，即来到“洞穴”中，管理有关战争以及其他适合年轻人的事情，积累经验，并经历各种考验，如此共十五年。等到五十多岁，既有哲学知识，又有充足的经验之时，他们就有资格成为哲学家王来统治城邦。哲学家是唯一掌握真理的人，他们知道什么是真正的善，他们见到过善、正义、智慧、勇敢、节制、美，因此他们也会把这些运用于具体的城邦事务之中。因为他们唯一的兴趣就是追求真理，不爱权力，因此贪污腐败不会发生在他们身上。

哲学家王是柏拉图提出的一种理想人格，柏拉图曾经期望在叙拉古的狄翁身上实现这一理想，但当狄翁惨遭下属杀害时，柏拉图哲学家王的理想也随之破灭了。

（四）善

柏拉图追求的善是知识、德性以及政治理想的最高境界，在他的理念世界里，有正义、智慧、节制、勇敢、美等一切美好的东西，就像现实世界里的太阳普照着所有事物一样，善在理念世界里也辐射着所有理念，它比其他理念更高。它给予被认知者以真理，它给予认识者以认识能力，它是知识和真理之源。

在可认识的世界里，那善的形式，它是那最后的，并且也是那很难为人得见的东西；但是它一经为人所见，那就应该由此得出结论——对于一切事物来说，它是那一切正确和美好的事物之因。在可见世界中，它产生光亮和光亮的主宰者，在思维的世界里，它，本身作为主宰，是真理和理智的持有者；并且，凡是要想正确行事的人，不论在私人或是在公众事务上，都是必须对它有所见和有所认识的。(《理想国》517C)

善是理念的理念，理念是各类事物的典范，每个理念都是存在之物中最好的，理念的理念便是存在之物中最好的理念，即善的理念。柏拉图相信，存在一个独立的善的理念，并为所有的理念所分有，是理念的原因。对于善的理论，柏拉图并没有在某一对话中专门讨论，但是许多对话都对这个主题进行了论证，知识的最高对象是善，德性也是善。根据亚里士多德的记载，柏拉图曾在学园里进行《论善》的演讲，许多人都赶来聆听，他们本来以为柏拉图会给听众讲如何挣钱发财、如何获得幸福等话题，不料柏拉图却说："善是一"，结果几乎所有人都失望而归。在柏拉图的本原学说中，善是比理念高的概念，它们之间还有数，善就是一，是无区别的，是所有人、所有学科、所有领域都在追求的目标。

在柏拉图的对话录中，虽然强调了善比正义、智慧等其他理念更高，后者正是分有了前者才成为善的，然而我们只有在"未成文学说"中才明确柏拉图的"善"就是"一"，是所有事物追求的目标，是本原之一。在善与其他的理念之间还有数，也就是由"一"和"大与小"生成的数本原。亚里士多德后来在《尼各马可伦理学》中的首句话也强调每种技艺、研究、实践等每件事都以善为目的，但是他强调，柏拉图用善既谓述实体，也谓述偶性（如人是善的，数量或时间是善的），但是既然实体在本体论意义上优先于性质，那么就不可能有适合两种对象的善，而且“善本身”是不存在的，即使存在，也与现实无关，因为“善”是多义的，对于不同对象的目的的善也是不同的，这些不同的善只存在于“类比”的意义上，当然，在终极意义上的善，便是幸福。

（五）回忆说和灵魂转向说

柏拉图在他的认识理论中，提出了两种说法——回忆说和灵魂转向说。回忆说出现在《斐多》和《斐德罗》中，这一理论强调，灵魂是不朽的，灵魂在与肉体结合之前曾游离于理念世界，在那里对所有的理念都有观照，已经拥有知识。在灵魂与肉体结合而生为人之后，肉体污染了灵魂的纯净，使得灵魂忘记了生前已经具有的知识，例如相等、大小、小于、美本身、善本身、正义和虔敬等“某某本身”（αὐτὸ ὅ ἔστι）。在现实世界中，一旦遇到合适的对象，例如当人们看到两支长度相等的木块，灵魂中就会出现“相等”这样的概念，而这就是经过触动而回忆起来的知识，因此认识就等于回忆。他说：“如果真是我们在出世前获得了知识，在出世时把它遗失了，后来由于使用我们的感官才恢复了自己原有的知识，那么我们称为学习的那个过程岂不就是恢复我们固有的知识吗？我们岂不是有理由把它称为回忆吗？”（《斐多》75E）

灵魂转向说是在《理想国》第七卷中阐述关于教育的问题时提出的。柏拉图认为，灵魂的德性不同于躯体，躯体的德性可以通过习惯和训练被灌注进去，灵魂则不然，它的德性无比贵重，不可能失落，只会转变方向，因为我们每个人的灵魂中都存在着一种能力和类似于眼睛的“器官”：要么被欲望和快乐吸引到低处，要么被真理和善吸引到高处。前者造就卑下精明的怪人，后者造就明辨真善美的人。恰如眼睛在观察事物时从黑暗转向光亮，灵魂的器官在观察时，也会从变化不定的事物转移到不变的“存在”和“善”。因此，教育的关键不在于向灵魂灌输什么，而是设法让灵魂能够做到这种转向。城邦的奠基者就会迫使少数天资聪颖的人去接触最大的关于善的学问，去攀登高峰观看那善。

（六）三分的灵魂与正义

灵魂（ψύχη），在古希腊人看来是一切有生命的存在所具有的生命能力，感觉、知觉和思考能力都是灵魂的表现。苏格拉底一直说自己的哲学考察是为了考察人的灵魂，但他并没有说明灵魂本身是什么。无论在《申辩》还是在《斐多》中，柏拉图所阐述的灵魂都不包括激情和欲望，二者都被归于肉体，冲突总是在灵魂与肉体之间。而在《理想国》中，柏拉图强调的重点发生了转变。他将理性、激情和欲望都放到了灵魂内部，冲突不再存在于灵魂和肉体之间，而是存在于灵魂内部的这三个部分之间，即理性、激情和欲望三个部分之间。柏拉图的灵魂划分理论是西方心理学的始祖，柏拉图的灵魂三分学说对后世的心理学、哲学和文学领域产生了很大的影响。20 世纪著名的精神分析学家弗洛伊德的自我、本我、超我学说，也沿袭了柏拉图的灵魂三分法。

我们先从他所说的欲望谈起。欲望有广义和狭义两层意义：前者指人的各种各样的需要以及对这些需要的意识，灵魂每一部分有其自身的欲求和快乐，如理性的欲望是求知，激情的欲望是追名逐利。后者专指人类生存最基本的食色性等，包括饥渴、性欲、困倦、贪婪等人类本能，是灵魂的一部分。欲望缺乏自我约束的动机，与理性相对立，但力量也最强，包括生理欲望和对金钱的欲望，也是理性重点引导和控制的对象。正义的灵魂中，理性统治了欲望，利用欲望的强大力量来追求真理。

激情是灵魂中可以使我们感到愤怒的那部分，它不考虑灵魂整体的善，会使人争强好胜，主要表现为自豪和骄傲；会使我们对不正义之事感到愤然，也会表现为羞愧。激情是理性天然的盟友，因为激情依赖于主体关于对错的信念，但这也不是绝对的。受过良好训练的那部分激情会使一个人去坚持自己对正确与善的认知，并奋力争取自己所向往的价值。但是激情也会因坏的培育所腐蚀，拒斥理性的要求，并与欲望结合反对理性，变得野蛮、粗暴和残忍，所以对激情进行教育非常重要，目的是使其与理性和谐一致。一旦愤怒被驯服了，它就可以推动个人灵魂中的德性。

理性，也就是灵魂中的爱智部分，能够计划和推论，其所关注的对象是作为整体的灵魂或城邦，并非某一部分或某一阶层，它知道什么对灵魂的每个部分有益，什么对整个城邦有益，而且理性对灵魂的三个部分处于统治地位。理性关注整个灵魂。它将主体作为一个整体，其幸福是什么有一个清楚的概念，并以此作指导去行动。这是与激情的主要区别，激情会按照它认为的什么是对主体最好的信念而行动，但它不会考虑对主体整体的利益而言这种行动是不是最好的。

个人的正义就是：在灵魂的三个部分中，理性是智慧的、激情是勇敢的、欲望是节制的。具体来说就是：勇敢是坚持一种信念，知道该对什么恐惧、该对什么愤怒，经过长期训练，勇敢的人能保持善的信念，抵制快乐、痛苦和诱惑；节制是灵魂对快乐和欲望的控制，是灵魂各个部分之间友善和谐的联系(《理想国》442C-D)，这意味着灵魂各个部分在自愿的基础上就哪一部分应居统治地位达成一致意见；智慧则是指，理性能够起到主导或支配地位，并且知道什么对灵魂是最有益的。在一个节制的灵魂中，理性占主宰地位。灵魂的各个部分各有自己的本性和自然能力，因此要各司其职，不僭越自己的职责范围去干预灵魂中其他部分的工作。理性应该是统治者，对整个灵魂负有监护督导的责任，激情服从理性，成为理性的盟友，二者共同管理那欲望部分，这样的人的灵魂就是正义的，因此正义就是灵魂的各个部分之间所取得的一种和谐统一的状态(《理想国》442B)，从而，正义作为一种包含一切的德性，体现了每个部分各司其职，其本质是统一的，正义使一个人"由多完全地成为一"。因此如果我们要求一个统一而正义的灵魂，就要让理性占据支配地位，激情成为一种辅助它的力量，二者共同对欲望进行控制，让最有力量的欲望为理性所用，也就是灵魂要转向对知识和存在的追求，这也是灵魂转向的要求。总之，正义是灵魂各个部分之间的内在关系，并非关乎行为。由此可见，正义在柏拉图那里并不是个别的美德，而是普遍的德性。

与人的灵魂的正义相类似的，还有城邦的正义：如果城邦中的统治者是智慧的，也就是由于知识而明谋善断；护卫者是勇敢的，即他们对可怕的事情有正确的信念，并保持和维护着这种信念；劳动者是节制的，即对于快乐和欲望有一种整饬和秩序，或者说城邦中的各类人按天性各安其位，只做适合自己的事情而心无旁骛，各个阶层和谐统一，那么这个城邦就是正义的，是善的。城邦的正义和灵魂的正义有着共同的正义，即正义的理念或正义本身。事实上，柏拉图在《理想国》中讨论正义，就使用了大字和小字、城邦和灵魂之间的类比，在他看来，城邦和灵魂是同构的，人是什么样的，由人构成的城邦就是什么样的。

（七）灵魂不朽

灵魂不朽是古希腊人的共同信念，他们认为，人的灵魂本质上属于另外一个较好的世界，在进入人的身体以前，它不得不喝勒忒河，即“忘河”中的水，因此当灵魂进入肉体以后，开始时它并不记得它以前的事情。毕达哥拉斯学派进而解释了古老的灵魂轮回说。它认为，灵魂不仅不朽，而且可以在多个躯体之间进行转生，这种理论后来也成为希腊人灵魂观的一个基本信念。对于这些信念，柏拉图并无太大的异议，他所做的工作也是对这样一种信念做出某种解释和说明，灵魂不朽的观念经过柏拉图的解释，也就成了希腊哲学中一个恒久的话题。

柏拉图在《斐多》《理想国》《斐德罗》等诸多著作中都论述过灵魂不朽。他的基本观点是，个体灵魂是世界灵魂的分有者，灵魂本是一种中介性的存在，它起着联接理念世界和可感世界的作用，它是两个世界的边界。灵魂与肉体是两个可以各自独立存在的实体，灵魂作自我运动，永远不会停止，它是永恒不朽的，灵魂推动身体，如同水手划动船；灵魂曾把握的理念世界中的纯粹真理，因肉体的障碍而遗忘了。但是感性世界中理念的不完善摹本使得灵魂能够回忆过去，因此学习就是回忆，是一种重新觉醒；死亡就是灵魂与肉体的分离，灵魂从肉体中解放出来，摆脱肉体的束缚而得到纯粹的知识，因此死亡也可以看成是一种自我解放，通过死亡，我们从心灵里驱除掉肉体快乐及痛苦所带给它的各种不良影响，所以哲学家的任务就是练习死亡。

只有当灵魂被净化时，也就是彻底摆脱肉体的禁锢时，“实在”才会被认识到，用柏拉图的话说：“灵魂最能思考的时候，是在它摆脱一切干扰，不听，不看，不受痛苦或快乐影响的时候，也就是说，在它不顾肉体，尽可能保持独立，尽量避免一切肉体的接触和往来，专心钻研实在的时候。”（《斐多》65C）① 只要我们有肉体，灵魂就会被肉体拖累，我们就不能如愿以偿地获得真理，因为要获得纯粹的知识，必须用灵魂来观照对象本身。因此，若想在有生之年接近知识，我们只有尽可能地避免与肉体接触，不受其影响，尽可能使灵魂独处，直到最后通过死亡使我们彻底解脱。这只有哲学家才可能做到。

柏拉图的灵魂不朽，有时指整个灵魂不朽，而更多情况下指的是理性灵魂的不朽，后一个概念在亚里士多德那里得到进一步的发挥和完善。

（八）通种论

《智者》表达了柏拉图的范畴学说，是其理念或者概念之间的关系。这一学说是柏拉图在《智者》中提出并详细论证的。他

① 王太庆:《柏拉图对话集》，商务印书馆，2004 年。

这样说道：

> 我们已经看法一致，认为在“种”（γένος）[①] 中间有一些是可以彼此相通的，有一些却不行，有一些与少数的“种”相通，也有一些与“种”相通，还有一些以各种方式毫无阻碍地与所有的“种”相通。（《智者》254B）

这里提出了最大的种“存在”以及“静”和“动”，这是巴门尼德和芝诺等人提出的核心概念，柏拉图选择这些种来讨论并非随意为之。“静”和“动”之间无法相通，而“存在”则与“静”和“动”都相通，因为后两者都分有前者；三者中，每一个都与其余的两个相“异”，而与自己相“同”，而“动”和“静”既非“同”也非“异”，“存在”也非“同”或“异”，因此，这是五个种。而第六个种就是“非存在”：

> 那么“非存在”就必然“存在”，无论对于“动”来说，还是对于所有的“种”来说，它都是“存在”。因为所有的“种”都是“异”的本性使它们异于“存在”，成为“非存在”，所以我们在某种意义上把它们都说成“非存在”是正确的，而就分有“存在”这一点把

① 我们在亚里士多德哲学中把这个词翻译为比“种” 大的 “属”，但是因为柏拉图对这两个概念没有区分，都是类概念，且学界已经习惯称他对于这六个概念的讨论为“通种论”，我们为避免误解，还是沿用习惯翻译。

它们都说成“存在”也是正确的。(《智者》256E)

在后文中，柏拉图详细解释了什么是“非存在”，直接回应了巴门尼德所说的只有“存在”这条路值得思考，“非存在”是感性的对象，只能产生意见的说法，认为“非存在”并不是“存在”的反面，而是一个异于它的东西，否定并不是专指反面，“‘不’‘非’这样的否定词只表示一个异于后面那个实词的东西，或者说，只表示一些与后面那个实词有关联的东西。”(《智者》257C）因此，“异”也可以分成许多的部分，“不美”“不大”不是与“美”和“大”相反，而是不同。

因此，“存在”和“异”贯穿在一切“种”当中，并且互相渗透，“异”分有“存在”，不同于它，而是“非存在”；同时，“存在”也分有“异”，它不同于其他的种而是它自己。(《智者》259A）总之，“存在”“非存在”“同”“异”这四个种可以互相结合，它们与“动”“静”也可以互相结合，但后两者是不能互相分有的。

柏拉图关于这六个种的理论被认为是西方哲学中范畴理论的起源，不仅克服了巴门尼德把“存在”与“非存在”僵化对立的思想，而且直接启发了亚里士多德，促使他进一步提出较为完备的范畴理论和逻辑学说。

(九）未成文学说

柏拉图的未成文学说，是他晚年在学园里只给最亲密的弟子口传而从未写下来的学说。他继承了古代哲学传统，尤其是毕达哥拉斯学派的传统，除了写出来的对话，还有一部分学说因为艰深和困难，他只口传给跟随自己多年的少数弟子。据说他对于书写文本有几分不信任。根据柏拉图流传下来的几封信，他认为最为困难最为根本的东西只能通过长期的共同生活才能达到理解而无法用文字表达。柏拉图这样说：

> 所以，关于这些事物，我还从来没有写下任何东西；柏拉图的著作并不存在，将来也不会存在。（柏拉图：《第二封信》314C）
>
> 在我看来，他们根本不可能懂得这些事物。至少，我自己没有任何关于那些事物的著作，将来也不会有。因为这种知识不像其他学科，人们能通过词语来把握它，而只能是通过老师和学生共同投身于对那些主题的长期持续的交流，然后，灵魂中突然出现仿佛是由一粒跳跃的火花所点燃的光亮，它靠着自身继续闪亮下去。（柏拉图：《第七封信》341C–D）

这些文本显示，柏拉图认为，有些主题无法用书写文字表达，只能通过长期思考之后的“顿悟”来领会。好在根据他的学生们——亚里士多德、斯彪西波以及塞诺克拉底的记载，以及学园和漫步学派两个大学统的相关记述，我们还是得以窥视“未成文学说”的部分内容。严格来说，“未成文学说”这一说法最早来自亚里士多德，他在《物理学》中首先使用了“在我们所谓的未成文学说中”这样的字眼。但是由于年代的久远，在历史上曾经有一段时期完全忽视这种口传学说，而认为对话录是柏拉图哲学的全部，这一看法至今仍占统治地位，在英语世界，以及深受其影响的中文世界更是如此。直到20世纪后半叶，德国图宾根大学的一批学者——后来被称为“图宾根学派”——经过艰难的文献梳理和哲学考证，重新发现了未成文学说，补充了柏拉图的本原学说。而柏拉图的本原学说在传统的希腊哲学史的介绍中是不完整的，柏拉图甚至因此被认为是前苏格拉底自然哲学家到亚里士多德本原学说之间的异端。

未成文学说的主要思想就是本原学说，对存在进行了更深入地划分，他对存在的结构的理解并不是二重（理念和可感的个别事物）或者三重的（善、理念和可感的个别事物），而是多重的。即万物有两个本原：“一”和“不定的二”即“大和小”，然后是数，理念，数学对象，感性世界，影像。[①] 更直观的存在结构是：

本原

（即一与大和小，而一也即善）

数

理念

数学对象

感性事物

一即是善，一和大/小生出二，然后三、四、五……这样的数。与四线段学说相比，首先是多出了“大和小”这样变化的本

① 先刚：《柏拉图的本原学说——基于未成文学说和对话录的研究》，生活·读书·新知三联书店，2014年，第118页。

原，其次是对数进行了更为细致的划分。因为如果本原只是一或者善而没有变化的话，无法生出其他，必须有一个变化的因素，这就是“大和小”。而数不仅有3张桌子、3把椅子或3个人这样的数学对象，这些“3”就是一个数“3”，于是数学对象和数之间也有了区分。同时，因为理念是可以数出来的，所以数本身比理念的地位要高，仅次于唯一的善。因此，在我看来，本原学说是对四线段说的进一步丰富和发展。

未成文学说揭示了柏拉图最为艰深的哲学活动是学园内的口传心授，显示了他的哲学统一性——不仅有存在的等级结构和谱系，还有最高的本原。因此，柏拉图并非像传统哲学史所认为的，是希腊哲学史上的一个异端。他与之前的自然哲学家及之后的亚里士多德一样，拥有本原学说。甚至可以说，亚里士多德正是在对柏拉图的本原学说进行批判的基础上，发展了自己的形而上学思想。亚里士多德对自己生成三本原（质料、形式、缺失）学说的论证，就是在对柏拉图的二元（一和大/小）的批评中进行的，因为在前者看来，必须还要有缺失。（亚里士多德：《物理学》A9）

三、主要影响

（一）对亚里士多德哲学的影响

斯塔吉拉人亚里士多德17岁来到雅典进入柏拉图学园学习，那时柏拉图60岁。亚里士多德在学园中待了近二十年，直到柏拉图八十岁左右去世的前几年才离开。亚里士多德博学多才，上学期间已经开始做助教，学园里数他藏书最多，甚至为自己建立了一个图书馆。据古代史料记载，亚里士多德的藏书是西方第一个具有可观规模的藏书，后来这些藏书被运往亚历山大里亚，成为托勒密王朝亚历山大里亚图书馆的基础。正像一切拥有独立思考能力的哲学家一样，亚里士多德曾对老师的思想提出尖锐批评，以致柏拉图感叹道："亚里士多德开始扬起蹄子踢我了，就像长大的马驹对待它们的母亲那样。"[①] 亚里士多德在《尼各马可伦理学》中明确地说："的确，为了维护真而牺牲个人的所爱，这似乎是我们，尤其是我们作为爱智慧者的责任。因为，虽然友爱与真两者都是我们的所爱，爱智慧者的责任却首先是追求真。"(《尼各马可伦理学》A6，1096a15)[②] 这段话被后人浓缩为："吾爱吾师，吾更爱真理"。人们通常认为亚里士多德是为了追求真理而对柏拉图进行批判，但是亚里士多德追求真理的精神直接继承了老师的批评精神，在《理想国》中，柏拉图不是已经在这种精神的指导下鞭挞荷马史诗了吗？

柏拉图逝世几年后，学园由他的外甥斯彪西波掌管，亚里士多德在外游历多年，于公元前 335 年回到雅典建起了自己的吕克昂学园，从此在这里开始了十二三年的授课写作生涯，直到被控告而离开雅典。中国的哲学史多强调柏拉图与亚里士多德哲学的区别，孰不知他们二人哲学上浓厚的亲缘关系远远大于他们之间的分歧，若没有柏拉图哲学，我们将无法想象亚里士多德哲学的形态。著名的希腊哲学史家策勒说过，如果说柏拉图是希腊哲学

① Diog. Laert. V，2. 译文从先刚，参见先刚：《柏拉图的本原学说——基于未成文学说和对话录的研究》，生活·读书·新知三联书店，2014 年，第 18 页。

② ［古希腊］亚里士多德：《尼各马可伦理学》，廖申白译，商务印书馆，2003 年。

盛开的花，那么亚里士多德哲学就是希腊哲学结出的硕果。黑格尔也承认，哲学作为科学是从柏拉图开始而由亚里士多德完成的。下面将择要从五个方面进行介绍。

1. 理念、形式、种（εἶδος）

柏拉图的形而上学一般说是理念论，而亚里士多德的形而上学一般说是关于形式与质料的学说，其实“理念”和“形式”是同一个词 εἶδος。亚里士多德把老师的这个词用作自己的哲学核心词汇时，并没有重新界定和解释，基本实行了拿来主义。另外在二人的著作中，作为类概念的“种”也是这个词，在对亚里士多德哲学的传统解释中，甚至对于“形式”是不是“种”的问题决定了对其核心问题的不同理解，虽然亚里士多德在一些文本中已经重新界定了种与形式的关系，但可以确定的是，在逻辑学著作中，他的种概念与柏拉图的种概念是一致的。

亚里士多德虽然用了与老师相同的词来表达自己的核心思想，却批评了柏拉图的理念既是同类事物的种属概念而具有普遍性，又具有与个别事物一样的是个别的并且分离存在的矛盾。为了克服理念的分离，亚里士多德引入质料，强调 εἶδος 从来不脱离质料，我们所讨论的就是出于质料之中的形式，对于可感世界中的事物来说，其形式和质料从来不分离存在，而形式，也就是事物的本原和原因，是事物的本质，是第一实体，是个别的，也决定了可感事物的个别性。

而对于 εἶδος 所表达的种概念，亚里士多德也有了新的表述，即个别的形式和个别的质料被普遍看待的术语，亦即普遍的质形复合物。

2. 本质

在哲学史上，苏格拉底、柏拉图和亚里士多德被认为是本质主义者，他们的哲学思想具有发展和相继的特点。苏格拉底开创了对事物本质的追求却无果，柏拉图在此基础上创造性地提出了理念这个概念，认为理念代表某一类事物的本质，如果我们说城邦是正义的，人是正义的，是因为有正义这一理念存在，城邦和正义因为分有这一理念而具有了正义的本质，而且理念与个别事物分离存在，也就是事物与其本质分离存在。到亚里士多德这里，他进一步赋予“本质”以新的解释，创造性地给了一个词：τί ἦν εἶναι，就是事物之所以成为它自身的那个决定性的东西。他虽然将它等同于 εἶδος，但是他强调，这不是理念，不是类概念，不是种和属，因为本质是个别的。比如，苏格拉底的本质只与他自身相等，强调了本质的个别性。同时当我们试图去描述本质的时候，却具有普遍性。这样，本质被亚里士多德从普遍性的、分离存在的类概念改变成了存在于个别事物之中的个别本质，当然，在知识论上，本质只能被普遍地表达，因此亚里士多德实际上自觉地区分了本体论和知识论上讨论问题的不同。只是本质如何被普遍表达，这个问题复杂了一点。在《形而上学》中，亚里士多德曾试图排除质料，只用形式来表达本质，但这种只用种差表达的定义似乎无明确结果。他在《形而上学》H 卷中提出，既然是质形复合物，本质又依存于形式和现实，那么不妨用质料和形式构成的定义来表达，因此本质得以被普遍地描述。

3. 德性

在对待知识与德性的关系问题上，柏拉图继承了苏格拉底知识即德性的说法，而亚里士多德在明确的学科分类——理论哲学（包括逻辑学、第一哲学、第二哲学等）和实践哲学（包括伦理学、政治学等）——的基础上，把知识作为理论哲学的研究对象，把德性作为实践哲学，更具体说是伦理学的研究对象。正像我们在上文提到过的柏拉图和亚里士多德在“善”概念上的意见分歧，后者认为不存在“善本身”这样的事物，因为：

> 就算有某种善是述说着所有善的事物的，或者是一种分离的绝对地存在，它也显然是人无法实行和获得的。（《尼各马可伦理学》A6，1096b31）
>
> 尽管所有科学都在追求某种善并且尽力补足自身的不足之处，它们却不去理会这种善的知识……很难看清，善的型式将给一个织工、一个木匠什么帮助。也很难看出，对善的型进行沉思如何能使一个人成为一个更好的医生或将军。（《尼各马可伦理学》A6，1097a5-9）

在亚里士多德看来，德性不是知识，而是只生成于具体的活动之中，而具体的活动和具体实施行为的人都与所谓的善本身、节制本身、勇敢本身等毫无关系，这些德性只取决于实施行为的人，而且德性都有度的不同，有不及、过度和适中之分，如：

不及	德性	过度
怯懦	勇敢	鲁莽
冷漠	节制	放纵
失	正义	得
	……	

虽然如此，亚里士多德在伦理学著作中所讨论的主要德性仍然是柏拉图所讨论的德性，甚至其提出的“中道”思想在柏拉图的勇敢等概念的描述中同样找得到，或者可以说，柏拉图的《理想国》和亚里士多德的《尼各马可伦理学》共同构成了德性伦理学思想的经典，它们的主题和思想有一致性。

4. 智慧（σοφία）与明智（φρόνησίς）的同与异

在柏拉图哲学中，智慧是哲学的代名词，代表知识的总和，尤其指哲学家拥有的知识。柏拉图在《理想国》第四卷和第七卷中都论证了哲学家王应该具有的知识结构和能力，都强调其需要有智慧，但是我们发现柏拉图在两卷中强调的智慧，是用两个不同的词来表达的，在第四卷强调哲学家作为有经验的政治家和管理者的时候多次用了 φρονήσις，也就是英文翻译为 practical wisdom、中文翻译为明智或实践智慧的这个词，而在第七卷中强调哲学家王该具备的哲学知识时，多用 σοφία 这个词，也就是我们一般而言的哲学这样的理论智慧，当然在柏拉图这里二者的意思是一致的，且在其他文本中也是互换使用。在柏拉图那里，哲学知识和政治知识是一致的，所需要的能力似乎也没有什么区别。

但我们知道这两个词在亚里士多德那里则很不同。智慧

（σοφία）在亚里士多德这里是知识和直观理性的总和，是精确的、对最高本原的把握，是他在形而上学和物理学以及数学中所追求的。追求智慧的人，比如泰勒斯和阿那克萨戈拉这样的人，并不关心人类的事务，也不关心切身利益，他们往往关注那些看似没有实际用处的抽象的东西。而明智或实践智慧（φρόνησίς）是伦理学和政治学中所强调的，就是关心人类善的人所拥有的一种理智德性，这种德性会关注在具体情境下什么东西对人类是最好的。明智与伦理德性有关，是需要有思虑、有选择的，还与最具体的类似感觉的直觉相关，是既有正确的欲求和好的考虑，还需要有好的理解和体谅。总之，只有明智的人才能使达到目的的手段正确。亚里士多德认为伯里克利是前者的代表。如果没有柏拉图在《理想国》中无意识的区分和论述，我们很难想象亚里士多德会在他的著作中如此区分。

5. 四元素学说

元素和本原理论，是自前苏格拉底自然哲学家依赖哲学家的追求，有人提出水，有人提出气，有人提出火，还有人提出火、气、水、土（如恩培多克勒），到柏拉图这里，在《蒂迈欧》也肯定了火、气、水、土是可见世界的元素和本原。在他看来，既然我们的世界是可感和可见的，那么一定有颗粒最大的土，和最明亮的火。但仅仅两种元素是不能构成立体事物的，因此一定有处于中间部分的水和气。在他看来，四种元素中，土是由等边直角三角形构成的，而其他三种是由等边直角三角形和不等边直角三角形构成的，因此后三者之间可以相互转化。其中火是最尖锐的，是正四面体，气是正八面体，水是正二十面体，而土是最稳定的有惰性的，是立方体。比如骨头、肉等物质就是由四元素构成的。

亚里士多德肯定了柏拉图的四元素，却不满意四元素有形状的说法，他强调：

> 从上所述可见，元素的区别不是由于形状。物体最重要的差异是特性、功能和能力方面的（因为我们说，每个自然物体都有功能、特性和能力）。(《论天》[①] Γ8，307b20-24)

在他看来，火、气、水、土只是性质不同，即冷-热和干-湿，也就是说，火、气、水、土可以相互作用，因为热是结合同类事物的，冷把同类和异类的事物都汇集起来，湿易于变换形状但不靠自己的界限来确定，干靠自己的界限来确定却不易变换形状。其他轻重、软硬、韧脆、光滑粗糙、粗大和细薄等性质最终也可以说成是冷、热、干、湿。这些性质依附于四种元素，因此火是热而干的，气是热而湿的，水是冷而湿的，土是冷而干的，进一步来说，土更干，水更冷，气更湿，火更热。而生成则是元素之间循环式的相互转化。

对四元素的讨论虽然始于恩培多克勒，但柏拉图和亚里士多德对四元素的讨论是最详细、最深入的。亚里士多德的四元素学说就是在详细讨论柏拉图四元素的基础上得以批判性地发展的。

---

① 参见苗力田主编:《亚里士多德全集》（第二卷），中国人民出版社，1991 年。

他们都肯定了四元素是构成可感世界的最初元素及本原，认为骨头、肉等物质就是由四元素构成的。在亚里士多德看来，骨头、肉被称为“同质体”，这是他多层次质料中的一层质料概念。就四元素理论而言，他们二人有着极为深刻的渊源。

总之，亚里士多德哲学中的很多概念直接来自柏拉图哲学，其理论在很大程度上也是在柏拉图哲学基础上发展起来的。正因为柏拉图创立了哲学史上第一个最大的知识体系，亚里士多德才能在此基础上进行学科的分类，明确地区分逻辑学、形而上学、政治学、伦理学、诗学、修辞学、物理学、动物学、植物学等，成为这些学科的正式开创者。当我们读亚里士多德的《形而上学》《尼各马可伦理学》《政治学》《诗学》等著作时，无一不回溯到柏拉图的《理想国》甚至《法篇》，甚至可强烈地意识到他们所讨论的主题的相近和思想的相似性。因此，亚里士多德哲学思想的主题就是在柏拉图哲学思想基础上发展起来的，是花和果的关系。

当然，亚里士多德在学园学习近二十年，老师对他的影响极其深远，虽然后人出于研究的需要，倾向于区别二人，但在亚里士多德的所有哲学理论中，几乎都可以看到柏拉图哲学思想的影子，甚至可以想象，柏拉图的著作就是他在写作过程中直接与亚里士多德进行对话的文本，亚里士多德也是在对柏拉图哲学的深入思考和批判过程中，发展出了自己的哲学思想——他们共享同样的哲学概念，回答同样的哲学问题，对存在、伦理、政治等问题都投入了巨大的精力，为我们留下了风格迥异却在主题上具有家族相似性的哲学巨著，形成了古希腊哲学的两座高峰。

（二）对普罗提诺哲学的影响

新柏拉图主义，是18世纪德国哲学史家对罗马时期以普罗提诺为代表的柏拉图主义者的称呼。他们自认为继承了真正的柏拉图思想，是其思想真正的阐释者。新柏拉图主义的代表人物普罗提诺被人评价为“晚期希腊思想史中唯一能达到柏拉图和亚里士多德水准的哲学家”[①]，“亚里士多德与奥古斯丁之间700年中最伟大的哲学家”[②]。

柏拉图哲学与普罗提诺哲学的关系首先体现在两者存在结构上的相关性。在对柏拉图的未成文学说进行介绍时，我们曾提到，柏拉图的存在结构不是理念和可感事物二分，也不是《理想国》“四线段说”所介绍的影像、可感事物、数、理念这样的四分结构。上文谈到过柏拉图所论证的存在结构：本原（即一与大和小，而一也即善）、数、理念、数学对象、感性事物，是一个等级结构，而我们所熟悉的普罗提诺的存在等级是：

一

努斯/直观理性

灵魂

人与宇宙

质料

可见，在对理念世界和现象世界的划分上，他们基本保持一致，当然也有发展和变化。在这一存在等级中，“一”是普罗提

① 转引自汪子嵩等：《希腊哲学史》（第4卷下），人民出版社，2010年，第1131页。

② 同上。

诺哲学体系的核心，而它既创造万物又超越万物，是至善，也是万物的原因、目标、第一原则和统一性。其有三个层次：太一、努斯、宇宙灵魂。它自足，并具有创造性，甚至我们无法用语言来描述。

通过对比可知，“一”和至善同一的说法，显然直接来自柏拉图的本原学说，而且普罗提诺进一步发展了柏拉图所强调的超越性的、精神性的一面，贬低了身体和质料的一面。关于“一”的思想既丰富又复杂，鉴于篇幅和主题的关系，此处不再累述。

柏拉图在《蒂迈欧》(27D-31E) 中曾经提出一种创世学说，认为造物主以最完美的善为本原，以永恒的理念为原型，首先按照自己的意愿创造了灵魂，并利用水、火、土、气四种元素，创造出和谐且永恒运动的宇宙，首先形成的是天体，然后是时间，地上的生物中人先出现，然后是其他生物，灵魂充满了整个宇宙。受柏拉图创世说的影响，普罗提诺认为万物从充盈的“一”“努斯”和“宇宙灵魂”流溢出来，其中“努斯”也从“一”流出，这是第一次流溢；“灵魂”从“努斯”流溢，这是第二次流溢，然后继续流溢，首先是溢出质料、潜能和不定的二，它们还没有形式；其次它们观照灵魂，得到后者的安排，于是得到了各种形式，最终灵魂流溢创造出有形世界。如果说前两次流溢出现在永恒自足的世界，那么后面的流溢则出现在变化的世界，流溢出来的事物均受创造者的安排：

> 灵魂创造了万物，赋予它们生命，它创造了陆生的、海生的生物，以及天空神圣的星辰；它创造了太阳，以

及这个宏大的天宇。(《九章集》5.1.2)[①]

普罗提诺被人们称为最后一个希腊哲学家，他对于柏拉图哲学的解释在历史上一直被认为是正统，是解释柏拉图哲学的一个范式，并没有开创一个新的学派，因此就像德国图宾根学派所揭示的，新柏拉图主义哲学在精神气质和内容上都与柏拉图哲学具有很强的一致性。柏拉图哲学强调理性，强调顿悟，据说普罗提诺平生有过两次顿悟，他在很多方面都继承了柏拉图哲学。

四、启示

（一）诗性哲人

柏拉图是西方哲学史上最为人所津津乐道的天才哲学家和诗人。他雄辩超群，思想深刻，激情澎湃。他以优美的笔调塑造了永恒的哲人苏格拉底，为世人留下了诸多美好而生动的对话，提出了影响后世两千多年的哲学话题。这些对话亦可作为戏剧、诗歌来阅读。正如古书记载，在遇到柏拉图的前一天，苏格拉底梦到有一只美丽的天鹅落在他的膝上，第二天柏拉图就来见他了。在西方哲学史上，柏拉图和他的著作以及思想的命运也如脱俗高傲的天鹅一般，一直完整地保留下来并被无数的人所仰慕和推崇，他对于至善的追求也成为2000年来无数人的共同理想。一些现代哲学家认为，所有西方哲学都是对柏拉图哲学的注脚，还有人喜

① ［古罗马］普罗提诺：《九章集》（下册），石敏敏译，中国社会科学出版社，2018年。

欢把热爱哲学的人分成两类：一类是与柏拉图一样的，精神生活的追求者，一类是具有亚里士多德气质的，重视经验与实在之人。柏拉图既拓展了苏格拉底的思想，更为弟子亚里士多德系统论证知识奠定了深厚的基础，使后者最终能够分门别类地进行学科分类，师徒三人共同成为西方哲学思想史中，理性主义思想的奠基人。他的思想，通过新柏拉图主义直接影响了基督教思想，近代的唯理论也继承了柏拉图的思想方法，二元对立的思想更是决定性地规划了西方哲学的方向。

柏拉图的对话录，均得以完整保存，这不仅是外在历史的垂青，也与他令人喜爱的文风有关。他的所有对话都是思想与文采并举，我们不由会想到，在发表以后一定为很多人所热爱，因此抄本众多，以致在长期的历史动荡之中都能保存至今。因此，他的读者，绝不限于热爱哲学的人，那些热爱文学、热爱戏剧、热爱修辞、热爱历史的人恐怕也会去读他的著作。他哲学与文学兼修，成为后世学者的优秀楷模。当然，并非哲学史上所有伟大著作都如他的著作一般，他的学生亚里士多德留下的著作，就是其本人未来得及整理的讲稿。这样的著作会存在主题不集中、观点相互矛盾等问题，给后人的研究造成了很大的困难。许多哲学系喜欢把柏拉图的对话作为哲学导论的文本，就是因为这些文本的可读性强，可以吸引读者去深入讨论哲学问题。

（二）为求真理不惜挑战权威的勇气

后人一直把一句名言归于亚里士多德："吾爱吾师，吾更爱真理"。其实这是后世对亚里士多德的赞美。其来源于亚里士多德的《尼各马可伦理学》A6，1096a11-17，上文已经引述，在此不多赘言。的确，亚里士多德在对老师的理念论、善的理论、数论等诸多理论均有批评（也是在此基础上发展了自己的哲学）。他捍卫真理的精神值得我们学习，不过，许多人似乎忽略了柏拉图也是热爱真理超过一切的哲学家，他的确热爱自己的老师苏格拉底，但对老师的思想不是一味的继承，而是对其进行了批评性的继承。而能反映他“吾爱吾师，吾更爱真理”这一精神的，莫过于他对伟大诗人荷马的批评。柏拉图在《理想国》中，对荷马史诗的批评极其尖锐，《理想国》第十卷595B-C有一段话更明确地表达了他的看法：“有一种从儿童时期就具有的对于荷马的热爱和敬畏阻碍着不使我讲，因为，他曾是所有这些迷人的悲剧作家们的第一位教师和领路人。但是，因为如论如何不能尊敬一个人超过于尊敬真理，因此，如我所说，还是应该把话讲出来。”[①]我们对比一下这两段话，本质无二。这也是伟大哲人共有的特点，他们都批判地接受前人观点，从而创造了具有自己特色的哲学理论。

柏拉图在《理想国》中逐句逐行地罗列了荷马对神和英雄的描写，指出不能把恶的一面夸张地表达出来，因为荷马史诗一直以来是古希腊人的启蒙读物，如果肆意描述神灵的恶，会给幼童造成不好的印象，达不到教育合格公民的要求。因此，他坚定地认为，神必须是全善的，是形态单一的，这也为后世基督教思想提供了直接的理论源泉。亚里士多德也没有盲从老师，柏拉图死后，学园派的弟子只是为维护老师的学说而不展开批评，而亚里

① ［古希腊］柏拉图：《理想国》，顾寿观译，吴天岳校注，岳麓书社，2010年。

士多德在柏拉图生前就离开了学园，笔者猜测，这也许与他对老师的理念论和数论观点不同有关。亚里士多德批判地看待理念论，引进质料概念，克服了理念论的分离，把理念更深刻地纳入自己的形而上学体系之中，最终为本体论和知识论都奠定了坚实的基础，也成为柏拉图理念论发展的最正统的一派。反观之，斯彪西波等人的学说则沦为支流，逐渐湮没无闻。

因此，柏拉图最深刻地理解了苏格拉底追求普遍定义的哲学意义，亚里士多德同样深刻地理解了柏拉图理念论所承担的使命，并以自己的方式进行了维护和发展。学生的批评精神，难道不是受到老师的影响吗？这种批评精神也是一切伟大人物共有的特性。

五、术语解读与语篇精粹

（一）理念（Form）

1. 术语解读

理念是柏拉图哲学的核心概念，指我们认识的对象，相比较现实世界的可感事物，理念是永恒存在的，而且是一种最为完美的存在，柏拉图经常提到的理念有善、正义、智慧、节制、勇敢、美，还有床、大小、相等……在与可感事物的关系上，理念具有支配地位，因为它是作为一种范型的存在，可感事物是分有或模仿理念而具有存在性，但永远也没有理念纯粹。理念事物那样分离地存在，但是它同时是一种类概念，因此既是个别的又是普遍的。后来的亚里士多德批评理念与个别事物分离，认为普遍不能脱离个别而存在，但他自己实际在很大程度上继承了这个概念并有所发展。

2. 语篇精粹

语篇精粹 A

Echecrates: And so do we who were not present but hear of it now. What was said after that?

Phaedo: As I recall it, when the above had been accepted, and it was agreed that each of the Forms existed, and that other things acquired their name by having a share in them, he followed this up by asking: If you say these things are so, when you then say that Simmias is taller than Socrates but shorter than Phaedo, do you not mean that there is in Simmias both tallness and shortness? — I do.

But, he said, do you agree that the words of the statement "Simmias is taller than Socrates" do not express the truth of the matter? It is not, surely, the nature of Simmias to be taller than Socrates because he is Simmias but because of the tallness he happens to have? Nor is he taller than Socrates because Socrates is Socrates, but because Socrates has smallness compared with the tallness of the other? — True.

Nor is he shorter than Phaedo because Phaedo is Phaedo, but because Phaedo has tallness compared with the shortness of Simmias? — That is so. ①

① Plato, *Five Dialogues · Phaedo*, 102A–C, Hackett Publishing Company, Inc., 2002.

参考译文 A

艾克格拉底：因此我们这些不在场现在却道听途说的人啊。此后他们说了什么？

斐多：据我回忆，上述之事已被接受之时，人们都同意每一种理念的存在，而其他事物通过分有这些理念而获得它们的名，他接下来问道：如果你说这些事物应当如此，当你说西米亚斯比苏格拉底高，但是比斐多矮，那么你是指在西米亚斯兼具“高”和“矮”吗？——我是这样认为的。

但是他说，如果说“西米亚斯比苏格拉底高”这句话没有表达出事物的真相，你是否同意呢？西米亚斯比苏格拉底高并非真的因为他是西米亚斯，而是因为他碰巧拥有了“高”？他比苏格拉底高也不是因为苏格拉底是苏格拉底，而是因为和另一个人的“高”相比，苏格拉底拥有“矮小”，对吗？——没错。

他比斐多矮不是因为斐多是斐多，而是因为和西米亚斯的“矮”相比，斐多拥有“高”，对吗？——是这样的。

语篇精粹 B

Look now. What I want to make clear is this：Not only do those opposites not admit each other，but this is also true of those things which，while not being opposite to each other yet always contain the opposites，and it seems that these do not admit that Form which is opposite to that which is in them；when it approaches them，they either perish or give way. Shall we not say that three will perish or undergo anything before，while remaining three，becoming even？ — Certainly，said Cebes. ①

① Plato，*Five Dialogues* · *Phaedo*，104B–D，Hackett Publishing Company，Inc.，2002.

参考译文 B

现在看啊。我想表明的是：不仅是这些相反的事物彼此不相容，那些彼此不相反的事物却包含相反的因素，而且好像这些事物也不包含与内在属性相反的理念；当理念接近这些事物，这些事物要么消散要么瓦解。我们是否应该说，这三种情况在保持其属性、形成平衡之前，将会消散或瓦解呢？——当然了，克贝说。

语篇精粹 C

But now tell me this: Do you think, as you say, that there are some forms from which these other things that come to take part in them take their names—as, for example, things that take part in likeness become like, and in largeness large, and in beauty and justice beautiful and just?

—Indeed, said Socrates.

—Now, each thing that comes to take part comes to take part either in the whole form or in part? Or could there be another way of coming to take part, apart from these?

—How could there be? said he.

—Does it seem to you, then, that the form, being one, is as a whole in each of the many, or what?

—What prevents it, Parmenides? asked Socrates.

—For despite being one and the same it will be a whole simultaneously in things that are many and apart, and thus would be apart from itself. ①

---

① SamuelScolnicov, *Plato's Parmenides*, 130E-131B, University of California Press, 2003.

参考译文 C

可是现在请告诉我这个：正如你所说的，你是否认为存在着一些理念，其他事物分有着它们的属性和名称？——例如，含相似性的事物是相似的，含大的事物是大的，而含美和正义的事情则是美和正义的？

——其实，是这样的，苏格拉底说。

——那么，每件含有其属性的事物要么含有全部理念，要么含有部分理念对吗？或是除了这些方式以外，还有其他存有的形式呢？

——怎么会有呢？他说。

——那么，是不是这样，作为“一”的理念，作为一个整体存在于每一事物中，对吗？

——难道不是吗？巴门尼德？苏格拉底问道。

——因为，尽管作为唯一和相同的存在，它将会作为一个整体，同时存在于很多分有的事物中，那么这将与其自身产生分有。

（二）灵魂三分（Three Parts of Soul）

1. 术语解读

这是柏拉图对人类灵魂的划分，最明确的文本在《理想国》第四卷。柏拉图认为人类的灵魂不是一个统一体，而是由爱学习的理性、爱发怒的激情和各种欲望构成的，欲望最复杂，既有合理的也有不合理的，甚至还有非法的欲望，柏拉图认为正义的人就是理性与激情结盟达到对欲望的控制和引导，反之如僭主就是非法的欲望占据统治地位。柏拉图用灵魂类比城邦，进而用三分的灵魂类比城邦中的不同阶级，理性、激情和欲望相应地类比于统治者、辅助者和劳动者。

2. 语篇精粹

语篇精粹 A

Socrates：Now，we would say，wouldn't we，that some people are thirsty sometimes，yet unwilling to drink?

Glaucon：Many people often are.

Socrates：What，then，should one say about them? Isn't it that there is an element in their soul urging them to drink，and also one stopping them—something different that masters the one doing the urging?

Glaucon：I certainly think so.

Socrates：Doesn't the element doing the stopping in such cases arise—when it does arise—from rational calculation，while the things that drive and drag are present because of feelings and diseases?

Glaucon：Apparently so.

Socrates：It would not be unreasonable for us to claim，then，that there are two elements，different from one another；and to call the element in the soul with which it calculates，the rationally calculating element；and the one with which it feels passion，hungers，thirsts，and is stirred by other appetites，the irrational and appetitive element，friend to certain ways of being filled and certain pleasures.

Glaucon：No，it would not. Indeed，it would be a very natural thing for us to do.

Socrates：Let's assume，then，that we have distinguished these two kinds of elements in the soul. Now，is the spirited element—the one with which we feel anger—a third kind of thing，or is it the same in nature as one of these others?

Glaucon：As the appetitive element，perhaps. ①

参考译文 A

苏格拉底：那么，我们是不是可以说，有时一些人感到口渴，但却不愿意去饮水。

格劳孔：人们常这样！

苏格拉底：那么人们会如何评判他们呢？他们的灵魂里岂不是有一种让他们饮水的元素，和另一个阻止他们饮水的元素，并且阻止的那个元素比让他们饮的那个元素力量更大对吗？

格劳孔：当然我也这样认为！

苏格拉底：而且，这种行为的阻止者，要是出来阻止的话，是出于理智的考虑，而驱动因素则是情感与疾病，对吗？

格劳孔：显然是这样的！

苏格拉底：那么我们这样假定也不无道理，有两种元素，它们各不相同！一个是用心灵来推理的，可以称之为理性（理性地推理的元素）。另一个是用来感觉到激情、饥饿、口渴的，并是由其他欲求所引发的，可称之为欲望（非理性的欲求的元素），也是与多种满足和快乐相伴的！

格劳孔：没错，不无道理。实际上，我们这样做是非常自然的。

---

① Plato，*Republic*，439C-439E，Hackett Publishing Company，Inc.，2004.

苏格拉底：那么让我们假设，在人的灵魂里的确存在着这两种不同的元素！可是，这里还有激情（情绪的元素）——我们藉以发怒的元素——它是另一种东西呢？还是在本质上和两者之一相同呢？

格劳孔：或许同欲望一样吧！

语篇精粹 B

Socrates: And don't we often notice on other occasions that when appetite forces someone contrary to his rational calculation, he reproaches himself and feels anger at the thing in him that is doing the forcing; and just as if there were two warring factions, such a person's spirit becomes the ally of his reason? But spirit partnering the appetites to do what reason has decided should not be done—I do not imagine you would say that you had ever seen that, either in yourself or in anyone else.

Glaucon: No, by Zeus, I would not.

Socrates: And what about when a person thinks he is doing some injustice? Isn't it true that the nobler he is, the less capable he is of feeling angry if he suffers hunger, cold, or the like at the hands of someone whom he believes to be inflicting this on him justly; and won't his spirit, as I say, refuse to be aroused?

Glaucon: It is true. ①

参考译文 B

苏格拉底：我们是不是还在其它场合注意到，当欲望在迫使

① Plato, *Republic*, 440B-C, Hackett Publishing Company, Inc., 2004.

一个人超出理智，他会骂自己，并对自己体内的这股力量感到气愤；这就像战争摩擦中的双方，这时，他的激情成为理智的盟友了吗？但是激情与欲望联合去做理智不应该做的决定，我认为你大概不会承认曾在你自己身上看到这种情况，也不曾在任何其他人身上看到。

格劳孔：是真的没有！

苏：再说，如果有一个人认为自己有失公正，那么是否这个人越高贵，他对自己所受到的饥饿、寒冷或任何其他别人理当加给他的苦痛，那他就越不太可能感到愤怒；那么他的激情就拒绝被唤起，对吗？

格：对的。

语篇精粹 C

Socrates：And these two elements，having been trained in this way and having truly learned their own jobs and been educated，will be put in charge of the appetitive element—the largest one in each person's soul and，by nature，the most insatiable for money. They will watch over it to see that it does not get so filled with the so-called pleasures of the body that it becomes big and strong，and no longer does its own job but attempts to enslave and rule over the classes it is not fitted to rule，thereby overturning the whole life of anyone in whom it occurs.

Glaucon：Yes，indeed.

Socrates：And wouldn't these two elements also do the finest job of guarding the whole soul and body against external enemies—the one by deliberating, the other by fighting, following the ruler, and using its courage to carry out the things on which the former had decided?

Glaucon: Yes, they would. [①]

参考译文 C

苏格拉底：当这两者（理智和激情）已经得到这样的训练，并真正尽到自己本份且受到教育，它们就会去主导欲望——欲望占每个人灵魂的最大部分，本性对钱财的贪恋无止境。理智和激情就会监管着欲望，免得它会因为充满所谓的肉体快乐而变大变强，不再恪守本份，企图去奴役支配那些它所不应当支配的部分，从而毁掉了人的整个生命。

格劳孔：是的，完全正确。

苏：那么，这两者联合起来最好地保卫着整个灵魂和身体使它们免遭外敌的侵犯——一个出谋划策，另一个在它的领导下为完成它的意图而奋勇作战，是这样吗？

格劳孔：是这样的。

（三）通种论（The Theory of Universal Kinds）

1. 术语解读

通种论是柏拉图在《智者》中提出的一个理论，也就是理念之间的关系。在他看来，理念之间并不是没有关系的，比如存在/是、非存在/不是、同、异、动、静这六个不同的理念之间，就有不同的关系。比如，存在/是、非存在/不是、同、异可以互相结

① Plato, *Republic*, 442A-B, Indianapolis, Hackett Publishing Company, Inc., 2004.

合，它们与动、静也可以互相结合，但后两者是不能互相分有的。尤其是通过对存在/是、非存在/不是的分析，指出二者可以互相结合，也就是说有的事物既存在又不存在，或者既是又不是，给可感事物和意见的解释留下了空间，也克服了巴门尼德的僵化。

2. 语篇精粹

语篇精粹 A

Stranger：And whoever is able to do this，perceives adequately one look（idea）stretched in every way through many，though each one is situated apart，and many（looks）other than one another comprehended on the outside by one（look），and one（look），in turn，bound together into one through many wholes，and many（looks）set apart and distinct in every way–and this is to know how to discern according to genus，in which way the（genera）are severally capable of sharing and in which not.[①]

参考译文 A

客人：能这样做的人，会清楚地觉察到，在每一事物分别存在的地方，有一种通过多种事物，向四处延伸；各不相同的多种理念被一种外在的理念所包含；还有，一种理念通过许多整体而使之连成一体；而多种理念则完全是分立的。这就意味着知道如何区分种类，知道若干种类以何种方式能够结合，或不能结合。

---

① SethBenardete，*The Being of the Beautiful*：*Plato's Theaetetus*，*Sophist*，*and Statesman*，The University of Chicago Press，1984，p. 49.

语篇精粹 B

Stranger: Since, then, it has been agreed upon by us that some of the genera are willing to share in one another, and some not, and the range of some is slight and of some extensive, and there's nothing to prevent some from having a share through everything in everything. let's follow up on the speech with the next point, and examine in the following way—not all the species, in order that we may not be confused among many, but let's choose some of the biggest spoken of—first what sort they severally are, next how they are in terms of their capacity of sharing in one another, in order that both that which is and is not, if we're incapable of seizing them with complete clarity, still we may not at least fall short of a speech about them, to the extent that the way of the present examination allows it, which is whether, after all, "that which is not" gives way at some point and allows us, in saying that it is in its being "that which is not", to get off scott-free. ①

参考译文 B

客人：那么，既然我们同意，某些种能够相互结合，某些种则不能，有些种能结合的范围很小，有些则很大，而有些种可与一切结合，势发不可抵挡。接着，让我们讨论下一个观点，并按下面这种方式进行论证——我们不讨论众理念，因为担心众理念会引起混乱，而是选出某些公认的非常重要的种类——首先考虑它们的若干性质，然后考虑它们相互结合的能力。这样一来，尽

① SethBenardete, *The Being of the Beautiful: Plato's Theaetetus, Sophist, and Statesman*, *Sophist*, 254B-D, The University of Chicago Press, 1984, pp. 49-50.

管我们不能够彻底弄清存在和非存在，但我们至少可以在当前论证的基础上，为它们提供一个不乏满意的解释，看看是否有任何机会允许我们肯定非存在真的是非存在，而这样做时又不会受到惩罚。

语篇精粹 C

Stranger: But whatever have we meant by "the same" and "the other" with this present remark? Are they themselves a kind of pair of two genera, different from the three, but always of necessity joining with them in a mixture, and on the grounds that our examination is about their being five and not three, we have to consider them? Or are we addressing them without being aware of it, both this "the same" and "the other" as some one of them?

Theaetetus: Perhaps.

Stranger: Well, motion and rest at least are neither other nor the same.

Theaetetus: How's that?

Stranger: Whatever kind of address we make to motion and rest in common, neither of the pair can be this.

Theaetetus: Why exactly?

Stranger: Motion will rest and rest in turn will move, for in the case of both, whichever one of the pair becomes the other, it will compel the other in turn to change into the contrary of its own nature, inasmuch as now it does participate in its contrary.

Theaetetus: Utterly.

Stranger: Yet both of the pair participate in the same and the other.

Theaetetus: Yes.

Stranger: Let's not say, then, that motion is the same or the other, and let's not say it of rest either.

Theaetetus: Let's not.

Stranger: Well, then, must we think of "that which is" and "the same" as some one?

Theaetetus: Perhaps.

Stranger: But if the pair "that which is" and "the same" indicates nothing different, then in saying in turn once more that motion and rest both are, we shall in this way address both as being the same.

Theaetetus: But that's impossible.

Stranger: Then it's impossible, after all, for the same and "that which is" to be one.

Theaetetus: Pretty nearly.

Stranger: Are we then to set down "the same" as fourth in addition to the three species?

Theaetetus: Yes, of course.

Stranger: And what of this? Must we say "the other" (is) fifth? Or must we think of this and "that which is" as some two names for one genus?

Theaetetus: Perhaps. [1]

---

① SethBenardete, *The Being of the Beautiful: Plato's Theaetetus, Sophist, and Statesman, Sophist*, 254E-255C, The University of Chicago Press, 1984, II. 50-51.

参考译文 C

客人：但是我们目前所说的“同”或“异”究竟为何物呢？它们本身是一对种吗？不同于第三方，却总需要与之混合，且在我们论证的基础上，我们需要考虑他们的五种存在的理念，而非三种吗？还是说，我们予以他们称谓，却不了解这种“同”和“异”都在他们之中？

泰阿泰德：也许吧。

客人：好，运动和静止至少既不相异也不相同。

泰阿泰德：为什么呢？

客人：我们如何共同称呼运动和静止呢，他们都不是一对种。

泰阿泰德：到底为什么呢？

客人：运动会静止，而静止反之也会运动，这两种情况下，无论哪一方成为另一方，这一方都会迫使另一方变为与其自身性质相反的一方，正如自己也变为相反的一方一样。

泰阿泰德：完全正确。

客人：然而二者既是相同的也是相异的。

泰阿泰德：是的。

客人：所以我们不能说运动是相同或相异的，也不能说静止是相同或相异的。

泰阿泰德：不能这样说。

客人：然而我们会认为存在和相同是一样的吗？

泰阿泰德：可能。

客人：但若“存在”和“同”在意思上没有差别，那么当我们再次说运动和静止都“存在”的时候，我们也得说它们是“相同”的。

泰阿泰德：但这是不可能的。

客人：那么相同和存在不可能成为一回事了。

泰阿泰德：几乎不可能

客人：那么除了原有的三种理念以外，我们可否把相同确定为第四种理念？

泰阿泰德：当然可以。

客人：我们把相异称作第五个理念吗？或者说，我们得把相异和存在当作同一个种的两个名字？

泰阿泰德：也许吧。

（四）哲学家王（Rulers of Philosopher）

1. 术语解读

哲学家王是柏拉图在《理想国》中提出来的一个重要的政治哲学概念。在他看来，理性的城邦是只有在哲学家当王或王学习哲学的情况之下才有可能变为现实，因为只有哲学家才能观照到理念，知道什么是真正的善、美和正义，才有可能按照这些模型去建造现实的城邦。而且因为哲学家们既无个人财产，也无个人家庭，不爱钱财，只爱哲学沉思和城邦，因此也最大限度地杜绝了腐败。但柏拉图后来在《法篇》中放弃了这种思想，亚里士多德也批评如果完全剥夺家庭和个人财产，人也不会热爱城邦。

2. 语篇精粹

语篇精粹 A

Socrates: Until philosophers rule as kings in their cities, or those who are nowadays called kings and leading men become genuine and adequate philosophers so that political power and philosophy become thoroughly blended together, while the numerous natures that now pursue either one exclusively are forcibly prevented from doing so, cities will have no rest from evils, my dear Glaucon, nor, I think, will the human race. And until that happens, the same constitution we have now described in our discussion will never be born to the extent that it can, or see the light of the sun. It is this claim that has made me hesitate to speak for so long. I saw how very unbelievable it would sound, since it is difficult to accept that there can be no happiness, either public or private, in any other city.①

参考译文 A

苏格拉底：除非哲学家成为我们这些城邦的国王，或者我们如今称之为国王和统治者的那些人能认真地追求智慧，让政治权力与哲学思考合而为一。那些顾此失彼的平庸之辈，必须排除在外。不然的话，我亲爱的格劳孔，我认为城邦甚至全人类都将永无宁日。此前，我们讨论时所描述的那种法律体制，永远也无法彻底实现，永远只能如阳光一样虚无。这就是我长久以来一直犹豫而不肯说出来的缘故。因为我知道，这听起来很不可信，于公

① Plato, *Republic*, 473D-E, Hackett Publishing Company, Inc., 2004.

于私，在任何城邦，人们都难以接受幸福并不存在这一事实。

语篇精粹 B

Socrates: It was for these reasons, and because we foresaw these difficulties, that we were afraid. All the same, we were compelled by the truth to say that no city, no constitution, and no individual man will ever become perfect until some chance event compels those few philosophers who are not vicious (the ones who are now called useless) to take care of a city, whether they are willing to or not, and compels the city to obey them—or until a true passion for true philosophy flows by some divine inspiration into the sons of the men now wielding dynastic power or sovereignty, or into the men themselves. Now, it cannot be reasonably maintained, in my view, that either or both of these things is impossible. But if they were, we would be justly ridiculed for indulging in wishful thinking. Isn't that so?[①]

参考译文 B

苏格拉底：正是基于这些原因，且因为我们预见到这些困难，我们才感到害怕。不论如何，迫于真理，我们不得不宣称，只有碰巧迫使当前那些极少数的还不坏（但现在被称为无用）的哲学家出来主管城邦，无论他们自愿与否，并迫使城邦里的人们服从他们，或只有在正当权的那些人的儿子，或当权者本人受到神的感召真正爱上了真哲学时，只有这时，无论城邦、国家还是个人才能完美。我觉得没有理由一定说，这两种，或其中任何一种前提是不可能的。假如真的不可能，那么我们理应受到讥笑，因为

---

① Plato, *Republic*, 499B-C, Hackett Publishing Company, Inc., 2004.

我们沉迷于空想。不是吗？

语篇精粹 C

No one is born a ruler. Statesmanship is a skill that must be learned, by which Plato means a certain kind of natural temperament can be trained to function at its rational best. The children who eventually become the rare philosopher-rulers are relentlessly tested in their resistance to pleasure and pain or other misfortunes. They are tested with regard to readiness to learn and remember, to determine their enterprise and breadth of vision as well as their steadiness, trustworthiness, reliability and their ability to be unmoved by fear of war. Their characters or natures are rare occurrences. Then they will work as hard at intellectual training as at physical training. Eventually, through an increasingly abstract education in various kinds of mathematical studies, they will come to understand that the highest form of knowledge is knowledge of the essential nature of goodness, the Form of Good, from which things that are just and beautiful, etc. derive their usefulness and value. The usefulness and value is to the human self. ①

参考译文 C

没有人生来是统治者。成为政治家是需要学习的一门技巧，在柏拉图看来，那是一种自然的气质，可以通过训练来发挥作用，达到理性的极致。最终成为罕见的哲学王的孩子们是经历过对快乐与痛苦或其他的不幸的残酷无情的考验的。考验他们是否准备

① Janet Coleman, *A History of Political Thought*: *From Ancient Greece to Early Christianity*, Blackwell Publishers Inc., 2000, p. 106.

好去学习、去记忆，去决定他们的进取心和视野的宽度，以及他们的韧性、可信度、可依赖程度，以及他们面临战争不畏惧的能力。他们的性格或本性不是偶然形成的。他们愿意努力进行智力上和身体上的训练。最终，通过不断的各种数学学习那种抽象的教育，他们将领悟到知识的最高形式是善的本质的知识，即“善的理念”，各种事物从善中才可以体现出公正与美……并获取它们的实用与价值。这种实用与价值是对人类本身而言的。

（五）分有（Participate）

1. 术语解读

分有是柏拉图解释理念和个别事物之间的关系而采用的一个术语。柏拉图认为现实的可感事物都是既存在又不存在的，理念才是最真实的存在，甚至可感事物都是因为分有了理念才有了自己的存在，因此分有是沟通理念世界和现实世界的手段。个别事物比理念不是少了，而是多了。比如美的理念就是美本身，而美人可能还分有一点丑，当然还可以分有人本身。

2. 语篇精粹

语篇精粹 A

Socrates：What about someone who believes in beautiful things but does not believe in the beautiful itself，and would not be able to follow anyone who tried to lead him to the knowledge of it? Do you think he is living in a dream，or is he awake? Just consider. Isn't it dreaming to think—whether asleep or awake—that a likeness is not a likeness, but rather the thing itself that it is like?

Glaucon: I certainly think that someone who does that is dreaming.

Socrates: But what about someone who, to take the opposite case, does believe in the beautiful itself, is able to observe both it and the things that participate in it, and does not think that the participants are it, or that it is the participants—do you think he is living in a dream or is awake?

Glaucon: He is very much awake. ①

参考译文 A

苏格拉底：那么一个人相信有许多美的事物，但不相信美本身，别人引导他去认识美本身，他还不能够理解，你认为这种人是活在梦中，还是清醒的呢？请试想，不论一个人是睡着还是醒着，他认为相似的事物不是相似的事物，而是相似的事物本身，那么他岂不是相当于在梦中吗？

格劳孔：我当然认为这样的人是在做梦。

苏格拉底：那么相反的一种人呢？这种人认识美本身，既可以观察到美本身，也可以观察到包括美本身在内的许多事物，又不认为分有之物就是美本身——依你看来，他是清醒的呢，还是活在梦里呢？

格劳孔：他是完全清醒的。

语篇精粹 B

What he sees is, in the first place, eternal; it does not come

① Plato, *Republic*, 476C-D, Hackett Publishing Company, Inc., 2004.

into being or perish, nor does it grow or waste away. Secondly, it is not beautiful in one respect and ugly in another, or beautiful at one time and not at another, or beautiful by one standard and ugly by another, or beautiful in one place and ugly in another because it is beautiful to some people but ugly to others. Nor, again, will the beautiful appear to him as a face is beautiful or hands or any other part of the body, nor like a discourse or a branch of knowledge or anything that exists in some other thing, whether in a living creature or in the earth or the sky or anything else. It exists on its own, single in substance and everlasting. All other beautiful things partake of it, but in such a way that when they come into being or die the beautiful itself does not become greater or less in any respect, or undergo any change. ①

参考译文 B

在他看来，首先，是永恒性。它既不出现也不消亡，不生成也不消殆。其次，它既不在这方面美也不在另一方面丑，也非在此刻美或在另一刻丑，不以一种标准为美而以另一种标准为丑，不因在某些人看来美但另一些看来丑就在一处为美而在另一处为丑。同时，不会因为一张脸是美的，一双手或身体某个部位是美的，而使他呈现出美，也不会因为是知识的一部分或分支，或存在于不论是存在于活物还是土壤还是天空还是其他的任何事物中。它只自身存在，本质唯一而永恒。其他任何美丽的事物都是它的分有，但是这样一来，当他们存在或消亡时，美本身不会在任何方面增减，亦不会产生任何变化。

---

① Plato, *The Symposium*, 211A-B, Cambridge University Press, 2008.

语篇精粹 C

Ontologically extravagant as this proliferation of Forms may sound, we can make sense of it by observing that, just as all the world's tables are so characterized because they participate in a single Form, that of Table, so too all the world's words for table ("table" "Tisch" "tavolo" etc.) participate in a single Form. There is a single function they all discharge, namely to instruct us about Table by separating its being - telling us what it is. And it is not enough for the name-manufacturers to set about this act of naming by asking themselves what the generic function of a name is; the further pertinent question for them is, what specific kind of being is to be communicated by the name of man, the name of horse, etc.?[①]

参考译文 C

正如各种理念的增殖从本体论的角度听起来很泛滥一样，我们可以通过观察来使其有意义，正如这个世界的桌子被如此形象化，因为分有了一个单一的理念，即“桌子”这一理念，因此这个世界上对于桌子的词则分有了一个单一的理念。这是所有词汇的单一功能，即通过分述桌子的存在来向我们说明桌子——告诉我们它是什么。但是对于一个名称的制造者而言，通过问自己一个名称真正的功能是什么，从而开始命名，还是不够的。对于他们，更加相关的问题是，一个人的名称，一个马的名称等词汇究竟可以传达何种具体的存在呢？

① Hugh H. Benson, *A Companion to Plato*, Blackwell Publishing Ltd., 2007, p. 219.

（六）善（Good）

1. 术语解读

善是柏拉图哲学中的最高术语，是最高的理念，如果说可感的现实世界中最高的存在是太阳的话，那么理念世界里的善就如太阳不仅给了人视力以观看万物，并使万物得以生长一样，善不仅给了人认识理念的能力，也给了理念以存在，善就像太阳一样普照正义、美、勇敢等理念。在柏拉图那里，善是一，是最高的存在。柏拉图改造了希腊哲学中对神的描述，认为神只能是善的，绝不会恶，也为后世基督教哲学中上帝是真、善、美的统一奠定了理论基础。

2. 语篇精粹

语篇精粹 A

"Well", she said, "suppose one changed the question and asked about the good instead of the beautiful: 'Come now, Socrates, what does the lover of good things actually desire?' "

"To possess the good things", I replied.

"And what will he gain if he possesses them?"

"Ah, that is an easier question to answer: he will be happy".

"Yes", she replied. "The happy are happy through the possession of good things, and there is no need to ask further why anyone wishes to be happy. That answer seems to have brought the matter to a conclusion”.[①]

参考译文 A

“是呀”，她说，“假设一个人变换了这个问题，问的是善而非美，‘苏格拉底，喜爱善的事物的人究竟想要什么呢?’”

“要想拥有善的事物”，我回答说，“一个人拥有了善又会得到什么呢?”“啊，这是很容易回答的问题：他会很幸福。”

“是呀，”她回答道，“幸福的人从拥有善的事物中觉得幸福，这就不必再去问为何人人都想幸福啦。这一答案看来已经给出了结论。”

语篇精粹 B

Adeimantus：It certainly is. But do you think that anyone is going to let you off without asking you what you mean by this most important subject, and what it is concerned with?

Socrates：No, I do not. And you may ask it, too. You have certainly heard the answer often, but now either you are not thinking or you intend to make trouble for me again by interrupting. And I suspect it is more the latter. You see, you have often heard it said that the form of the good is the most important thing to learn about, and that it is by their relation to it that just things and the others become useful and beneficial. And now you must be pretty certain that that is what I am going to say, and, in addition, that we have no adequate knowledge of it. And if we do not know it, you know that even the fullest possible knowledge of other things is of no benefit to us, any more than if we

① Plato, *The Symposium*, 204D-205A, Cambridge University Press, 2008.

acquire any possession without the good. Or do you think there is any benefit in possessing everything but the good? Or to know everything without knowing the good, thereby knowing nothing fine or good?

Adeimantus: No, by Zeus, I do not.

Socrates: Furthermore, you also know that the masses believe pleasure to be the good, while the more refined believe it to be knowledge.

Adeimantus: Of course. ①

参考译文 B

阿德曼图斯：的确。但你认为大家会放过你，而不问问你认为这最重要的是什么吗？不问问它是和什么有关系的吗？

苏格拉底：我想大家会问。你们也可以问。你们一定多次听我说过，现在你要么是没有思考，要么便是有意再次找我的麻烦。我倾向于是后一种可能。因你多次听我说过，善的理念是最重要的知识，关于正义等知识只有从“善”中演绎出来才是有用和有益的。现在你一定知道这就是我所要说的，而且你也知道关于善的理念我们知之甚少。如果我们不知，那么别的知识再丰富对我们也无任何益处。正如拥有任何东西而不拥有善，对于我们来说也是一样无益。或当我们拥有一切而不拥有善，那你认为这有什么益处呢？或者通晓一切却不了解善，不是相当于无益也不善吗？

阿德曼图斯：真的。我觉得没有什么好处。

苏格拉底：再说，你也明白众人都认为善是快乐，而更高明的人认为善是知识。

---

① Plato, *Republic*, 504E–505B, Hackett Publishing Company, Inc., 2004.

阿德曼图斯：是的。

语篇精粹 C

Finally, I have presented a picture of the Form of the Good (as the Form of Advantage or Benefit) which is quite different from the moral or quasi-moral picture that has tended to dominate the interpretation of Plato-especially since Prichard's great 1928 paper 'Duty and interest'. I applaud Prichard for forcing interpreters to confront the possibility that the *Republic* might be working with two opposing pictures of justice: (1) justice as morality, and (2) Justice as what makes each just individual happier. In forcing us to choose here, I claim that he-and his most distinguished successors (if we include under morality the quasi-moral notion of agent-independent good) - make exactly the wrong choice, opting for morality. What I have been arguing here, by contrast, is that what the Form of the Good is the Form of is not the moral good or some quasi-moral good, but quite simply advantage: a notion that involves the kinds of means/end considerations that are normally consigned to the dustbin as speaking merely to instrumental goods-a purely prudential notion of good that lies entirely outside of the realms of morality. ①

参考译文 C

最后，我描述了善的理念（如同优势或好处的理念一般），那是与描述道德或准道德有所不同的，那些描述总想主导柏拉图

① Douglas Cairns, Fritz-GregorHerrmann and Terry Penner, *Pursuing the Good: Ethics and Metaphysics in Plato's Republic*, Edinburgh University Press, 2007, p. 36.

的解释——尤其是从普理查德 1928 年大论文“职责与利益”开始。我赞同他强迫解释者去接受这样的可能性，即《理想国》可能阐释了两种相反的正义：一是作为道德的正义，二是作为使个人幸福的正义。为了让我们在此选择，我认为他，以及他的那些杰出的继承者（如果我们将无媒介的善这一准道德纳入道德概念下）做出了错误的选择——他们选择了作为道德的正义。我在此论证的，正相反，是说善的理念是非道德的善的理念，也不是准道德的善的理念，而仅仅是有利的：这种观点包含的各种方法或最终结论，仅谈及外在工具性的善，通常都是毫无意义的。那是纯粹谨慎的对善的理解，完全置于道德王国之外。

（七）爱欲（Eros）

1. 术语解读

爱欲是柏拉图在《会饮》和《斐德罗》中相对集中讨论的话题，尤其是在《会饮》中，苏格拉底在讲演中表明，爱是对自己还未曾拥有的东西的追求。他认为爱神是丰饶之神和匮乏之神的儿子，总是处于无知和智慧之间，是爱智慧、爱美并追求不朽的。一般发生在男女之间的爱，也是一种对美的追求，并通过生育繁衍达到不朽，一些诗人、作家、智者为追求名声而留下著作，然而最为高尚的爱是对理念本身的爱，对美本身的爱，是对哲学和智慧的爱，但人们只有通过对个别的美的事物的追求，才能一步步上升到对美本身的认识，这也是追求真理的过程，实际上爱欲可以说是追求真理的动力。

2. 语篇精粹

语篇精粹 A

However, since he is the son not only of Poros but also of Penia, he is in this position: he is always poor and, far from being the tender and beautiful creature that most people imagine, he is in fact hard and rough, without shoes for his feet or a roof over his head. He is always sleeping on the bare ground without bedding, lying in the open in doorways and on the street, and because he is his mother's son, want is his constant companion. But on the other hand he also resembles his father, scheming to get what is beautiful and good, being bold and keen and ready for action, a cunning hunter, always contriving some trick or other, an eager searcher after knowledge, resourceful, a life-long lover of wisdom, clever with magic and potions, and a sophist. ①

参考译文 A

但是，既然他既是丰饶神的儿子又是匮乏神的儿子，便处于这样一种境地：他时常贫穷，不像人所想象得是温柔美好的生物，实际上，他生硬而粗糙，裸足不着履，头顶无遮拦。时常席地而睡，在门口露天躺下，因为他的母亲是匮乏神，他总会有各种需求。但是另一方面，他又代表了父亲丰饶神，希冀着去追求美和善的事物，大胆、渴望、富于行动，是一个狡猾的猎人，经常使用各种计谋，也是一个知识的渴求者，足智多谋，终生热爱智慧，

① Plato, *The Symposium*, 203C-E, Cambridge University Press, 2008.

善于使用魔法，配制药水，还是一个智者。

语篇精粹 B

“Well, the same is true of love. In general the truth is that for everyone, all desire for good things and for being happy is ‘guileful and most mighty love’. People who turn to love in one of its many other forms-money-making or athletics or philosophy-are not thencalled ‘lovers’ or said to be ‘in love’. It is only those who ardently pursue one particular form who attract those terms which should belong to the whole class: they alone feel ‘love’, or are ‘in love’, or are ‘lovers’”.①

参考译文 B

“至于爱的方面，情形也如此。一般来说，对每一个人都是真实的，是对美好事物以及幸福的全部企盼，这是‘最大最强烈的爱’”。那些追求爱的一种形式的人们——无论是谋求获利的，喜爱体育的，还是爱智慧的——都不称他们为“爱人”，也不说他们“在爱”。只有那些热烈追求一种特殊形式的爱的人，才爱那些应涵盖全部种类的名称：他们则可以感受到“爱”，或会“恋爱”，或可以成为“爱人”。

语篇精粹 C

The Socratic eros can be known and described more easily with regard to what it does, or its effects on us, than with respect to what it is. It is a divine force that pulls us through all the levels of our being to our proper telos on each plain. It moves our material bodies toward their

① Plato, *The Symposium*, 205D, Cambridge University Press, 2008.

health. It impels men and women toward the reproduction that sustains the human race. It drives all lovers, heterosexual and homoerotic, toward the rapture with the beauty of bodies that serves human beings both as the foundation of higher friendships and as the first step on the ladder of beauty. It inspires the lovers' ascent of this ladder to the vision of beauty itself, and their flight to thehyperuranian beings and partial visions of these realities, perhaps even including limited insights into the Essence Really Being itself. Thus, it attunes the souls to the grounds of their true order. As Socrates says, everyone should follow this eros. ①

参考译文 C

苏格拉底的爱欲可以更容易地被了解和描述它做了什么，或它对我们的影响，而不是它是什么。它是推动我们进入所有存在等级的一种神圣的力量，直达我们合适的目的地。它促使我们的肉体朝健康发展，让男人和女人繁衍以维系人种。让所有爱人，异性或同性的爱人，领略身体的美，从而为更高尚的友谊奠定基础，向美的阶梯迈出第一步。它启发着爱人们朝着美自身的阶梯攀升，飞向超越的美，以及这些现实的部分景象，可能甚至包括有限的洞察“真正成为自己本质”的能力。这样，它得以协调灵魂真正地有序发展。正如苏格拉底所说，人人都应该遵循这样一位爱神所说的话。

① James M. Rhodes, *Eros, Wisdom, and Silence: Plato's Erotic Dialogues*, University of Missouri Press, 2003, p. 548.

（八）辩证法（Dialectic）

1. 术语解读

柏拉图的辩证法概念是哲学的同义词，柏拉图在《理想国》中给哲学家安排的最高阶段的课程，就是辩证法。经过先前漫长的学习之后，“当一个人企图靠辩证法来推理而不管感官的知觉，以求达到每一事物的本质，并且一直坚持到靠思想本身理解到善的本质时，他就达到了可知事物的顶峰了，正如我们的比喻中的那个人达到可见世界的顶峰一样”。这就是辩证法的过程，只有辩证法有能力让人看到实在，也就是如果一个人不依靠感觉的帮助，能用辩证法做出理性的说明，认识事物的本质，最终把握善自身，便达到了理性世界的高峰。

2. 语篇精粹

语篇精粹 A

Socrates：While piety and godliness is the care of the gods，Euthyphro. Is that what you mean?

Euthyphro：It is.

Socrates：Now care in each case has the same effect；it aims at the good and the benefit of the object cared for，as you can see that horses cared for by horse breeders are benefited and become better. Or do you not think so?

Euthyphro：I do.

Socrates：So dogs are benefited by dog breeding，cattle by cattle raising，and so with all the others. Or do you think that care aims to harm the object of its care?

Euthyphro：By Zeus，no.

Socrates：It aims to benefit the object of its care?

Euthyphro：Of course.

Socrates：Is piety then，which is the care of the gods，also to benefit the gods and make them better? Would you agree that when you do something pious you make some one of the gods better?

Euthyphro：By Zeus，no.

Socrates：Nor do I think that this is what you mean—far from it—but that is why I asked you what you meant by the care of gods，because I did not believe you meant this kind of care.①

参考译文 A

苏格拉底：那么虔诚和敬神是对众神的关爱，欧绪弗若，这是你的意思吗？

欧绪弗若：是的。

苏格拉底：是呀，每一种情况中的关爱都具有同一种效力；它的目的在于你喜欢的物体得到好处及益处，正如你可以看到，被牧马人喜欢的马是受益的，也会长得更好。你是这么想的吗？

欧绪弗若：我是这么想的。

苏格拉底：因此，牧犬可以让犬受益，养牛可以让牛受益，如此类推。你认为关心是为了伤害他所关心的对象吗？

---

① Plato，*Five Dialogues · Euthyphro*，13B-C，Indianapolis，Hackett Publishing Company，Inc.，2002.

欧绪弗若：绝不会。

苏格拉底：那是为了让他所关心的对象受益吗？

欧绪弗若：当然。

苏格拉底：那么虔诚，就是对众神的关爱，也是为了让众神受益，且使他们更好吗？你是否同意当你做着虔诚的事情就是让一位神更好了？

欧绪弗若：绝不是。

苏格拉底：我也认为这不是你的意思——远不是——但是那是我问你“对众神关爱”为何意的原因，因为我不相信你指的是这种关爱。

语篇精粹 B

Socrates' dialectic in the earlier Platonic dialogues no doubt owes much to Eleatic method, especially as developed by Zeno. (Not only to it, of course; but this is what interests us in the present context.) It has strict rules, which have been the subject of much detailed and fruitful investigation. Here, I shall only stress some points that will later prove relevant to our dialogue too, despite the lateness of its date.①

参考译文 B

在柏拉图早期对话中，苏格拉底的辩证法无疑使用了很多埃利亚式的方法，尤其是芝诺发展的方法。（当然不仅如此，但是这正是我们当下所关心的。）这里有严格的规定，这些规定已经成为很多细致而富有成果的调查的主体。这里我应当强调的只是

① Samuel Scolnicov, *Plato's Parmenides*, University of California Press, 2003, p. 6.

一些观点，日后会证明与我们的对话相关，尽管姗姗来迟。

语篇精粹 C

Finally, soul guidance, provided by the superior embodied images of ideal disembodied persons, is conveyed by philosophical talk, itself an image of truth. The best and perhaps the only way that one can achieve the sort of self-knowledge that Plato undoubtedly believed was possessed by Socrates is to have a Socrates for a lover. The recognition of one's true identity is not acquired by an examination of one's occurrent desires. Performing such an examination, one is as likely to find urgent bodily desires as prominent as anything else. To pass from "these are the things I desire" to "these are the things I really desire" requires active participation in philosophical dialectic. After all, if one really or ideally is a thinker, it is plausible that it should be by self-reflexive thinking that one achieves one's true identity. As a tool for achieving self-knowledge understood as recognition of one's true identity, it is easy to see the superiority of speech over writing, speech that can persuade and respond to the hearer's stage of learning. ①

参考译文 C

最终，心灵的指导，是理念世界无形体的人超越有形体的影像所赋予的，这一指导通过哲学谈话得到传递，本身就体现了真理的形象。柏拉图坚信苏格拉底已经获得了自我认知，而一个人可以获得的那种认知的最好的、可能也是唯一的方法，就是让苏

① Lloyd P. Gerson, *Knowing Persons: A Study in Plato*, Oxford University Press, 2006, p. 146.

格拉底成为自己的爱人。认识到一个人真实的身份，不能通过检查一个人偶尔出现的欲望来获知。做如此的检查，一个人会发现急迫的身体的欲望会无比强烈。为了从“这些是我想要的事情”超越到“这些是我真正想要的事情”，需要积极地参与到哲学的辩证法当中去。毕竟，如果一个人在现实中或理想中是一个思想者，那么他有可能通过自省式的思考来获得自己的真实身份。作为一个认识一个人真实身份的工具来获取可被理解的自我认知，很容易看到言语对于写作的优越性，言语能说服听众并对听众的学习阶段做出反应。

第三章　亚里士多德：古希腊理性哲学的集大成者

We suppose first, then, that the wise man knows all things, as far as possible, although he has not knowledge of each of them individually; secondly, that he who can learn things that are difficult, and not easy for man to know, is wise (sense-perception is common to all, and therefore easy and no mark of wisdom); again, he who is more exact and more capable of teaching the causes is wiser, in every branch of knowledge; and of the sciences, also, that which is desirable on its own account and for the sake of knowing it is more of the nature of wisdom than that which is desirable on account of its results, and the superior science is more of the nature of wisdom than the ancillary; for the wise man must not be ordered but must order, and he must not obey another, but the less wise must obey him. ①

——Aristotle

首先我们认为，智慧的人尽可能地知道一切，而不是拥有对每一个别事物的知识；其次，智慧的人能知道那些困难的、不易为人所知的事情，因为感觉对所有人来说都是共同的，所以是容易的，不是智慧；关于一切知识，对于原因有更准确的把握并且更善于传授的人，更有智慧；而且在知识中，那为其自身、为知识本身的魅力而选择比那为结果而选择，更为智慧；智慧的人必定不是被命令的人，而是发布命令的人，不是他服从别人，而是较少智慧的人服从于他。

——亚里士多德

① Aristotle, *Metaphysics*, W. D. Ross, (trans.), J. Barnes (ed.), *The Complete Works of Aristotle*, Princeton University Press, 1984.

一、成长历程

（一）求学雅典学园

亚里士多德（公元前384—公元前322年）生于希腊北部的斯塔吉拉，他的父亲尼各马可是马其顿宫廷的御医。据第欧根尼·拉尔修的描述，他说话口齿不清，小腿很细，装束显眼，戴着戒指，头发剪得很短。公元前367年，17岁的亚里士多德来到雅典的柏拉图学园，师从60岁的柏拉图。在学园里，他勤奋博学，被称为“学园之灵”，是柏拉图最有天赋的学生。据说有一次，柏拉图讲到一些艰深的问题，听众只剩下了他一个人。

他喜欢藏书，甚至为自己建立了一个图书馆。他似乎不像其他学生对老师那么恭顺，在亚里士多德离开学园时，据说柏拉图曾无比伤感地说：“亚里士多德拒绝我，就像小雄马踢它们的母亲一样。”[①] 极有可能在柏拉图逝世前，亚里士多德就已经离开了学园。他做过往来于雅典和马其顿的使者，后来去投奔阿索斯的僭主赫尔米亚——这是一位柏拉图主义者。亚里士多德在这里和其他的几个同学建立了学园的分院，并开始了动物学研究，还娶了赫尔米亚的妹妹（也有一说是其养女）皮西亚斯。

① ［古罗马］第欧根尼·拉尔修：《名哲言行录》，徐开来、溥林译，广西师范大学出版社，2010年，第210页。

公元前342年，马其顿王菲力邀请他到马其顿担任王子亚历山大的老师，不过，历史上并没有大量证据能够证明亚历山大大帝如何受到亚里士多德思想的影响。两年后，亚历山大摄政，亚里士多德回到故乡。又过了5年，即公元前335年，亚里士多德回到雅典，这时柏拉图学园的第二任园长斯彪西波已经去世，亚里士多德并没有被安排为第三任园长，对此他感到很不满。当时塞诺克拉底是柏拉图学园的领导人，为了与之抗衡，亚里士多德在吕克昂建起了学园，据说他讲的第一句话就是："让塞诺克拉底说话，而我们保持沉默，是可耻的。"[①] 从此，他开始在这里著书立说，教书育人。因为亚里士多德喜欢与学生边走边谈，这个学派被后人称为"漫步学派"。

亚里士多德的妻子在留下一个与自己同名的女儿后便去世了，他后来与一个女奴同居，生下了与祖父同名的儿子尼各马可。因为亚里士多德曾与马其顿宫廷有着亲密的关系，又与亚历山大为师生关系，亚历山大死后，雅典人指控亚里士多德犯了大不敬的罪行，迫使他在判决前离开了雅典。第二年即公元前322年，由于长期过度工作和消化不良，亚里士多德病逝于母亲的故乡，享年63岁。

（二）为学术而奉献的一生

亚里士多德的著作命运与柏拉图的著作命运完全相反，柏拉图流传给我们的最主要的著作是他生前公开发表的几十部完整的

---

① ［古罗马］第欧根尼·拉尔修：《名哲言行录》，徐开来、溥林译，广西师范大学出版社，2010年，第211页，表述有微调。

对话录，其内传学说，也就是所谓“未成文学说”，只在亲密弟子之间口传，我们尚无法掌握其全部内容；亚里士多德流传给我们的著作，都是尚未公开发表的讲稿，有的还是学生笔记，他公开发表过的著作均未能流传下来，据说那些著作文笔优美，被西塞罗赞为如“金子般的河水”。但安德罗尼柯在编辑时，认为并不值得保留至全集，所以在西塞罗时代，还可以看到亚里士多德公开发表的著作，现在我们看到的，却只有零星的残篇。

亚里士多德当时匆忙离开雅典，临走前，把讲稿和学生的听课笔记交给了他的同学兼朋友塞奥弗拉斯特。亚里士多德离世时，塞奥弗拉斯特并没有将这些讲稿和笔记交给下一任学园主持，而是交给了同事涅琉斯。涅琉斯把书稿带回故乡，为了躲避官方收缴图书，将书稿放入地窖藏了一百多年，到了公元前 1 世纪，才由安德罗尼柯整理后重见天日。这些讲稿给人的印象是严肃甚至刻板，完全没有柏拉图的诗意和文学色彩，当然逻辑和论证都十分严密，因此读者对师徒二人产生了完全不同的印象。亚里士多德著作的这一讲稿特征和流传史所造成的更严重的后果是，我们并不清楚各部著作写作的确切时间和先后顺序，无法勾勒他的思想发展史，对于他众多著作中相互矛盾的说法，也难以做出融贯的解释。在亚里士多德哲学的研究中便产生了发生学、系统论和逻辑分析法等方法之争。发生学方法曾经在 20 世纪上半叶风靡一时，德国人耶格尔（W. Jaeger）是创始人，最出色的注释家罗斯（W. D. Ross）是这种方法的拥护者，我们的前辈陈康先生也是这种方法的积极拥护者。不过，这种方法后来遭到广泛质疑。现在多数人倾向于系统论的方法，只在细节之处承认发生学方法。

柏拉图留下了煌煌巨著36篇对话，在最伟大的代表作《理想国》中讨论了形而上学、伦理学、政治学、诗学、教育学等诸多方面的问题，但是柏拉图从来没有进行学科的分类，在他那里，知识和德性是统一的，善是二者共同的目的。而亚里士多德却把知识定义为理论哲学的对象，德性被划归到实践哲学中，人类的善也属于后者而非前者，人类的善即幸福只有通过合德性的实践活动才能达到。但是亚里士多德认为，最高的实体是神，也是至善，在这个意义上讲，亚里士多德发展了柏拉图关于善的学说，也使这个学说更为复杂。总之，亚里士多德在柏拉图哲学体系的基础上进行了充分的发展，最终成为学科分类的创始人——他是逻辑学的创始人，是动物学的创始人，是形而上学的创始人，是自然哲学、伦理学、政治学、诗学、修辞学等学科的创始人，在人类历史上第一次为我们明确规定了不同学科的不同处理对象，对后世的学科发展起到了决定性的奠基作用，而且在这些学科领域都留下了相应的著作。

他保存至今的主要著作共有46部：工具论包括《范畴篇》《解释篇》《前分析篇》《后分析篇》《论题篇》《辩谬篇》，自然哲学著作有《物理学》《论天》《论灵魂》《论生成和消灭》《天象学》《论感觉及其对象》《论记忆》《论动物的器官》《论动物的运动》《论动物的行进》《论动物的生成》等20多部，还有《形而上学》《尼各马可伦理学》《大伦理学》《欧德谟伦理学》《论善与恶》《政治学》《家政学》《修辞术》《诗论》《雅典政制》等。

二、理论内涵

（一）范畴学说

亚里士多德是逻辑学的创始人，也是形而上学的创始人，在前一个领域，他提出三段论这样的形式逻辑，在后一个领域，他为后世规定了形而上学的研究对象“作为存在的存在”，而他的范畴学说恰恰是逻辑学和形而上学之间的桥梁，也是他的语言和存在两个领域沟通的方式。为此，他专门写了一部著作《范畴篇》。在这部著作中，亚里士多德认为，人们对于整个实在的划分，等同于说话的方式，也就是说，人们对整个实在的认识，就是人们对实在的十种谈话方式：

实体，如人或马；
数量，如两腕尺；
性质，如白的，有文化的；
关系，如两倍，一半，大；
处所，如在吕克昂，在市场；
时间，如昨天，去年；
姿态，如躺着，坐着；
具有，如穿着鞋，披着甲；
主动，如打，切；
被动，如被打，被切。

在这十个范畴之中，第一个范畴——实体是亚里士多德最为重视的概念。如果说柏拉图存在论思想的核心概念是理念，亚里士多德存在论思想的核心概念就是实体。那么什么是实体呢？他认为如果按主体标准——既不谓述一个主体也不在一个主体之中——有第一实体和第二实体之分，第一实体是这个人或这匹马，第二实体是第一实体所归属的种和属，如人和动物。而按进一步严格的标准即个别性来说，第一实体是最严格的、毫无争议的实体，它既不谓述一个主体也不在一个主体之中；而第二实体在严格的意义上来说更多地表示性质，因为最严格的实体是指不可分的且数量上是一，而种和属都谓述许多东西，当然，种属所表达的性质不同于像白的那样的性质。因为这个第一范畴是其他范畴谓述的对象，用亚里士多德自己的话说就是：

> 实体是那最主要、第一位、最重要而言者，它既不谓述一个主体也不在一个主体之中，例如这一个人或这一匹马。(《范畴篇》A5，2a11-13）所有实体看起来都表示这一个。对于第一实体，这是无可争辩的和真实的，因为它表示这一个；因为所表示的东西是不可分的并在数量上为一。(《范畴篇》A5，3b10-13)

在十范畴之中，实体是其他范畴的主体，是首要的、无条件的、分离的存在，其他范畴都不能脱离它而存在，都对它具有依存性，并对其构成了谓述。范畴学说是亚里士多德哲学的基础。亚里士多德在《形而上学》核心卷（ZHΘ）开篇的 Z1 中就再次强调，存在有多种意义，或者表示这一个，或者表示质量、数量，而这一个是首要的，是实体。于是核心卷就以实体为中心展开对存在的讨论。亚里士多德论证本质在首要而单纯的意义上属于实体，而在次要的意义上属于其他范畴；生成也是，或者是实体的生成，或者是其他范畴的生成；定义也是首要地属于实体，只在次要的意义上属于其他范畴。总之，十个范畴就是十种存在，我们一旦把首要的存在即实体解释清楚了，那么其他九个范畴也就会通过类比，在次要的意义上得到了解释。因此，亚里士多德虽然主要讨论了实体，讨论了实体的本原如质料、形式、潜能、现实，但是这些本原都在类比的意义上可以被运用于其他范畴。比如，为什么个别的实体能成为万物的本原呢？在实体这一范畴之内，有质料、形式、缺失、动力因四个本原，但在类比的意义上，其他范畴也是有这四个本原，因此这四个本原是普遍的万物本原。因此，范畴学说是亚里士多德的基本学说，《物理学》《形而上学》《论生灭》《论天》《尼各马可伦理学》等著作都是以范畴学说为基础展开论证的。

（二）作为存在的存在和第一哲学

与其说亚里士多德是古希腊哲学的集大成者，不如说他是西方哲学最伟大的奠基人和开创者。虽然苏格拉底开创了归纳论证和追求普遍定义的方法，柏拉图开创了第一个哲学体系，但只有亚里士多德把西方哲学各门分支的研究对象和方法严格地确定了下来，从而成为后世多门学科的奠基人，最振聋发聩的是，他在西方哲学史上第一次为纯粹的哲学，或哲学的主干本体论找到了研究对象——作为存在的存在。在《形而上学》Γ 卷开篇，亚里士多德告诉我们，存在着一种普遍地研究“作为存在的存在”以及就其自身而言依存于它们的东西的学问，这门学问不是任何一种就存在的某一部分进行研究的特殊学科，如数学。那么什么是“作为存在的存在”？亚里士多德认为，存在是有多种意义的，但这多种意义都与一个核心概念相关，也就是实体，其他意义有的是实体的属性，有的是达到的途径，有的是实体的消失等，就像所有健康的东西都与健康有关，但有的是保持健康，有的是造成健康。因此，“作为存在的存在”就是指实体以及其他范畴或偶性，如数量、性质、关系、处所等，简言之就是范畴学说，其中实体是其首要的存在，因此对实体的原因和本原的把握就是哲学家的首要任务，也就是第一哲学的任务，因为第一哲学研究的就是永恒、不动、可分离的东西。但第一哲学不仅以“作为存在的存在”为主要研究内容，还要研究一、相同、相异、相似、相反、否定、缺失、在先和在后、种属、整体和部分、数学公理如同一律和矛盾律，因为这些存在于一切事物之中，而且这些也是其他科学的基础。总之，亚里士多德认为：

> 显然是由同一门科学来研究作为存在的存在，以及依存于作为存在之中的东西；这同一门科学不仅研究实体，还研究依存其中的东西，既研究前面说过的东西，也研究在先和在后，种与属，整体与部分，以及其他类似的东西。(《形而上学》Γ2，1005a14-17)

亚里士多德所说的第一哲学就是我们所说的哲学或形而上学，也是后世哲学中最核心的主干部分。第一哲学研究“作为存在的存在”及依存于它的东西，还研究作为其他学科的基础的东西，而“作为存在的存在”在更具体的解释中就是十范畴理论里的十个范畴，其中的首要范畴实体是最核心的存在。事实上，亚里士多德的第一哲学也正是围绕着实体展开的，对实体的原因与本原的解释也是第一哲学的最主要内容。而第一哲学因为要为其他学科奠基，从此成为学科之王。

（三）四因说

亚里士多德哲学中有两种四因学说，最著名的四因，是指形式因、质料因、动力因和目的因，他在多部著作中都提到这四因，尤其在《物理学》《形而上学》等文本中，这四因是亚里士多德用于分析批判哲学史的工具，也是他的本原学说，他认为，人类求知的目的就是寻找万物的第一因，是回答“为什么”的问题。

质料因是：“事物所由产生的，并在事物内始终存在着的那东西，是一种原因，例如塑像的铜，酒杯的银子，以及包括铜、银这些‘种’的‘类’都是。”（《物理学》B3，194b24）[①]

形式因是：“形式或原型，亦即表述出本质的定义，以及它们的‘类’……例如音程的2∶1的比例以及（一般地说）数是音程的原因，定义中的各组成部分也是原因。”（194b26）

动力因：“就是变化或静止的最初源泉。例如出主意的人是原因，父亲是孩子的原因，一般地说就是那个使被动者运动的事

① ［古希腊］亚里士多德：《物理学》，张竹明译，商务印书馆，2009年。

物，引起变化者变化的事物。”（194b31）

目的因是：“终结。例如健康是散步的原因。”（194b33）“是别的事物的……善，因为所谓‘为了那个’，意味着是最好的东西，是别的事物达到的目的，说它是‘自身善’或‘显得善’都可以。”（195a25）

亚里士多德的四因有时候被他归于两个原因，即形式和质料，因为形式、动力因和目的常常统一为形式。在他看来，前苏格拉底自然哲学家在对万物本原问题的思考中，大部分人给出的答案是质料因，如水、火、土、气等，也有人给出动力因，柏拉图还给出形式因，但是都没有人提出过关于事物本质和实体的问题，在他看来，本质和实体才是哲学的根本问题，而事物的本质和第一实体就是形式。

亚里士多德提到的第二种四因学说，是在《形而上学》Λ卷，他首先论证了形式、质料和缺失是变化的三本原：“原因与本原，是两个，两个是一组对立，一个是描述和形式，另一个是缺失，第三个是质料。”（Λ3，1069b33）而后提出动力因是不同于它们的第四种原因：“既然不仅在一个事物之中的元素是原因，但是也有外在的东西，即动力因，很明显本原和元素不同……那使一个事物运动或静止的东西是一个本原和实体。”（Λ4，1070b21–25）也就是说，形式、质料、缺失和动力因在类比的意义上是万物变化的四种本原和原因。就像在《物理学》中一样，他强调在自然事物中，形式、质料和动力因比目的更为人所关注，而缺失，作为生成变化的一个重要因素，在自然物的变化中也是比目的更重要。不过，亚里士多德并没有直接比较两种四因说，没有解释他为什么在不同文本中提出两种不同的说法。

（四）生成模式

在亚里士多德哲学中，存在着一个生成模式，无论个别事物的生成，实体或其他范畴的生成，同质体如肉和骨头的生成，异质体如手和脸的生成，还是火、气、水、土四元素的相互生成，都按这一模式进行，这一模式就是形式、质料和缺失三本原的变化，即以质料为基础，缺失和形式作为对立面的转变，或者说质料由无形式到有形式的变化，或者从有形式到无形式的变化。不过，亚里士多德对这一生成模式的论证是在不同的著作中分表论证的。

首先，他在《物理学》中，从本原问题谈起，认为生成应该有三个本原：对立面和一个主体，也就是形式、缺失和主体，他用这三个本原来解释生成，比如形式是懂音乐的，缺失是不懂音乐的，主体是人，生成就是不懂音乐的人变成了懂音乐的人。在这个变化过程中，主体是一直保留着的。主体在数量上是一，而不是在形式上，因为是人并不等于是有教养的。在《物理学》中，“主体并不是作为一个基本的对象被打上记号，而是被用在所有可能的变化过程中的一个统一的解释模型”[①]。也就是说，在亚里士多德这里，形式、缺失和主体这三本原，可以用于所有存在的范畴之上：既用于实体，也用于数量、质量、关系、时间，还有地点方面的变化，因为在所有的这些变化中，都有一个变化的基础，也有变化前后的不同状态，如铜成为铜像，数量上增加

① Otfried Höffe (Hrsg.), *Aristoteles-Lexikon*, Alfred Kröner Verlag Stuttgart, 2005, s. 281.

或减少了等等。但是其中，实体的变化是绝对的，亚里士多德在这里把实体的变化主体称为质料，所以在实体的变化中主体等同于质料，实体的变化成为质料、缺失和形式三者参与的过程。简言之，在《物理学》中，主体既是所有变化的基础，对于实体的变化来说，又是质料。

如果说在《物理学》中论述生成时，亚里士多德强调了对立双方和基础或主体这类结构，《形而上学》Z7-9 则进一步强调了在生成过程中形式的支配作用。Z7 从什么被生成，被什么所生成，被生成为什么三个方面谈起，突出形式在生成中的支配作用，认为生成也就是形式从潜在状态或者说缺失状态——这也就是质料——到现实状态的过程，即是质料和形式成为复合物的过程，是先行存在的形式现实化的过程。因此持存的不是质料，而是形式，形式才是整个生成过程真正的起点，也是主导生成过程的因素。亚里士多德的生成绝不是无中生有，而是质料被赋予形式，但形式和本质都是不被生成的。

在《形而上学》H1 中，亚里士多德把质料类比为其他范畴变化的主体，认为可以有地点上的质料。这一思想到了《形而上学》Λ2 中变成了其核心思想，在这里亚里士多德认为质料作为潜在性存在，在生成中具有重要作用，因为既然万物的生成都是从潜在变成现实，那么质料本身就具有向两个方向变化的能力，所以万物的生成实际上是质料由缺失状态转变为具有形式的状态，因此生成的模式不再是主体、缺失、形式三项，而是质料、缺失和形式三项，另外还有一个外在于事物的动力因，这四项本原在类比的意义上不仅是实体的生成本原，也是万物的生成本原。

《论生灭》B1 谈到的最初质料火、气、水、土之间的相互转化，也符合这一生成模式。只是，对于这一生成模式中的质料，经常被人错误地理解为“最初质料”，即一种亚里士多德哲学体系中不存在的普遍的、无任何特征的概念。

（五）主体

亚里士多德的形而上学思想集中在但不限于《形而上学》这本书，《范畴篇》《物理学》《论灵魂》《论生灭》《动物四篇》等著作中都有形而上学思想。在这些文本中，最集中地表达了他关于实体、本质、形式、质料、潜能、现实、定义等核心的思想。

主体（ὑποκείμενον），也有人翻译为“基质”和“载体”等，无论在《物理学》《论生灭》中，还是《形而上学》中，都是谓述的对象，或者说变化的基础。主体作为谓述相对的逻辑和句法上的主语，和与属性相对的形而上学上的承载者，而这两层意义是统一的。[①]形而上学意义上属性承载者的角色总是在相应的句法——形式意义上的表述中成型的。[②] 亚里士多德在《物理学》A7 中把主体作为变化的三本原之一，认为变化是主体、形式和缺失三个本原：

> 因此，一方面主体是本原，但不是像这一个那样的一、那样的存在，另一方面，是对它的描述，还有这个

① Otfried Höffe. （Hrsg.），*Aristoteles*-Lexikon. Alfred Kröner Verlag Stuttgart，2005，s. 280.

② Horn. Christoph & Rapp. Christof. （Hrsg.），*Wörterbuch der antiken Philosophie*，Verlags C. H. Beck，Münch，2002. s. 212.

的对立面，缺失。(191a12–14)

在《范畴篇》和《形而上学》中，主体被降低为实体的两个标准之一。在前一本著作中，个别事物和种属都是主体，分别被冠之以“第一实体”和“第二实体”的名称。在后一本著作中，主体前被加上了两个限定词“终极”和“首要”，认为形式、质料和二者的复合物即个别事物是主体，种属概念被排除在实体范畴之外。在亚里士多德看来，最严格意义上的终极主体是质料和个别事物，只是两者在不同的意义上：个别事物是其他范畴或属性的主体，而质料是形式或“这一个”的谓述的终极。

(六) 实体理论

前文说过，如果说理念是柏拉图形而上学思想的核心概念，那么实体就是亚里士多德形而上学的核心概念。亚里士多德的实体包括两大类，一类是全部实在的首要部分，因为存在被划分为十个范畴，实体作为首要的范畴也是整个实在的首要部分，因此亚里士多德认为作为实在的实体主要有三类：

实体有三种，一种是可感觉的，在这里又分为永恒的和可消灭的两类。后一种所有的人都同意，如植物和动物，对此所要把握的是它们的元素，不论是一或者是多。另一种是不运动的，某些人说它是分离的，有的人把它分为两类，有的人则认为理念和数学对象具有同一本性，有的人只认为数学对象是。前两类实体是物理的，

由于它们伴随着运动，后一种是另一类，如若它们并没有共同的本原的话。(《形而上学》Λ1，1069a31-b2)

也就是说，作为实在的首要部分，亚里士多德肯定并在文本中主要讨论的实体是可感的、有生灭的动植物，这也是他形而上学中的典型实体，也就是一般所谓的个别事物，由形式和质料复合而成，如苏格拉底这个人；另一种是可感的、永恒运动的实体，就是天体，这种天体中的质料无生灭而有位移；第三种是无质料的形式，也就是直观理性（νοῦς）或可称之为神。

然而，亚里士多德在《形而上学》核心文本中所讨论的实体并非仅仅是整个实在意义上的实体，还有在原因和本原意义上的实体，这种意义上的实体，也就是不再谓述其他东西的终极主体，和那可以是“这一个”和分离的存在的东西。在《范畴篇》中他肯定了个别事物，如个别的人或马是实体，而在《形而上学》中则论证说质料、形式和二者的复合物是实体，其中，复合物也就是个别事物。按他的实体意义，质料是形式的终极主体，也是潜在的“这一个”；个别事物是其他范畴或属性的终极主体，是单纯的可以绝对分离存在的“这一个”；形式，则是现实的“这一个”，是在描述中可分离的，也是第一实体。亚里士多德在《形而上学》中至少三次强调了主体或实体就是形式、质料和个别事物，其中，他在Λ3，1070a9-13如此说道：

“实体有三种——质料，是表面的这一个（是通过接触而非结合在一起被感知的事物，即质料和主体）；

> 本性，一个这一个和朝向它运动的状态；第三就是由这二者组成的个别事物，如苏格拉底或卡里亚斯。”

在《形而上学》中，显然亚里士多德更为注重的是实体作为原因和本质的内涵，实际上他在《形而上学》Z卷进行讨论的就是形式作为事物的本质（Z4-16）和原因（Z17），而如果形式是第一实体的话，亚里士多德也并不否认质料和二者的复合物也是实体，后者也就是《范畴篇》中的第一实体。亚里士多德详细地讨论了形式在什么意义上是最为严格、最为重要的实体。他指出，事物都有其本质，也就是事物之所以是事物的那个东西，而本质也就是形式，因为形式在事物的生成中，即在质料和形式构成个别事物的过程中起到了支配性的、决定性的作用，形式决定了质料成为个别事物，形式成为质料的目的、动力。同时，实体是原因，也就是说，形式作为实体，是质料、是个别事物的原因。如，问一堆砖瓦为什么是一所房子？这个躯体为什么是一个人？就是因为形式，房子的形式和人的灵魂。总之，亚里士多德用整整一卷来论证这个问题，得出的结论是：形式正是在本质和原因的意义上是第一实体，也是在这种意义上，形式也就是个别事物的原因。形式是现实的实体，而质料可以说是潜在的实体，二者不相分离。而实体之所以重要，还在于一旦我们把实体的相关内容解释清楚，那么其他范畴也就在类比的意义上得到了解释，甚至天体和直观理性的思想也是通过与动植物这样的典型实体的类比得到说明的。

（七）本质学说

τί ἦν εἶναι，即本质这个词，是亚里士多德自己造的，字面意思是过去所存在的东西，或者说一直存在的东西，也就是事物自身，对这个词的翻译曾经有过很多的争论，在汉语学界，传统上按照拉丁语的翻译 essence 来理解，用中文表达为“本质”；苗力田先生翻译为“是其所是”，余纪元先生翻译为“恒是”，赵敦华先生翻译为“其所是”。在笔者看来，既然 εἶναι 本身就有“存在”的意思，用“是”来翻译勉为其难。ἦν 作为过去式，也就是指过去存在。那么 τί ἦν εἶναι 强调的是过去一直存在的、没有变化的东西，也就是我们传统所认为的本质，因此翻译为本质固然是意译，但表达的意思是准确的。

在对西方哲学史的考察中，我们说苏格拉底、柏拉图和亚里士多德是本质主义者，虽然本质这个词只有到亚里士多德这里才正式进入哲学领域，本质，就是定义的对象。但是从苏格拉底开始追求“是什么”的问题开始，到柏拉图给出了 εἶδος（理念）这样的种属概念，以至于我们在传统上都习惯地认为本质就是普遍的东西，把本质看作普遍的种，看作对“是什么”的回答，亚里士多德在《后分析篇》《论题篇》中的观点也是如此，这些文本还强调“属”就是对“是什么”的回答，如问：人是什么？回答：是动物。然而亚里士多德的这个概念的指涉对象却一直在变化。《形而上学》中的本质，甫一出场，就定位在个别事物身上，强调个别事物是与其本质同一的，然后进一步定位到构成个别事物的形式身上，强调定义的对象只能是形式而无法包括质料，然后强调本质依存于现实和形式，即使在质形复合物中也如此。于是，在本质的存在和对其的描述上就产生了矛盾：在亚里士多德看来，本质作为实体，是个别的；而定义一定是普遍的，是对某一种事物的普遍描述，那么作为定义对象的本质或形式，究竟是个别的还是普遍的？也就是本质的个别性和对本质的描述的普遍性之间的矛盾。我们的视域再宽一点，这个矛盾也体现了亚里士多德的本体论和知识论两个不同问题之间的张力。

那么这个张力如何化解呢？我认为亚里士多德通过扩展潜在性和现实性的意义做到了这一点，即潜在性和现实性都是双层意义，且中间一层意义重合，比如有能力学习，具有知识，正在思考，前两个是潜在性，后两个是现实性，那么有知识和在思考就都是现实性，形式也正好是这种现实性，定义中的形式就是潜在的，而具体到个别事物上就是个别的了。当然，对事物的定义也不再是属加种差这一方式，而是由潜在的质料和现实的现实构成。在这个意义上，亚里士多德在《形而上学》中所说的种属，就是普遍地看待个别的质形复合物之后产生的一个概念，普遍的质形复合物，他认为不同于逻辑学中的种属概念，或者说，后者还是在与柏拉图一致的意义上使用的，尚没有引入质料概念。他肯定苏格拉底与他的本质的统一性，也肯定我们绝对不会对苏格拉底这个人下定义。因此，他认为我们定义的对象就是种，也就是普遍的质形复合物，或者说我们肯定的是事物的个别性，但我们定义时，是对某一类事物给出说明。从而，本质既与个别事物相同一又是普遍定义的直接对象这两层意义，由于潜能和现实这对概念的扩展，都得到了满足。

(八) 形式理论

亚里士多德所使用的 εἶδος 这个概念直接来自柏拉图，在柏拉图那里，这个词译作“理念”，它既表示个别事物的类概念和普遍属性，也是具有绝对分离独立存在的个别事物，既个别又普遍。虽然亚里士多德继承了柏拉图 εἶδος 概念既普遍又个别的特性，但激烈批评分离的理念对于事物的存在毫无意义，还会产生“第三人”问题，也就是产生这个理念与个别事物之间也有另一个理念的问题，如此以至无穷。因此在亚里士多德看来，与个别事物分离存在的理念是没有任何意义的假设，柏拉图对理念和个别事物之间关系的解释也只是诗意的比喻。于是，亚里士多德引进质料，强调 εἶδος（中文中翻译为形式，或许是与柏拉图的概念相区别）不能与其质料相分离而存在，形式与质料就是可感的个别事物的组成部分，形式与质料只是在描述中分离开。当然，亚里士多德在质形关系中也强调了形式对质料的支配作用。

在亚里士多德这里，形式是万物生成和变化的四因之一，是万物本原之一，是严格意义上的第一实体，是事物的本质，它与质料一起构成了复合物。作为本质的形式，是与个别事物同一的，比如，苏格拉底与苏格拉底的本质是同一的。在《形而上学》Z 卷中，亚里士多德还赋予形式另一个角色——普遍定义的对象。也就是说，当我们试图对苏格拉底进行定义的时候，我们发现他因为有躯体这样的质料而有生灭性，我们不对其进行定义，而是对所有人的灵魂即形式进行定义，这样它其实是普遍性的东西，是类比意义上的普遍。这样，形式作为第一实体，是“这一个”，是个别的，同时它作为定义的对象，又是普遍的，在它身上体现出个别的实体与普遍的知识之间的矛盾。

那么亚里士多德既普遍又个别的形式，与柏拉图既普遍又个别的理念有什么区别呢？后者的理念是种属概念，是与个别事物一样分离存在的；而亚里士多德的形式不是种，更不是属，它与质料不分离存在，只在知识中分离。更进一步来说，形式作为个别实体，在类比意义上也是万物的本原，不仅作为其他事物的第一实体可以称为形式，而且其他范畴中的类比也是如此，在这个意义上，它也是万物本原之一。同时，在定义中讨论时，它在潜在意义上具有普遍性。

（九）种概念的模糊性

亚里士多德的种概念是一个值得讨论的话题。如果说在柏拉图那里，理念就是种，甚至就是属（因为柏拉图并没有区分种属概念）的话，那么在亚里士多德这里，种是一个较为复杂的概念，它既与属相区分，又用与形式一样的词 εἶδος 来表示，内容却已经发生了变化：它不是形式，却是个别的形式和个别的质料被普遍看待之后产生的一个普遍概念：

> 人和马以及这样被应用到个别事物之上的东西，是普遍的，不是实体，而是由这一个别的描述和这一个别的质料组成被当作普遍事物的某物。（《形而上学》Z10，1035b27-29）
>
> 也很清楚灵魂是第一实体而躯体是质料，人和动物

是由被看作普遍的这两者构成的。(Z11，1037a5-6)

以上这两段话很明确地告诉我们，种概念是由个别的形式和个别的质料普遍看待产生的一个概念，它不是实体，而是我们定义的对象，是知识论中的一个概念。在对亚里士多德哲学的传统解释上，人们曾经认为《范畴篇》中的第二实体种就是《形而上学》核心卷中的形式，都是普遍的，亚里士多德有把种从第二实体变成第一实体的发展过程。这样的理解显然是对亚里士多德的存在与语言表述关系的误解，更何况我们上文已讲过，在讲种属是第二实体的《范畴篇》中，他已经指出，如果从更严格的个别性特征来说，种属更像性质，而不是实体，从而在《形而上学》核心卷的开篇就排除了种属的实体地位，而从个别事物的内在结构出发来讨论实体。

然而种固然不是实体，那么是否与定义的对象相关呢？事实上，众所周知，《形而上学》Z 卷是以对定义的寻求无果而终结的，之所以无果，原因就在于，在这一卷亚里士多德坚持考察的是第一实体形式，虽然是从质形复合物开始考察，但还是强调定义中只能包含形式而绝对不包含质料，并强调了质料的特点之一——缺失性。在紧接着这一卷的 H 卷中，亚里士多德明确定位了我们考察的是包含质料的有生灭的可感实体，也就是质形复合物，并明确地指出质料的另一特点——潜在性，指出对可感事物的描述可以包含形式和质料两个部分，甚至定义本身就是由形式对质料的描述所构成。而种，也就是普遍的质形复合物，就是定义的对象。

这样，无论定义是由质料与形式所构成，还是如《后分析篇》《论题篇》所讨论的属加种差所构成，定义的对象都是种。因此，从这里可以看出，亚里士多德引入质料概念来改善柏拉图的理念，在存在论上强调形式和质料的不可分离，在知识论上更明确地把质料纳入种概念，扩充了柏拉图的类概念。而他对形式的个别性和种的普遍性的解释，从某种意义上可以说是对柏拉图的理念的个别性和普遍性的更为深刻的理解。

（十）多层次的质料学说

我们在“生成模式”这一题目下，解释了有一种作为生成模式中的质料，这样的质料可以认为是普遍的本原意义上的，而非存在论上的存在。除此之外，亚里士多德那里的质料还有四个层次，其中最高层次的质料——终极质料，也就是作为潜在与形式生成个别事物的质料——最为我们所熟悉，而最初质料——火、气、水、土四元素——常为人所误解，被认为一种普遍的、无任何特征的东西才是亚里士多德的“最初质料”，在终极质料和最初质料之间的是同质体和异质体，这两个层次的质料一直为人所忽视。

1. 终极质料

亚里士多德在《物理学》中曾经这样描述质料：

> 事物所由产生的，并在事物内始终存在着的那东西，是一种原因，例如塑像的铜，酒杯的银子，以及包括铜、

银这些“种”的“类”都是。(《物理学》B3，194b24，这段话几乎一字不差地同样在《形而上学》的哲学词典卷Δ2中)

我们知道亚里士多德时代还没有“物质”（material）这一词，当亚里士多德在哲学上第一次竭力精确地描述一个术语时，限于词汇的贫乏，他不得已用了说明加举例的方式，强调质料的物质性、内在性是生成的基础并伴随始终。因此，如果在生成的意义上提到“从之而来”，并能举例说明，实际上二者相结合就成功地给出了质料的一个比较精确的说明或者说描述性定义。质料概念是从主体这一基础概念中引伸出的，因此无论在《物理学》还是《论生灭》中，亚里士多德经常用主体概念解释甚至代替质料概念：

质料在最正确的意义上就是有能力接受生成和毁灭的主体。(《论生灭》A4，320a1)

用主体来解释质料，主体进行类比，很难说是它的定义。同理，在《形而上学》Z3中亚里士多德对质料进行了剥离论证，也就是把一个可感事物所有的范畴都去掉后剩下的东西：

我所说的质料是指那个本身既不是特殊事物也不是某种数量，也不是指派给任何其他的用来规定存在的范畴的事物。(1029a20)

如果把物体的所有范畴都从其本身剥离掉，这时候的质料并不是无，因为整个剥离过程没有剥离其物质性的一面，那么我们所得到的，就是具有物质性而作为事物的成分而存在的东西。这里的质料仍然是像铜像的铜这样的质料，只是这样的铜尚不具备任何可以用范畴所表述的东西，比如说具有大小，它不同于我们在日常生活中所见到的一些材料，因为即使它们，也是有一定的形式的，比如建造房屋的砖瓦可以是圆的或者是方的，可燃的树木也可能是圆的或者是长的。因此这里的质料不是相对意义上的砖瓦这样的概念，而是尚不具备任何范畴规定性的“那物质”。但这样的质料是实体的谓述对象（1029a23），是一个终极，也就是我们所说的终极质料。

作为构成个别事物的两个核心，质料与形式分别具有潜在性和现实性，在亚里士多德看来，质料的潜在性是固有的，只有形式才赋予质料以现实性从而生成个别事物。作为生成个别事物的终极质料，是潜在的“这一个”，是可触摸的，而作为现实的“这一个”的形式，则是一种状态。

2. 最初质料

在亚里士多德那里，还有“最初质料”概念，与这个概念相对照，那与形式同一的概念是“终极质料”，也就是我们在上文刚刚讨论的质料。而最初质料，传统解释中认为是一种单一的、永恒的、对于所有物理变化来说是中介和基质的东西，不属于任何范畴的一种绝对性的存在，这样来理解质料，其实是对作为生成模式中的质料的误解，也是把柏拉图的“容器”概念与亚里士多德的模式中的质料概念双重误解后，而杜撰出的第一个影响深远的概念。事实上，只要仔细读《论生灭》和《论天》，我们就能清楚地看到亚里士多德的观点，最初的质料是指水、火、土、气四种元素，这四种元素不再还原于某一种，而是相互生成和转化，当然它们的生成也符合三本原的生成模式。

当然，亚里士多德认为最初质料是火、气、水、土，是有深厚的哲学史资源的。正如亚里士多德在《论生灭》A 卷中所讨论的，恩培多克勒认为本原是火、气、水、土，但四元素不是彼此生成的，他有时候又把四元素归于一，在说法上相互矛盾。柏拉图在《蒂迈欧》中肯定了四元素之中，除了土元素之外，其他三种元素之间是相互生成变化的，因为它们都具有相同的三角形结构。柏拉图认为四元素是万物的本原，它们在动物中构成了骨头、肉和筋等。亚里士多德继承了他们的思想，肯定最初质料就是这四个元素，但是他不同意恩培多克勒的是，这四种元素是相互转化，且不会再归于一；不同意柏拉图的是，四元素并不是由三角形构成的，而是分别具有一定的性质，如冷、热、干、湿。它们相互转化的依据是以某一元素为基础、其对立的性质相互转化的模式。四元素都是可感质料，也就是可通过触觉感知的质料，而可感知的性质中，冷热、干湿、轻重、软硬、韧脆、粗细、粗糙和光滑这些性质最终可以归结为冷、热、干、湿四种性质，这是最基础的四种性质，其中热结合同类，冷汇集异类和同类，湿似乎易于变换形状而无自己的界限的性质，干易于靠自己的界限而确定但不易变换形状。这四种性质可以作为对立面分别属于四元素，其中火具有热而干的性质，气具有热而湿的性质，水具有冷而湿的性质，土具有冷而干的性质，但是四元素的两种性质并不是同等的，每一元素都具有一种更具支配力的性质，如土是干的，水是冷的，气是湿的，火是热的。火和气构成朝向边界移动的物体，土和水构成朝向中心移动的物体。与柏拉图的看法一样，亚里士多德也认为火和土处于两端，最为纯洁，而水和气处于中间，比较混杂。

而生成就是元素之间循环式的相互转化，即火变成气，气变成水，水变成土，又从土变成火；火与水生成土或气，气与土生成火或气；火与水之间的相互转化、气与土之间的相互转化、水和土之间的相互转化、火和气之间的转化虽然可能，但要相对困难一些，因为它们之间变化的性质更多。

3. 同质体

何为同质体？亚里士多德对此有明确的定义：

> 我所说的同质体，指的是开采出的金属物——金、铜、银、锡、铁、石头和诸如此类的其他东西，以及以它们作原料构成的物品——也指动物和植物中的东西，如肌肉、骨头、肌腱、皮肤、内脏、毛发、纤维物、血管（从它们之中，形成了脸、手、脚等异质体），以及在植物中的木头、树皮、树叶、树根等等。（《气象学》Δ10，388a14-33）

所谓同质体，就是由四元素构成的第二层质料，这种质料在动物身上体现为肉和骨头等这样全身相同的东西，在植物身上体现为叶和根之类的东西，还有各种金属和石头，这也是亚里士多德在《论动物的部分》B1 提示我们的，柏拉图在《蒂迈欧》中也有零星的暗示。那么四元素究竟是如何构成同质体的呢？亚里士多德告诉我们：

> 首先，元素是变化的，当热成为冷、冷成为热，它们到达中间时，从它们之中，肉和骨头以及诸如此类的东西生成；因为在这里，既无冷也无热，但中间有广延，并不是不可分的。同样，也正是由于在中间，干和湿以及类似的其他性质造成肉、骨头和其他复合物。（《论生灭》B7，334b24-31）

也就是说，冷、热、干、湿四种性质，冷热是主动性的性质，干湿是被动性的性质，在冷热变化的过程中，有各种不同比例的热和冷，这些不同造就了不同的事物，干湿在变化中也如此，各种不同比例的干和湿也就造就了不同的东西。用亚里士多德的话来说，同质体的构成原因各不相同，由以构成的质料却都是干与湿，即水与土，因为它们最明显地表现出能具有这两种性质；两个是能动作的，即热和冷，因为它们使同质物从水和土中聚合并成型。（《天象学》Δ1，378b24-5）也就是说，单纯的、自然的生成是由进入每一自然事物基础质料中的一定比例的冷、热、干、湿这些力量所引起的变化，而质料就是能承受的东西，当冷和热控制了质料时就有生成。与之相反的是腐朽，即在外部的热、周围的热的作用下，每一潮湿物中特有的、自然的热的消灭，即由潮湿变得干燥，最后成为土和粪。实际上除了火之外其他元素都会腐朽，因为相对于火而言，其他三种元素都是质料。一切同质体都不可以没有土和水，比如动物，它们只能存在于水中或陆上，而不能生活在气和火中，但每一事物所表现的是占优势的那一元素的性质。金、银、铜、锡、铅等是水性的，因为它们都可以被热熔化，而铁、骨、肉、肌腱和树皮、树叶等则是土性的。

4. 异质体

异质体，就是由同质体进一步构成的第三层的质料，如动物的脸和手臂由肉、骨头、血液、筋等构成。亚里士多德在《论动物的部分》B1，646b11 肯定了动物是由同质体和异质体共同构成的，当然前者是为了构成后者，因为躯体的功能和活动是由后者来承担的，如眼睛、鼻子、脸、手指或臂膀。而由于动物的整体或部分的活动多种多样，因此构成它们的质料也必须具备多样的潜能。就同质体而言，潜能是单一的，比如有的柔软，有的坚硬，有的潮湿，有的干燥，有的有韧性，有的易碎等；而就异质体而言，潜能是复合的，例如手既需要施压的潜能，又需要握拳的潜能。因此，动物有的部分是单一的、同质的，有的部分是复合的、异质的，如感觉的部分就是同质体，而功能的部分就是异质的。就感觉的部分而言，感觉总是与对象相关联，一定的感觉潜在地具有被一定的对象触动的能力，因此二者属于同一类。在所有感觉中，触觉最为单一，因为它更能与多种不同对象发生关系，辨认更多的对立性质。因此感觉器官如肉、皮肤等是最富物体性，可以说没有感觉就不会有动物。因此感觉在同质体中发生，但异类部分提供肌体的活动功能。实际上，感觉、运动和营养能力都处于同一个部分，也就是心脏部分，作为同质体，感觉可以感受所有可感对象，作为异质体，可以完成各种运动。在动物的同质体中，有些是柔软和潮湿的，而有些是坚硬而干燥的。血液、脂肪、骨髓、胆汁、乳汁、精液、肌肉等是潮湿的，坚硬和干燥的部分有骨骼、脊椎、肌腱、血管等。

（十一）潜能与现实理论

潜能与现实是一对相对的概念，亚里士多德首先在运动领域讨论这对概念，在《物理学》把运动定义为作为潜在存在者（潜能）的自身的现实。他说："'在实现着的潜能'本意就是'尚未完成'。"（《物理学》201b31）即运动本质上是一个存在概念而不是一个过程，指的实际上是事物把潜能或已有的内在倾向现实化。运动定义中的作为潜能而存在而不是潜能是一个存在概念，不是指运动的潜在，而是指一事物如果没有阻碍而变成另一事物（或准确地说成为其自身）的倾向或可能性，运动实际上表示的是作为潜能而存在的事物与获得形式而现实化的存在关系。或者说，潜能和现实这对概念根本上就与运动密不可分，潜能最根本的意义就是运动的本原。那么潜能是否只是运动领域的概念？《形而上学》Θ6 开篇就指出：

> 我们所说的潜能，不仅指其本性是推动他者或被他者推动的东西，无论是单纯地还是以某种特别的方式，

也在别的意义上用这个词。(1048a27)

这种“别的意义”，就是Θ卷开篇提到的“存在”问题。存在领域的潜能——没有分离性，有能力做某事而没有做（Θ6，1048a34-35）：如果说还没有成为赫尔墨斯雕像的木头，还没有成为整条线的半条线，是以潜在方式存在的话，是因为它们能够被分离，木头能够成为赫尔墨斯雕像，半条线可以变成整条线。有知识但是没有进行思考的人也可以说以潜在的方式存在，因为他有能力进行思考。亚里士多德对潜能概念的解释是从与现实直接相关的意义上的，潜能其实是还没有成为现实的一种存在，只要没有任何的阻力，这种存在就能成为现实。

既然我们已经解释了什么是存在意义上的潜能，那么当我们说明现实时，就可以借助潜能与现实的类比来进行说明：“如正在造屋相对于能造屋，醒着相对于睡着，正在看相对于有视觉但闭着眼睛的人，已经从质料中分化出来的东西相对于质料，已经制成的器皿相对于原始素材。两类事物是互不相同的，用前者来规定现实，用后者来规定潜能。”（1048b2-7）这样，潜能首先通过与现实的类比扩展了存在意义，然后以此为基础来说明现实，实际上对这对概念的解释是通过彼此相互的类比进行的。

但是现实作为许多事物的存在方式，也并非指所有事物的现实都相同，因为作为运动和作为实体，分别相对于潜在和质料，只是在类比的意义上相同。亚里士多德把运动与现实相类比，除了在运动的定义中所指出的运动是永远没有完成的现实，而存在领域的现实是已经实现了的之外，认为二者区分的根本在于有没有目的在其中，如果一种活动的目的是在这个过程之外的，那么就可以说是运动，如行走这样的动作，走并不是目的，只有通过行走到达一个地方或者通过行走达到健康才是行走这一运动的目的；但是在现实领域里，看、思想、生活和幸福是目的在其过程之中的，我们思想就是正在思想并且已经想到，这个动作本身就是现实，因为有目的在这个动作本身之中。

潜能和现实这对概念之所以能被普遍地应用于所有事物身上，根本上也是一种类比的存在方式。亚里士多德在《形而上学》Λ5这样说到：

> 此外，在类比的意义上，所有本原又是相同的，如现实和潜能，只不过它们对不同对象，以不同方式罢了。（Λ5，1071a4-7）

亚里士多德强调现实与潜能因对象和方式的不同而不同，不仅在实体领域的潜能和现实具有类比性，其他的范畴中也有潜能和现实。在《物理学》中，亚里士多德肯定本质（实体）、数量、性质以及其他范畴既是潜能的也是现实的。（《物理学》200b28）因此潜能和现实是事物存在的不同方式，这也是潜能和现实是万物本原的意义。

而且潜能和现实概念都有双重的意义，一个有学习能力的人拥有学习的潜能，一个学习了语法却没有运用的人也可以称作拥有潜能，这种意义上的潜能也可以是一种现实，还有一种现实就是正在运用语法知识，正在思考。因此，用于知识上，现实的知识是个别的，而潜在的知识是普遍的。

（十二）定义理论

定义，作为对“是什么”和“本质”的一种描述，是从苏格拉底开始就一直在追求的。柏拉图给我们展示的“苏格拉底对话”中苏格拉底追问的一直是“是什么”这个问题。柏拉图的理念论用理念解释了这个问题，并在《政治家》《智者》等著作中用“两分法”的分类方式给出了人、政治家、智者的定义，其中最为著名的就是关于人的定义：“人是两足动物”，大大发展了定义理论。亚里士多德对定义理论的关注直接从柏拉图的“二分法”和“人是两足动物”这个著名定义开始。他认为分类法是值得肯定的，但“二分法”不值得提倡，因为分类方法比较武断且有缺失项，强调应该多分。还给出划分法要注意的几项：

> 为了通过划分去建立定义，我们必须记住三点：①选择说明“是什么”的各种属性；②把它们按先后顺序排列；③确定选择是完全的，没有遗漏。（《后分析篇》B13，97a24-26）

在肯定划分法的基础上，他对“人是两足动物”这一定义方式进一步抽象，[1] 认为下定义的方式莫过于指出属和种差，其中

① 这一说法暂无定论。我们在第一章的注释中提到过，对于“属加种差”这一定义方式，究竟是柏拉图本人或学园里其他成员提出的，还是亚里士多德本人提出的，在亚里士多德著作中有相互对立的说法，在一处他批评了“那些使种由属和种差构成的人”，但在逻辑学著作中他对这一定义方式进行了充分的论证和分析。

属是对事物本质的最根本的描述。对这一“属加种差”的定义方式的论述集中于《后分析篇》《论题篇》中，详细论述如何保证有正确的属和种差的划分，尤其在《论题篇》Z卷中，他对由此方式构成的诸多定义进行了各种指摘和评论。但是他针对质形复合物（既包括自然物，也包括人工物）又有另一种定义方式，即由潜在的质料和现实的形式构成的定义，这是他在《形而上学》H卷中提出来的。在他看来，只有这样的定义方式才能满足构成定义的两个构成部分是一的难题。自然物中的质料和形式，一个表示必然性，一个表示目的。对这一定义方式的强调和运用，是在其自然哲学著作中，如《物理学》《论灵魂》《论动物的部分》等。

然而，对于这两种定义方式的关系，研究者们争论不休。许多研究者认为，质料和形式构成的定义不过是对属加种差定义方式的扩充，也即是把属解释为质料和潜能，而种差是形式和现实，他们认为，如果说属加种差是从逻辑角度对定义的描述，那么质料、形式、潜能和现实就是对它所进行的形而上学的描述。但在我看来，认为这两种方式互补的看法是对《形而上学》H卷的论证思路的误解，既然质形复合物是研究对象，没有必要排除定义中的质料，更何况构成事物的质料代表着必然性，如描述房屋，不能没有砖瓦，描述斧子，不可能没有铁。作为实体和作为现实的差异也就是形式，而形式就是对质料的安排方式，作为定义对象的本质就依存于形式和现实，或者说本质决定了事物由潜能向现实的转化。说到人的定义“两足动物”，亚里士多德也表示了质疑，认为无论“两足”或“动物”都不能表示人的实体，因为人的实体是灵魂，因此他认为用潜在的躯体和现实的灵魂来表示更合适一些。

总之，在我看来，逻辑学著作所论述的“属加种差”的定义方式，和《形而上学》所论证并在《论灵魂》《物理学》等著作中应用的“质料加形式”的定义方式，虽然都以“种”为对象，但如果说前者强调的是概念或词的话，后者强调的则是实体，且是质形复合物；如果说前一种定义是对柏拉图分类法定义理论的进一步发展和深化，那么后者则是亚里士多德独特的创造和运用。

（十三）类比概念

亚里士多德的类比概念在其哲学理论中是一个很重要的概念，我们以上在说明潜能和现实概念时，已经指出了类比在其中的应用。但在《形而上学》中，类比还被运用于多个方面：在说明万物本原和实体理论的关系问题上，亚里士多德肯定了每一事物的形式、质料和动力因各不相同，但是在类比的意义上，可以说万物的本原是相同的，从而把万物本原理论与实体理论相关起来；潜能和现实的存在/是也在类比的意义上是万物的本原；神圣实体是通过与可生灭实体的类比中得到理解的；在对人工物和生物有机体的解释上，也是通过类比进行沟通的……可以说类比概念是亚里士多德沟通多个理论的枢纽。

我们知道，亚里士多德在《物理学》中提出了“四因说”，还提出了生成的三本原说，在《形而上学》核心卷中讨论最多的就是什么是实体，一直强调实体是个别的，然后经过复杂的证明指出，实体有三种：一个是现实的实体，就是形式；一个是潜在的实体，即质料；第三种就是二者的复合物，比如苏格拉底，而形式作为实体，是质料之所以是个别事物的原因。那么个别实体理论如何与万物本原理论相关？个别的形式和质料如何成为万物的原因？

亚里士多德在《形而上学》Λ卷中指出，质料具有潜在性，因此有向两个方向变化的能力，万物的生成既然都是由潜在向现实性的转化，那么《物理学》中的三本原就应该是质料、形式和缺失三本原，如果我们讨论到动力因，它也可以是实体，既然是实体，就有原因的意义，那么原因意义上的实体的指涉就扩展了。但是不同事物的这四个原因是不同的，而且我们所说的是实体的原因，实体的原因如何成为万物的原因呢，如何应用到其他范畴之上呢？这就需要类比概念了：

> 不同事物的原因与本原在一种意义上都是不同的，但在另一意义上，如果是普遍地和类比地说，它们对于所有事物都是相同的。(《形而上学》Λ4，1070a31)

这里的不同事物，指实体与其他范畴，亚里士多德肯定了实体的元素和其他范畴的元素没有共同之处，但是如果我们类比地说，这些原因和本原就是相同的，我们也能认为这些原因是普遍的万物本原。亚里士多德对此的证明分了三步进行。第一步，亚里士多德明确了万物有范畴的不同，“因此这些事物有相同的元素和本原，(但不同事物，元素和本原是不同的)，对于万物来说不是这么说的，而是在类比的意义上，就像人们说的那样，有三个本原，形式、缺失和质料”。(《形而上学》Λ4，1070b17-21)

我们一直说生成的三本原是万物的普遍本原，但是我们没有说明，只有在类比的意义上才能这么解释。但是亚里士多德进一步认为，除了事物之内的这三个本原，还有事物之外的动力因，比如阿喀琉斯的动力因是他的父亲佩留斯。当然，不同情况下的动力因也是不同的，比如对健康和房屋这些不同对象来说，动力因分别是医术和建筑术。但是我们仍然可以类比地说，动力因也是万物的本原。"因此，类比地，有三个元素，四个原因与本原。"（Λ4，1070b25）亚里士多德在Λ5还进一步说明，这也是论证的第三步。这里，他进一步深入各个不同范畴的属中，指出在各自的不同属之下不同事物有不同的原因和元素，只有在类比的意义上，我们依然能说它们是相同的。因此，在Λ5最后，亚里士多德总结到，我们在探讨实体、关系和性质等的某些本原或元素是什么，以及它们彼此是相同还是不同的这些问题时，一个明显的事实是，每一个事物的质料、形式和动力都是不同的。但是，

> 万物这样有相同的原因，是在类比的意义上，这就是质料、形式、缺失和运动者，实体的原因在这种意义上被看作万物的原因。（Λ5，1071a33）

这样，《物理学》和《形而上学》A卷所论述的本原理论、生成结构、四因学说（除了目的因）最终与《形而上学》核心卷讨论的实体理论融洽起来，填补了理论之间的罅隙，也沟通了个别与普遍之间的关系。

亚里士多德对于天体和不动的动者的说明，也是从与可感可

生灭实体的类比中得到解释的。至于人工物与有机物的类比，使用频率更多，例如在《形而上学》Z7 中亚里士多德对形式在生成中的重要作用的论述。有些研究者为亚里士多德在最凸显形式的第一实体地位的章节中不讨论最典型的有机体而讨论人工制品而遗憾，孰不知正是因为人工制品中生成的结构更为清晰，形式更为人所容易理解，因此理解了人工制品中的形式实际上也就类比地理解了自然物中的形式在生成中的支配作用。

（十四）知识的普遍性和个别性

与柏拉图一致的是，亚里士多德也肯定了一切知识都具有普遍性。但是柏拉图认为，知识的对象就是实存，亚里士多德则认为，实存是个别的实体。因此，个别的实体和普遍的知识之间的张力始终在他的探讨过程中。上文提到形式时，曾指出它既是最为严格的实体，具有个别性，同时形式作为本质又是定义的对象，而定义是知识的本原，也是具有普遍特征的，那么形式作为定义的对象，是否也具有普遍性呢？亚里士多德在《形而上学》Λ 卷中给出了答案：在类比的意义上，形式是万物的本原。而在同一种属之下，形式虽然不同，但在类比的意义上也可以说是相同，因此可以给以普遍的描述。

在《论灵魂》中，亚里士多德进一步认为，形式作为现实是以两种方式进行表达的，一种类似于知识，一种类似于思考，定义中的现实是第一种，定义对象的形式也是第一种意义上的。那么第一种类似于知识的现实究竟是指什么呢？亚里士多德以具有知识的人（简称知者）为例，第一种意义上的知者的潜能，是指人这样的种属所具有的能力，具有学习和拥有知识的能力，凡是人都具有这样的潜能，而且这种潜能可以通过学习而改变；第二种意义的潜能，是指具有建筑知识或者语法知识却并没有现实地运用，只要他想运用就可以；而现实的知者是指正在思考的人，是现实地知道某个知识 A。这样，潜能和现实这两个概念之间的关系，不再因为他们分别对应于质料和形式，而变得紧张，相反，这种关系得到了缓和，从而为知识的普遍性和个别性之间的沟通提供了可能。他这样说到：

> 因为知识，正如知道这个词一样，有两种意义，一方面是潜能，一方面是现实。潜能作为质料是普遍的和无规定的，属于普遍和无规定的事物，现实则是确定的并属于确定的事物，作为这一个，它属于某一这一个。(《形而上学》M10，1087a14-19)

在亚里士多德那里，无论形式，还是定义，甚至是知识，都具有双重意义，既是潜在的又是现实的，而潜在和现实又分别对应于普遍性和现实性。亚里士多德对形式的字面解释是第一种现实，而这种类似于拥有知识而不运用的状态，实际上是一种潜在状态，这也是定义中出现的第一种现实的意义，也正是在这样的意义上，定义体现出普遍性，适合于一定范围内的所有对象。然而，就像作为实体的形式是个别的一样，当我们的知识应用到真正的对象上的时候，知识就是个别的，与对象同一，或者说对象使其现实化。

（十五）第一哲学与第二哲学

亚里士多德在《物理学》《形而上学》E 卷、Λ 卷中屡次提及的第一哲学和第二哲学（也称为形而上学和自然哲学或物理学）相互区分的问题。按照亚里士多德的说法，第一哲学用以考察不动的、无质料的、永恒的实体，第二哲学则是考察运动的、可感的形式质料复合物这样的实体。但是《形而上学》核心卷还是以自然哲学为研究对象——这一对象是生成和毁灭的可感的复合物，Z 卷虽然强调形式的第一实体地位，但仍然从质形复合物开始谈起，并强调形式不脱离质料，即使着重强调形式是定义对象、质料既非定义的对象也不能包含在对形式的描述中的 Z10-12，也没有只讨论无质料的形式，甚至 Z12 对只包含形式的定义的讨论在我看来以无果而终，甚至在 Λ1-5 中依然以质形复合物为主题。只有在 Λ6-10 中亚里士多德论证了首要的现实、没有质料的实体、作为万物的第一动力因的直观理性（νοῦς）。然而，对于这个不动的动者，其实又是《物理学》Θ 卷的主题。所以在笔者看来，如果只认为 Λ6-10 短短几章真正属于第一哲学，而将 ZHΘ 中质料与形式、潜能与现实等重要的理论都排除出形而上学或者说第一哲学的领域的话，我们就该重新定义亚里士多德的《形而上学》了。亚里士多德区分第一哲学和第二哲学的标准是研究的对象，而不是研究的角度，但是亚里士多德在实际的考察中并没有严格地区分对象，无论在《物理学》还是《形而上学》的主要部分，都以可感的质料和形式复合物为对象，但却从不同角度进行研究。在《物理学》中他研究的是变化的本原、运动以及与运动有关的空间、时间等问题，因为变化生成问题与质料息息相关，所以他对质料的讨论比对形式的讨论更丰富，他还多次说到对形式的讨论属于第一哲学的内容；而在《形而上学》核心卷中，他强调的是什么决定事物的本质，他想要证明形式具有这个功能，从而详细地论证形式是第一实体，而对质料的讨论总是简略地提到或者暗示在别处已经讨论过了。但是在我们的实际研究中，对形式和质料的讨论是同时强调的，我们理解《形而上学》核心卷的思想不仅要联系《范畴篇》，更要联系《物理学》和《论生灭》等著作，把《物理学》AB 两卷纳入《形而上学》的研究范围其实也是我们的实际研究工作。罗斯认为："不仅 Λ 卷 2-5 章，而且 Z-Θ 卷的大部分都论述可感觉实体所涉及的原则，这样它们都要被看作仅仅是形而上学的准备，否则，这些卷主要讨论的那些原则也是在神和推动行星的智慧中独立而不变的存在物。不能说亚里士多德实际上正确坚持了物理学和形而上学的区别。可以看到，《物理学》的大部分内容都可以称为形而上学。它不是对自然规律的归纳性探索，而是对物体和它们发生的事件的先验的分析。"① 笔者认为，罗斯的这段话中肯定《物理学》和《形而上学》研究对象的一致性是对的，但因此肯定讨论可感觉实体仅仅是《形而上学》的准备②，并且因为《物理学》讨论的内容是对事物和事件的先验分析而把它归入《形而上学》的说法却有失偏颇。在笔者看来，虽然亚里士多德从研究对象来

① ［英］W. D. 罗斯：《亚里士多德》，王路译，张家龙校，商务印书馆，1997 年，第 173 页。

② M. 伯恩耶特认为，Z、H、Θ 形成一个两卷的著作（他认为 ZH 和 Θ）是为了给将要在 MN 和 Λ 所讨论的不可感的存在问题做准备。M. Burnyeat, *A Map of Metaphysics Zeta*, Mathesis, 2001, p. 77.

划分学科，但是实际上《物理学》与《形而上学》大部分的研究对象都是可感觉实体，既然《形而上学》大部分的内容都是可感觉实体，那么就不能说《物理学》是《形而上学》的准备。而且在笔者看来，《物理学》与《形而上学》的区分与其说是研究对象的不同，不如说是研究角度的不同：前者侧重于生成变化的本原和原因的研究以及与此相关的运动、时间等概念，而后者不仅讨论这个学科如何成立，更强调可感实体中首要的实体——形式。

弗雷德认为："靠近Λ卷导论章结尾的说法不是在断然地主张可感实体是物理学的领域，反之，非物质的实体由神学或形而上学研究。它毋宁是在主张，除非这两种实体具有共同的本原，否则它们将在不同的学科中被研究。不管我们怎样解释这一点，至少它给能够存在一门研究两种实体的学科的想法带来了可能性。"[①] 笔者认为弗雷德的解释说服力不足。物质实体和非物质实体虽然有一个共同的本原，但是形而上学或第一哲学研究物质实体并不因为这一共同的本原，而是研究"作为存在的存在"，其首要的代表就是实体——质料、形式和二者的复合物。亚里士多德区分第一哲学、第二哲学和数学是按研究对象来分，这也许是他的一个计划，但是实际上他并没有严格按这个计划来讨论他的第一哲学，相反，亚里士多德关注的问题与前苏格拉底哲学家关注的问题是一致的，都是对万物的本原和原因的解释，流传到我们这里的形而上学和第二哲学主要的研究对象是相同的——都是

① M. Frede, Introduction, M. Frede, D. Charles (eds), *Aristotle's Metaphysics Lambda*, Symposium Aristotelicum, Clarendon Press Oxford, 2000. 转引自聂敏里选译：《20世纪亚里士多德研究文选》，华东师范大学出版社，2010年，第320页。

可感而有生灭的物质实体。在他所说的智慧和知识的领域里，事物的第一因才是他关注的根本问题。既是对第一推动者的说法，其实也是对现实世界运动的一个原因的解释，他关注的对象一直是现实世界的事物。因此，如果只是从他含混的表达中对他的第一哲学和第二哲学下定义，是不够严谨的。在《形而上学》Λ1亚里士多德又强调了可感事物无论是可灭的还是永恒的都是自然哲学的研究对象。而我们不能仅凭此就断定这些内容与《物理学》更有亲缘关系，因为核心卷 ZHΘ 讨论的也主要是这些内容，更何况下面将会谈到，Λ3、Λ4、Λ5 的内容更接近于后者。所以说实际上第一哲学和第二哲学之间并没有截然的区分，如果我们教条地按他的说法来区分第一哲学和第二哲学，会错失他的理论精华。我们只有按既有的文本内容来理解他的理论，才能把握他的思想。那么既然他的第一哲学和第二哲学实际上无法区分，我们实际上也就对亚里士多德在《形而上学》中讨论的生成问题或者准确地说从生成的角度讨论实体问题就有所理解了，这实际上也就把原因和实体两个重大理论联系起来了。而这也是在《形而上学》Λ1-5 中亚里士多德所提出的几个原因。因此，只有理解了《物理学》和《形而上学》研究对象的基本一致性，才能理解《形而上学》Λ1-5 如何总结性地把以前相对独立的理论整合起来，也才能解释本原、原因与实体的关系，因为我们从上文可知，本原和原因是万物的普遍的本原和原因，并不只对某一具体的个别事物，而亚里士多德提到的实体都是“这一个”，无论个别的人或马，还是个别的形式，都是个别实体。

（十六）努斯/直观理性

一般认为，在哲学史上，阿那克萨戈拉是第一个提出努斯/直观理性（νοῦς）的人，他断言世界是由直观理性组织起来的。特别是柏拉图《斐多》中苏格拉底著名的话更是加深了人们对这件事情的印象。在阿那克萨戈拉那里，直观理性的本性是："（a）是不受限制的；（b）是自主的；（c）是与其他一切事物相分离的；（d）万物中至精至纯的；（e）无论大小，都是相似的。"直观理性的活动是："（f）思忆万物，伟力至高；（g）控制具有灵魂的一切事物；（h）引导整个宇宙的旋转，发动之，承续之；（i）知晓万物的一切混合与分离；（j）组织安排一切曾是、正是和将是的东西。"[①] 总之，在阿那克萨戈拉那里，直观理性既是宇宙中的动力，也为个别的有灵魂的事物所有，而且这里的个别事物，并不限于人。不过作为宇宙之心的直观理性和个别的直观理性是什么关系，似乎他并没有进一步论证。柏拉图也在类似的意义上使用这个词。亚里士多德继承了前辈的这一概念，并分别在实体和人的灵魂能力两层意义上都极大地丰富了这一概念。在亚里士多德哲学中，直观理性既是宇宙的第一推动者，是不动的动者，是没有质料的形式、现实和实体，同时它也是人身上最像神的部分，是一种认识或决断能力，而这种能力既表现在对理论哲学的把握上，也表现在实践哲学中。

在亚里士多德看来，生灭变化且运动着的自然界中，一定存

① ［英］泰勒主编：《从开端到柏拉图》，韩东晖等译，冯俊审校，中国人民大学出版社，2003年，第249页。

在一个第一推动者，这个第一推动者自身不动，是不动的动者，它是永恒的，唯一的，且进行着同一连续的圆周运动，它没有部分，没有量，因此不可分，是在球面上的，这就是直观理性。亚里士多德用了“神”的字眼，认为神就是善，是现实，是最高的存在，因为认为这么一个秩序井然的宇宙也应该有一个安排者，它保证了事物等级的合理性以及宇宙秩序的美。如我们在上文讲到实体的时候所提到的，直观理性是亚里士多德所肯定的三种实体之一。它自己尽管静止不动，却是处于最外层的天层运动变化的永恒源泉，是其运动的目的因，它作为一种爱的对象而存在，它不能成为别的任何事物，没有质料，是现实，它就是直观理性，是一种最完美的活动，因为神永恒地处于思想中，它思想的对象就是直观理性自身，这种活动就是善，是宇宙中善和秩序的源泉。[1] 直观理性，作为一种永恒的现实实体，它唯一的运动就是沉思，是以自身为对象的沉思，在亚里士多德看来，沉思的生活是幸福的，神就是在这样的永恒幸福之中。

就像前辈阿那克萨戈拉和老师柏拉图那样，亚里士多德也认同直观理性不仅是整个实在的发动者，而且也在人的身上，是人的灵魂中的一个部分，而这个部分是最高的理性，且有两个方面的作用，一是在理性认识中的类似顿悟或者醍醐灌顶的能力，一是在实践中、在具体场景中的决断能力。在理性认识中，亚里士多德认为除了进行推理的理性，还有一部分是直接把握本原和始点的理性，他认为这部分理性只具有接受能力，而没有什么本性，

① ［美］大卫·福莱主编：《从亚里士多德到奥古斯丁》，冯俊等译，冯俊审校，中国人民大学出版社，2004 年，第 80 页。

是处于潜在状态，只有在思考对象时才现实化，甚至有时候他会说这部分理性不需要任何躯体，不具有质料："理性潜在地即是思维对象，但现实上，在思维之前它什么都不是。"（《论灵魂》429b31）直观理性不仅体现在理论智慧之中，也就是与知识能力一起构成对不变对象的思考，同时也体现在实践智慧之中，也就是说，包含于明智这一理智德性之中，是与欲求、思虑等一起构成对终极的、具体的事务的直接的把握能力。这种实践上的直观理性和欲求一起，构成了运动的原因："直观理性也从两端来把握终极的事务。因为，把握起点和终极的是直观理性而不是逻各斯。在证明中，直观理性把握那些起点，在实践事务中，直观理性把握终极的、可变的事实和小前提。这些就是构成目的的始点。"（《尼各马可伦理学》1143a34-b9）有时候亚里士多德把直观理性比作感觉，强调其与始点和终点的直接接触的特点，而直观理性在亚里士多德看来就是人身上最神圣的部分，最接近神的部分。

（十七）善与幸福

与以上所讨论的形而上学思想的这些理论哲学不同，在亚里士多德这里，伦理学属于实践哲学，它不追求精确，不仅仅满足于人们知道德性是什么，而是为了变成有德性的人，所以伦理学要考察的是人们如何实施行为，因为行为决定了我们的伦理品质。在《尼各马可伦理学》开篇，亚里士多德说：

> 每种技艺与研究，同样地，人的每种实践与选择，都以某种善为目的。所以有人就说，所有事物都以善为

目的。(1094a1-2)

由于人的实践活动多种多样，所以目的和善也是多种多样的，如医术的目的是健康，战术的目的是取胜等，但是在所有目的中，还有一个首要的目的，这就是所有目的中最高的目的，也就是最高的善。这种善不同于柏拉图哲学中的善的概念，在亚里士多德看来，那分离存在的辐射万物的客观的善并不存在，对于万物的善没有任何意义，存在的善只有具体的、个别的，善只是在类比的意义上才适用于各行各业，只是人类生活还有一个终极目的和最高的善，这就是幸福，毕竟，虽然我们会追求荣誉、快乐、智慧等其他德性，但最终还是通过这些而达到幸福。实际上，这里亚里士多德体现了与柏拉图在关于善、正义等德性概念上的完全不同的理解，善和正义等概念不再是柏拉图那里的理念，因为它们不是实体，不是理论追求的对象，而是实践哲学的对象，而且打破了知识与德性等同的思想框架，因为在他看来，评价一个人的德性主要是看他的行为，换句话说，德性是一种实践活动而不是理论哲学所讨论的对象，必须身体力行。

他认为人所追求的最高的目的和完满而自足的善就是幸福，虽然人们对幸福的理解各不相同，但是在他看来，幸福就是合乎德性的现实活动，幸福是一种自足的状态。幸福是因其自身而不是因某种其他事物而值得欲求的现实。幸福不缺乏任何东西，是自足的。德性与直观理性是好的现实活动的源泉。对好人而言，合德性的实现活动最值得追求。这是一种幸福，是亚里士多德说的人类善。还有一种幸福，是高于此的，在亚里士多德看来，如果幸福在于合德性的活动，我们就可以说它合于最好的德性，即我们的最好部分的德性。我们身上的这个天然的主宰者，这个能思想高贵的、神性的事物的部分，正是它的合于它自身的德性的实现活动构成了完善的最高的幸福，也就是沉思。因为第一，沉思是最高等的一种实现活动，因为直观理性是我们身上最高等的部分，直观理性的对象是最好的知识对象。第二，它最为连续，比任何其他活动更为持久。第三，幸福中必定包含快乐，而合于智慧的活动就是所有合德性的实现活动中最令人愉悦的。第四，自足。第五，沉思是唯一因其自身故而被人们喜爱的活动。第六，幸福还包含着闲暇。因此，最高的幸福就在于沉思。与最高的沉思的幸福相比较，合乎其他德性的生活是第二好的，因为这些德性的实现活动都是人的实现活动，而且沉思的活动所需要的外在的东西更少，比如慷慨的人做事需要一定的财产来支持，勇敢的人需要勇气，而一个沉思的人，就他的沉思活动而言，并不需要外在的东西，而且是与神的实现活动最为相似的。

（十八）伦理德性

人的德性，并不是指人的身体的德性或者外在的德性，而是指人的灵魂的德性。与柏拉图对人的灵魂进行三分不同，亚里士多德认为人的灵魂是两分的——有理性的部分也有非理性的部分；非理性的部分又可分为两个部分，第一部分是对一切有生命者来说是共同的部分，就是营养和生长的能力，这是植物性的本性，第二部分就是感性欲求能力，如果说第一部分与理性无关的话，第二部分则顺从理性的指导。而灵魂的理性部分中，一部分自身具有真正的理性能力，而另一部分则具有听从理性能力的能力。因此，德性也根据灵魂的划分而划分：一方面是理智德性，另一方面是伦理德性，而理智德性包括智慧和明智，与我们一般所讲的直观理性、知识、理解、权衡、选择、判断等相关；伦理德性则包括慷慨和节制等，也即仅与人的性情、习性、脾气、品格等相关。对前者的培养是通过教导，需要经验和时间，后者则是由习惯而来的。因此，在亚里士多德看来，没有什么德性是自然赋予我们的，但它们虽然不出于自然却也不违反自然，可以说是我们所具有的自然天赋，我们通过习惯让这些天赋进一步完善。我们总是先有德性行为，才获得德性，如在勇敢的行为中，成为勇敢的人，我们的习惯是从反复的历练中形成的，而我们的德性也从这样的由行为而来的习性中塑造而成，所以以哪种习惯塑造自己不是小事。

就灵魂的有理性的部分而言，又可分为两个部分：一部分以不变的存在为对象，一部分以可变的存在为对象，前者称为认识能力，后者称为推理能力。具体而言，理性灵魂有五种能力：技艺、知识、明智（实践理性）、智慧和直观理性。技艺是指以制作而非行动为对象的；知识是以必然的、可教的普遍原理为对象的；明智就是善于权谋对生活总体或人类有益的事情，属于行动的领域；直观理性是以第一原理为对象的；而智慧，是以认识和直观理性来把握那些就本性而言的最高贵的存在的，是最完善的，不只是知道从原理推导出来的知识，而且也能从原理本身来认识真理。

明智涉及人的事务和人能权变的东西，明智的人了解具体情境，但不是操心自身功利。明智与直观理性是对立的，前者涉及的是最终的具体事情，不能靠知识而只能靠整体的直觉把握，是行动的对象；后者涉及的是不可进一步定义的最高原理的领悟。直观理性一方面把握的是在科学证明框架内不变的和最高的原理，另一方面把握的是行动领域内自身展开的行动的最终实际，可变的东西和小前提。因为这个最终的具体实际是把握目标的出发点：我们是从具体的东西出发达到普遍的东西所以人们必须有对这个具体东西的知觉，而这种知觉就是理智的直觉，也就是直观理性。

伦理学所讨论的自然是伦理德性，主要有：温和、勇敢、羞耻、节制、义愤、公正、慷慨、诚实、友爱、骄傲、坚强、大度、大方、机智等。

（十九）中道学说

德性是灵魂所具有的除性情、能力之外我们用以判断一个是好人还是坏人的品质，它是使承载它的实体和功能都达到优秀和卓越状态的品质，而这就是中道，或者说，德性就是中道的品质。因为所有事情都有过多、过少和适中三种状态，人们都会选择适中的状态为追求的目标，如艺术的目标就是专注于合适的度而使作品完善。而我们的伦理德性与性情和行为有关，也存在过度、不及和中道的情况，所以如果对于何时该有、对什么事情、对什么人、出于什么原因、如何该有都能很好掌握，那么这就是中道的，也是最好的，这就是德性的品质。换句话说，伦理德性就是以达到中道为目标。用亚里士多德自己的话说就是：

> 在适当的时间，适当的场合，对于适当的人，出于适当的原因，以适当的方式感受这些感情，就既是适度

的，又是最好的，这也就是德性的品质。(《尼各马可伦理学》1106b20-21)

亚里士多德强调，必须到具体的行为中来确定什么是中道：怯懦和鲁莽的中道是勇敢，快乐和痛苦的中道是自制，挥霍和吝啬的中道是慷慨，粗俗和小气的中道是大方，自夸和自卑的中道是自重，暴躁和木讷的中道是温和，虚夸和假谦卑的中道是诚实，圆滑和呆板的中道是机灵，羞怯和不知羞耻的中道是知羞耻，嫉妒和幸灾乐祸的中道是义愤。

那么如何达到中道呢？这是比较困难的，因为并不是每个人都能找到适度的点，所以德性和善才难得。但是要达到中道，首先，要远离两个极端中更强大的极端，即使我们做不到中道，也要避两害取其轻；其次，要尽量远离通常被我们的自然本性所驱使而被认为是快乐的方向，以及相反的方向，以免矫枉过正；最后，警惕最能招致快乐的事情。总之，只有这样做我们才会尽可能达致中道。

(二十) 理智德性

与伦理德性相对，人也有理智德性。在亚里士多德看来，人灵魂的理性部分，也就是理智部分，仍然可以一分为二，一部分是理论理性，一部分是实践理性，前者关注永恒不变的事物和对象，后者关注与人事有关的可变动的对象，那么相应地，有两种理智德性，与理论理性相应的德性是智慧（σοφία），与实践理性相应的德性是明智（φρόνησις）。对于这两种理智德性，亚里士多德对前者的解释是明确的，而对后者的解释虽然给出许多说法，但终究留下了复杂的问题，即明智这个德性，固然也是复合，究竟包含哪些内容呢？

在《尼各马可伦理学》第六卷中，亚里士多德专门讨论了理智德性问题。对于智慧，他认为是各种知识中最为完善的，认为智慧是知识（ἐπιστήμη）和直观理性的结合，是关于最高题材的、居首位的知识，也就是那些罕见的、重大的、困难的、超乎人的想象却又没有实际用处的知识，换言之，一般所谓的理论哲学的知识，如形而上学知识；拥有智慧的人，比如哲学家，亚里士多德给出的例子是泰勒斯和阿那克萨戈拉。与之相反，明智是一种同人的善恶相关的、合乎逻各斯的、求真的实践品质（1140b6、b20），在对这个解释的进一步理解中，比较复杂的是如何理解“合乎逻各斯”？逻各斯是亚里士多德泛指理性所用的词，我们知道亚里士多德在解释伦理德性的时候，强调合乎中道，而合乎中道的根本就在于“合乎逻各斯”，那么究竟合乎逻各斯的哪个部分呢？亚里士多德针对明智这个德性，分别讨论了考虑或好的考虑（βουλεύσις/εὐβουλία）、选择（προαίρεσις）、直观理性（νοῦς）、理解或好的理解（σύνεσις/εὐσυνεσία）、体谅（γνώμη）、意图（βούλησις）等成分。其中，意图属于欲求（ὄρεξις），也就是在灵魂的思虑部分存在，而在非理性部分存在的欲求是欲望（ἐπιθυμία）和激情（θυμὸς），这也是亚里士多德所强调的明智是有欲求在其中的，尤其是在选择的成分中，意图一般确定目的；考虑是对可变对象的思考，就是推理，一般针对的是达到目的的手段；选择就是在考虑之后对力所能及的事物的欲求，包含着意图与能力的追求目的的实践；直观理性在实践中把握终极的、可变的事实，类似于感觉；理解就是对别人的意见能进行识别，善于采纳别人的好的意见；而体谅是指对有关公道的事情能做出正确的区分。亚里士多德的文本中没有明确地说明智包括所有这些成分，但这些确是保证明智的条件。

当然，在亚里士多德这里，智慧和明智这两种理智德性是有高低层次的，智慧是更高的，可能是神最充分具有的，人只能是少数人才能具有的，而且智慧一定是高于明智的，因为明智根本上是一种人类善，关心的是人的善。

三、主要影响

我们知道，亚里士多德之所以最后离开了雅典，是因为雅典人对他的指控。他在仓促之间，把自己的讲稿和吕克昂学园交代给同学兼同事塞奥弗拉斯特，自己到了母亲的故乡，并在一年后死在了那里。实际上，雅典被马其顿人占领之后，也意味着希腊哲学高峰开始走向下坡之路。漫步学派在亚里士多德的继承者塞奥弗拉斯特死后，研究的兴趣逐步从自然哲学和形而上学转向了伦理学和修辞学以及其他专门化的科学研究之中。亚里士多德的著作也在塞奥弗拉斯特死后辗转被后人藏在地窖里一百多年，经历自然的一些如发霉、鼠咬的不幸，后来被安德罗尼柯在公元前1世纪时整理编辑出版。在希腊化时期，他的影响远不如柏拉图学派，但在著名的新柏拉图主义者普罗提诺那里，亚里士多德的影响非常大。这一时期，阿菲罗狄西亚的亚历山大、普罗提诺的学生波菲利、波埃修等人都是重要的注释家，他们注释的作品成为早期经院哲学的资料库。公元 529 年，吕克昂学园与柏拉图学园同时被关闭。476 年西罗马帝国被日耳曼人灭亡之后，欧洲进入所谓黑暗的中世纪，亚里士多德的著作在欧洲几乎绝迹，只在东罗马的拜占庭帝国，他的著作及其他希腊哲学家的著作得以保存下来。9 世纪以后，出现了阿尔法拉比、阿维森纳和阿威罗伊三位重要的阿拉伯注释家，他们对亚里士多德哲学研究贡献很大。后来在 12 世纪，古典的希腊文本又重新回到欧洲。而在中世纪早期，据说他的著作被人熟知的只有《范畴篇》《解释篇》等，12 世纪人们才发现了《工具论》里的其他几部著作。不过，亚里士多德的逻辑思想仍然对经院哲学起了重要作用，如著名的共相问题，使得经验哲学内部展开了实在论和唯名论的斗争。12 世纪以后随着亚里士多德哲学在欧洲的广泛传播，基督教哲学中的重要代表托马斯·阿奎那发现亚里士多德哲学可以为神学服务，于是他创造了一个以亚里士多德哲学为理论基础的神学体系，用前者来充实改造基督教思想，以致于“托马斯主义”成为后期经院哲学的正统思想，亚里士多德成为当时唯一被推崇的哲学家，而亚里士多德哲学也成为绝对权威。除了对基督教哲学的影响，亚里士多德哲学对分析哲学的影响也很大。下面我们分别简述这两点。

（一）对基督教思想的影响

由于托马斯·阿奎那的推崇，亚里士多德在中世纪被称为“这个哲学家”，换句话说，人们说起哲学家，就特指亚里士多德，而不是任何的其他人。阿奎那除了对亚里士多德《形而上学》《物理学》《后分析篇》《解释篇》《政治学》《论感觉》《论记忆》《论灵魂》做过注释之外（其中的一些对现在的学者仍然有价值），他主要的贡献在于利用亚里士多德的哲学和方法，使得基督教神学体系更成体系，也最终成就了基督教哲学。

阿奎那基本接受了亚里士多德的认识论，但他认为如果说有三种认识能力，即感觉（只获得个别知识）、天使的理智（其对象没有质料）和人的理智（从有质料的事物出发获得对某种非质料的事物的知识），属于人的就是感觉和人的理智。他认为知识来源于感觉，在感官与外物的接触中获得对个别事物的感觉印象，但人不满足于此，通过人的主动理智，去掉印象中的个别性，保留其本质的部分，也就是普遍性的部分，然后经过人的被动理智去接受，就形成了概念。阿奎那还把亚里士多德作为不动的动者的第一因，改造成了上帝，如果说亚里士多德那里的第一哲学是形而上学，是神圣的学问的话，那么在阿奎那这里，第一哲学就是名副其实的神学，都是在与自然哲学和数学的对照中区分的。他还改造了亚里士多德的类比理论，发展出谓述类比，认为上帝和被造物之间的关系构成了朝向关系，前者具有更高的存在性的等级关系。阿奎那著名的关于上帝存在的五种证明，更是援引和改造了亚里士多德关于运动与变化、原因与结果、潜能与现实、第一动者、存在的等级以及自然目的等学说来达成的。首先，他认为第一动者就是上帝；其次，必有一个最初的动力因，这就是上帝；既然万物都具有可能性和必然性，那么必然有一事物是自己的必然性，就是上帝；如果说万物有一个善的层次，那么最高的善就是上帝；必定有一个有智慧的存在者，万物由此而有自己的目的，而这样的存在者就是上帝。阿奎那对亚里士多德的伦理学和政治学也进行了神学的改造，强调了上帝是最高的善。

总之，虽然阿奎那对亚里士多德哲学的运用是出于改造神学的目的，为基督教教义注入了理性思辨的一支强心剂，使其有了坚实的理论基础。同时对于亚里士多德哲学来说，它也得到了繁荣和发展，成为被后世了解最多的希腊哲学之一。

（二）对分析哲学的影响

近现代特别是 19 世纪以后，出现了研究亚里士多德哲学的新高潮。不仅在对其的研究方法上有过多种争论，甚至这种争论现在都在持续，而且他的哲学思想也在 19 世纪以后重新复活，特别是其德性伦理学、政治哲学、灵魂学说，而对现当代哲学影响最深的就是他的哲学与分析哲学的渊源。二者都以对语言的分析见长，都强调哲学的逻辑性，分析哲学家也以传统哲学的正统继承者自居，应该说分析哲学的蓬勃发展也在当代带动了亚里士多德哲学的进一步繁荣。

四、启示

（一）为知识疯狂的人

亚里士多德一生写了许多著作，涉及许多学科，由此他也成为多种学科的奠基人，到达了他那个时代哲学的巅峰，他被后人称为古代最博学的人。在他身后一直有注释者对他的文本进行各种各样的解释，他的思想也成为后世新思想不断生发的一个源泉，可以说，亚里士多德的哲学也活生生地体现在悠久的注释传统之中，人们不断地回到希腊哲学，如大家比较熟悉的20世纪著名的海德格尔哲学，其思想的重要来源之一就是亚里士多德哲学，特别是在当代德性伦理学的复兴思潮中，麦金泰尔甚至喊出“回到亚里士多德”的口号。而亚里士多德哲学之所以魅力如斯，在我看来是因为他既从日常的经验出发，又把人类的理性能力推向人类所能达到的极致状态，博大精深，值得不断玩味品评。而他为学术而不断奉献的求知精神也为后人所叹服，他浩瀚的知识面体现了一位对真理、对永恒的知识、对自然、对人生充满了浓烈兴趣的哲学家，锲而不舍地追求真理的精神——古代意义上哲学家就是指热爱智慧的人。

亚里士多德一生勤奋治学，第欧根尼·拉尔修列举的书目有146种，涉及他那个时代人类已知的各个学科。拉尔修这么说：“总的说来，他最为勤奋，也最善创新，这从前面写出的著作目录可以明显看出，这些著作的数目接近400篇，而且还只是那些没有争议的，因为还有其他很多成文著作和未成文的、敏锐的口头格言也归属于他。”① 而现在我们能看到的、保存完整的著作有46部，从这仅存的46部著作中，我们可以看到他涉猎知识范围之广，在古希腊时代是绝无仅有的。

（二）尊重常识

亚里士多德与老师柏拉图最大的不同就在于，前者尊重常识，

① ［古罗马］第欧根尼·拉尔修：《名哲言行录》，徐开来、溥林译，广西师范大学出版社，2010年，第224页。

而后者则鄙视有生灭的经验世界；柏拉图认为作为知识对象的理念是真正的存在，而亚里士多德强调现实世界里的可感的个别事物如苏格拉底这个人才是最为真实的存在。亚里士多德讨论任何一个问题，习惯从已有的观点出发，他会详细分析已有的观点是否合理，或者合理之处在哪里，他认为在通往真理的道路上，没有一个人能精通所有的门类，而是每个人都贡献一点真，最后才能汇聚成通往真理的坦途："恰当的方式是先勾画一个略图，然后再添加细节。似乎每个人都能在这幅略图上面添加些东西，并说出他所勾画了的东西。而时间在这里也是一个好的发现者和参与者。技艺的进步就是在时间中实现的。因为任何人都能够填充其中的空缺。"（《尼各马可伦理学》1098a21-25）也正是基于这样的哲学分析方法，他喜欢收集他人的观点，这也成就了他博学的美名。另外，他还会运用自己独特的方法，把他人的观点及其真理性纳入自己的哲学体系中，从而形成博大的体系。在哲学史上，有人把亚里士多德对经验的重视称为"拯救现象"。

五、术语解读与语篇精粹

（一）存在/是（Being）

1. 术语解读

存在是古老而长青的哲学问题，自巴门尼德以来，柏拉图和亚里士多德都对这个问题进行了极为深刻的解释。柏拉图的解释是，只有理念是真正存在的，现实的可感事物是既存在又不存在的。亚里士多德用十个范畴来回应这个问题，认为存在有十种方式，实体、数量、质量、关系、位置、主动、被动等，而最为首要的存在就是实体，从而把“存在是什么”的问题转换成“实体是什么”的问题。他认为当我们讨论了实体的定义、生成等问题之后，其他范畴也就在类比的意义上得到了解释。而且，他认为不仅有范畴的存在，还有潜能和现实的存在、真假的存在以及偶性的存在，只是偶性的存在不属于知识的处理对象。他重点讨论的是范畴的存在和潜能/现实的存在。

2. 语篇精粹

语篇精粹 A

There will then be as many principles of entities as there are primary kinds, so that one and being will be principles and substances. For these things are said of the largest number of things. But it is not possible that there be one kind of things either the one or the being; for it is necessary that the differentiae of each kind both are and are each single, and it is impossible either to predicate the species of the genus with their own differentiae or the genus without its own species, so that if the one or being were a kind, then neither being nor the one would be a differentia. But if there are no kinds, then there will not be any principles either, if the kinds are principles. And the mediates included with the differentiae will be kinds down to the individuals (whereas in fact some are thought to be and some are not). And furthermore the differentiae are still more principles than the kinds. And if these are principles, then there will be an infinity of principles, so to speak, especially if one were to make the primary kind a principle. ①

参考译文 A

那么实体的本原将与最初的类一样多，所以一和存在将是本原和实体。因为它们可以用来述说最多数量的事物。但是一或存在不可能是事物的单一种属；因为每一种属的每一种差都必然各是一或存在，它们不可能表述有自己种差的属的种，也不可能表述没有自己种的属，所以如果一或存在是种属，那么种差就没有存在或一。但是如果没有种属，那么也就不存在任何本原，如果种属是本原的话。居间的种差合起来将成为种属直到不可分的个体（然而实际上一些被认为是属，一些被认为不是）。进一步说，种差比种属更是本原。可以说，如果种差是本原，那么本原将会是无限，尤其是在我们要使最初种属成为本原的情况下。

语篇精粹 B

And it is also right that the study of the truth is called philosophy. For truth is the aim of theoretical thought as action is of practical thought; and if we consider how things are, the cause is not in itself but the practical thinker consider what is relevant to a context. But we do not know the truth without the cause. And this is all the more true in each case in which synonymy arises (as fire is the hottest thing; for it is the cause of heat for other things too), so that it is more true in each case that the earlier thing is the cause. And so it is necessary that the principles of the eternally existing things are most true (for they are

① Aristotle, *Metaphysics*, K1, 1059b31-1060a3, Penguin Books, 1998.

not just sometimes true, nor is there any cause of their being, but rather they are such causes for other things), so that as each thing is related to being so is it to truth. [①]

参考译文 B

把真理的研究称为哲学也是正确的。因为就像行动是实践思想的目的一样，真理是理论思想的目的。若说考虑事物的“怎是”问题，实践思想者则总考虑与此时情境相关的事物，而非思考永恒本因。但是没有原因我们无从知晓真理。若其他事物都可被一事物感染而与之具有相似性，那么这一事物便是最真（就像火是最热的东西，也因为它是其他事物的热的原因），由此可致后来事物发生的前一事物便是更真。同样，永恒事物的原理必然是最真（因为它们既不只是有时为真，也没有任何原因致它们之存在；相反，它们是其他事物存在之原因），所以每一事物之于存在就是每一事物之于真理。

语篇精粹 C

Things are said to be (1) in anaddidental sense, (2) by their own nature. (1) In an accidental sense, e. g., we say the just is musical, and the man is musical and the musical is a man, just as we say the musical builds, because the builder happens to be musical or the musical happens to be a builder; for here "one thing is another" means "one is an accident of another". So in the cases we have mentioned; for when we say the man is musical and the musical is a man, or the white is musical or the musical is white, the last two mean that

① Aristotle, *Metaphysics*, α1, 993b20-32, Penguin Books, 1998.

both attributes are accidents of the same thing; the first that the attribute is an accident of that which is; while the musical is man means that musical is an accident of man. In this sense, too, the not-white is said to be, because that of which it is an accident is. Thus when one thing is said in an accidental sense to be another, this is either because both belong to the same thing, and this is, or because that to which the attribute belongs is, or because the subject which has as an attribute that of which it is itself predicated, itself is. (2) Those things are said in their own right to be that are indicated by the figures of predication; for the senses of "being" are just as many as these figures. Since some predicates indicate what the subject is, others its quality, others quantity, others relation, others activity or passivity, others its place, others its time, "being" has a meaning answering to each of these. For there is no difference between "the man is recovering" and "the man recovers", nor between "the man is walking" or "cutting" and "the man walks" or "cuts"; and similarly in all other cases. (3) "Being" and "is" mean that a statement is true, not-being that it is not true but false, and this alike in affirmation and negation; e. g., "Socrates is musical" means that this is true, or "Socrates is not white" means that this is true; but "the diagonal of the square is not commensurate with the side" means that it is false to say it is. (4) Again, "being" and "that which is", in these cases we have mentioned, sometimes mean being potentially, and sometimes being actually. For we say both of that which sees potentially and of that which sees actually, that it is seeing, and both of that which can use knowledge and of that which is using it, that it knows, and both of that to which rest is already present and of that which can rest, that it rests. And similarly in the case of substances we say Hermes is in the stone, and the half of the line is in the line, and we say of that which is not yet ripe that it is corn. When a thing is potential and when it is not yet potential must be explained elsewhere. ①

参考译文 C

事物或者就偶性而言存在，或者就自性而言存在。就偶性而言的存在，例如我们说公正的人是文雅的，这个人是文雅的，这个文雅的人是人；正如我们说，这个文雅的人在建造房屋，这个房屋的建造者恰好是文雅的，或者这个文雅的人恰恰会建造房屋；因为“这一个是那一个”就表示“这一个恰好是那一个的偶性”。之所以这样说，是因为我们说这个人是文雅的，而这个文雅的人是人，或者说这个白净的人是文雅的，或者这个文雅的人是白净的。后两种情况是由于两者恰恰属于同一个东西，前者是由于它恰巧是存在物的偶性。而这文雅的人是人，指的是文雅的人恰巧是人。从这个意义上讲，不是白净的人也是存在，因为是就偶性而存在。因此，当一件事被说成是偶然成为另一件事，或者因为两者同属同一存在着的东西；或者因为一个属于另一存在着的东西；或者因为自身存在且属于它所规定的东西。就自身而言的存在如范畴表所表示的那样，范畴表表示多少种，存在就有多少种意义。在各种范畴的表述之中，有的表示是什么，有的表示质，

① Aristotle, *Metaphysics*, Δ7, Trans. by W. D. Ross, Princeton University Press, 1924.

有的表示量，有的表示关系，有的表示动作与承受，有的表示地点，有的表示时间，每一范畴都表示一种与之相同的存在。因为“人正在恢复健康”和“人恢复健康”之间并无区别，同样“人正在行走”“正在切”和“人行走”“切”之间也无区别。同样也适用于其他情况。此外，“存在”和“是”表示真实，不存在表示不真实、虚假，肯定和否定也是这样，例如，“苏格拉底是文雅的”，这话真实，或者说，“苏格拉底是不白净的”，也表示真实，但是说“对角线不是可通约的”，则表示虚假。此外，上述提到过的例子中，“存在”和“可称之为”有时表示潜在地存在，有时表示确实地存在。我们说“看”，有时是指潜在地看，有时是指确实地看。知识也是这样，或者指能够知，也可以指已知。“安歇”也是真正地得到了“安歇”，或者是可能得到“安歇”。同样，之于实体，我们说赫尔墨斯在石块中，半条线存在于整条线中，未成熟的谷物仍然是谷物。至于谷物什么时候是潜在的，什么时候不是潜在的，待在别处分析。

（二）实体（Substance）

1. 术语解读

如果说柏拉图的形而上学的思想核心是理念，那么亚里士多德的形而上学的思想核心就是实体，因为他把存在化为十个范畴，而实体是首要的范畴，实体在存在、知识和时间上都比其他范畴具有优先性，只要解释了实体，就可以解释其他范畴，从而揭示存在的意义。而实体，既是终极主体，又是“这一个”和分离的事物，在前一层意义上指个别事物与质料，后一层意义上指个别事物与形式，总之他一般指涉的实体就是指形式、质料和个别事物。其中，形式和质料代表万物本原意义上的实体，作为前者，还有缺失、动力因；个别事物是整个实在的代表物，作为后者，还有天体和努斯。

2. 语篇精粹

语篇精粹 A

It is in just this way that that which is, although spoken of in many ways, is nevertheless always spoken of with regard to a single principle. So, some things are called things that are because they are substances, other things are called things that are because they are affections of a substance. Also, some things are so called because they are a way into substance, or because they are destructions or deprivations or qualities of a substance, or productive or generative of a substance or of the things that are spoken of with regard to substance, or a negation either of a substance or of one of these latter (and hence we say even that that which is not is what is not). ①

参考译文 A

这样一事物虽有许多含义，但所有含义都与一个原理相关。因此，有些事物被称为存在是因为它们是实体，其他事物被称为存在是因为它们是实体的属性。同样，有些事物之所以被称为存在是因为它们是到达实体的途径，或是因为它们是实体的毁灭或缺失或性质，或是实体的制造或生成，或是与实体相关的事物，

① Arstotle, *Metaphysics*, r2, 1003b5-11, Penguin Books, 1998.

或是对实体的否定或对与之相关事物的否定（由此我们说即使是非存在也是非存在的存在。

语篇精粹 B

The next puzzle after this one is whether numbers and bodies and planes and points are kind of substance or not. For if, on the one hand, they are not, then it escapes us what the being is and what are the substances of entities. For affections and processes and relations and dispositions and ratios are not thought to indicate the substance of anything (for they are all said of some subject, and none of them is a this-such). But the things that might particularly be thought to designate substance, water and earth and fire and air, from which composite bodies are composed, [I003a] of thesewarmths and coldnesses and such like are the affections, not substances, and the body that undergoes them is the only thing that persists, being a kind of entity and a kind of substance. But indeed body would be less of a substance than surface, and this than line, and this than the monad and the point. For it is by these that body is defined, and it is thought that they can exist without body, whereas it is not possible that the body can exist without them. That is why both the majority and the earlier thinkers thought that entity and substance were body and that the other things were affections of it, so that the principles of bodies would also be the principles of entities, while those more recent or wiser thought that they were numbers.[①]

① Aristotle, *Metaphysics*, B5, 1001b26-1002a11, Penguin Books, 1998.

参考译文 B

下一个难题是数、体、面和点是不是实体。一方面，如果它们不是，那么我们无法回答存在是什么、存在物的实体是什么。因为属性、运动、关系、位置和比例均被认为无法表示事物实体(因为它们都是用来述说主体的，而不是这个)。但是水、土、火、气以及由它们组成的合成体被认为是最能表述实体的东西了，诸如热、冷之类的是它们的属性而非实体，只有那些经历了诸属性的物体才是唯一始终存在的存在物，是实体。但，确实，形体的实体性比面小，面的实体性比线小，线的实体性比单子和点小。因为形体是用这些面、线、单子和点来界定的，人们认为没有体它们依然能独立存在，而没有它们体则不可能存在。这就是为什么大多数思想家和早期思想家认为存在和实体是物体，其他东西只是物体的属性，由此，物体的本原也就是存在的本原，但是近来的更智慧的思想家则认为物体的本原是数。

语篇精粹 C

And also most hard to consider but most necessary for knowledge is the question whether being and the one are substances of entities, with each of them not being some other thing while the one is the one and being, or whether we have to ask what the one is and being with some other nature as substrate. For some think that nature is in one way, some in the other. Well, Plato and the Pythagoreans think that the one and being are not different in nature but the same, since substance is the same to be one and to be being. But the students of nature, such as Empedocles, make the whole point more familiar by saying what the one is. For he would seem to be saying that love is some such thing (for it is the cause of everything's being one), whereas others cite fire or air as the one and being, from which come the things that are and the things that become. And in the same way those who posit a plurality of elements. For it is necessary that these should also say that the one and being are as many as they assert there to be principles. And the result is that if one supposes there to be some substance the one and being, then there will not be any of the other things (for these are the most general of all things, but if there is not one itself or being itself, then there is hardly likely to be one of the others, except for the individuals that have been mentioned). But if there is something that is both the one and being, then it is necessary that its substance be the one and being, for it will not be some other thing predicated of it, but these very things. ①

参考译文 C

最难探究而又对知识来说最为必要的问题是，存在与一是否是实在物的实体，或者它们均非他物，是否一是一、存在是存在，亦或我们是否必须追问一是什么、存在是什么，它们是否以其他性质为基质。一些人认为它们的性质在于前者，一些人则认为在于后者。柏拉图和毕达哥拉斯学派认为一与存在本质相同，没有区别，因为一与存在的实体相同。但是像恩培多克勒这样的自然学派哲学家通过解释一是什么使得整个要点更易于理解。因为他似乎愿意说友爱是一（因为友爱是万物成为一的原因），然而其

① Aristotle, *Metaphysics*, B4, 1001a4-29, Penguin Books, 1998.

他哲学家则提出火是一与存在或气是一与存在，万物由之构成和生成。那些认为元素有多种的人也持同样看法。他们也说一与存在与他们所提出的本原一致。结果就是：如果我们以一和存在为实体，那么其他事物中将没有一个是实体，因为它们是一切事物中最普遍的，但如果一和存在的自身都不存在，那么不大可能有其他任何事物存在，除了前面所讲到的个体之外。）但如果一和存在存在，那么一和存在必然是其实体，因为除了它们自身，别无其它事物来表述它们。

（三）形式（Form）

1. 术语解读

这个词与柏拉图的理念是同一个词 εἶδος，亚里士多德对这个词的使用也基本继承了老师的用法，只是我们中文的翻译用了两个完全不同的词。当然在不同的哲学家思想体系中，还是有一些区别的，最大的区别就是亚里士多德引入质料概念，克服了柏拉图那里理念与个别事物之间的分离，认为形式和质料在存在上是不分离的，只是在我们的认识和表达上可以分离。形式在亚里士多德的哲学体系中是重要概念之一，是事物的本原之一，个别事物都是由它和质料构成的，但它是首要的实体，是事物的本质，是对事物进行定义的对象，是质料之所以是个别事物的原因。同时，柏拉图的理念就是种属概念，但亚里士多德因为引入了质料，因此他的种属概念就不同于形式，而是对个别的形式和个别的质料普遍看待之后的一个普遍的类概念，因此形式与种概念是相互区别的。

2. 语篇精粹

语篇精粹 A

After the philosophies that we have mentioned, the system of Plato appeared, following these in many respects, but having features of its own apart from the Italian philosophy. For as a young man Plato was originally an associate of Cratylus and Heraclitean opinions, to the effect that all perceptible things were in a permanent state of flux and that there was no knowledge of them, and these things he also later on maintained. But when Socrates started to think about ethics and not at all about the whole of nature, but in ethics seeking universals and first seeing the importance of definitions, by accepting him as such he thought that this could apply also to other things and not to the objects of perception. For a general definition was impossible of any of the sensible things, which were constantly changing. He then called such entities Forms, and he said that all sensible things were spoken of in accordance with them. For the homonyms existed by participation in the Forms. And participation he took over with a mere change of name. For the Pythagoreans had said that entities existed by imitation of the numbers, whereas Plato said that it was by participation, changing the name. However, they left it to common inquiry to determine what might be the imitation or participation of the Forms. ①

① Aristotle, *Metaphysics*, A6, 987a29-987b13, Penguin Books, 1998.

参考译文 A

继我们讨论过的各体系哲学之后，出现了柏拉图的哲学体系，它虽然在许多方面追随之前的各派哲学，但也有自己的特点且不同于意大利派哲学。因为早在年轻时柏拉图就与克拉底鲁结识为朋友并熟识赫拉克利特的哲学观点，大意是：所有可感知的事物处在不断流变的状态，它们无法被认知，至其晚年，他仍持此观点。但是当苏格拉底开始思考伦理学时，根本不关注整个自然，他只在伦理学中寻求普遍性，并第一个看到定义的重要性。柏拉图接受了他的观点，但他认为这也能适用于其他事物而非可感知事物。因为一个普遍定义不可能限定不断变化的能被感知的事物。于是，他称那些存在物为形式，他说所有可感知事物都要依照形式来言说。因为其同名词都是通过分有理念而存在。他接受分有只是作为名称的改变。因为毕达哥拉斯学派说存在物通过模仿数而存在，而柏拉图则说存在物通过参与即改变名称而存在。然而，他们却把形式的模仿或分有是什么这个问题留待人们去探究。

语篇精粹 B

Now, every single genus has its own single perceptual range and its own single proprietary science. Grammar, for instance, is a single science covering all spoken sounds. Therefore, there must be some one science single in kind that considers how many forms there are of that which is qua that which is and the forms of those forms. Now consider this possibility. That which is and the one are the same thing. They are a single nature by dint of their always accompanying one another, as do principle and cause. There will still be no single account by which they are both disclosed. (We could, in fact, equally easily imagine for these purposes that they did have the same account. Far from weakening the position, this would actually strengthen it.) It is, indeed, surely plausible that one man and a man in existence and a man simpliciter are the same thing. Nothing is added by the extension of the expression to "He is one man" and "He is one man that is".[①]

参考译文 B

现在，每一种事物都有自己单一的感知范围和自己单一的专有学科。例如，语法是一门研究所有声音的学科。因此一定有某一种学科，它研究存在的存在有多少种形式，另有某种形式学科研究存在的各种形式。现在来研究一下这种可能性。如果存在和一相同，是单一性质彼此相随，就像本原和原因一样。那么它们仍将不用由同一理由来解释说明。（实际上，为这些目的，我们可以同样容易地想象它们确有相同的理由说明。这不会削弱其位置，实际上反会加强之。）的确，这确实貌似真实有理：一个人、一个存在的人、一个普遍意义上的人，是同一个事物。把这种说法扩展成“他是一个人”和“他是一个现存的人”也不会增加什么。

语篇精粹 C

These men, then, grasped only this cause, but some others grasped that from which comes the source of change (for instance, those who posited love and strife and mind and love as the principle). And yet none of them clearly presented the what it was to be and the

① Aristotle, *Metaphysics*, r2, 1003b19-28, Penguin Books, 1998.

substance, and in particular those who posit the Forms speak of it (for the Forms are not as the matter for thesensibles and that which is in the Forms is not thence, in their supposition, the principle of change - for they assert rather that it is a principle of motionlessness and being at rest - but rather they provide the Forms as the essence of other things, and the One for the Forms). But that for which actions, changes and movements occur in a way they mention as a cause, but they do not mention it in this way and as it is. For those that speak of mind and love posit these causes as the good, but not indeed in the sense that it is for the sake of these that any of the entities exist or become, but rather as that the movements come from these. And in just the same way those who assert the One or Being say that such a nature is the cause of substance, but not indeed that for the sake of this a thing either is or becomes, so that in a way they do and in a way they do not say that the good is a cause. For they do not speak simpliciter but by accident. ①

参考译文 C

这些思想家只掌握了这一种原因，但其他思想家则掌握了变化来源的原因（例如，那些人以友爱和争吵、理智和情爱为本原)。然而他们中无一人明确提出所是和实体，尤其那些假定形式可以言说的人们（因为形式不被当作可感知事物的质料，并且由此他们认为形式也不是变化的本原——他们更愿意说形式是不动和静止的本原——更确切地说他们说形式是其他事物的本质，一是形式的本质)。然而对于动作、变化和运动以他们认为是原

① Aristotle, *Metaphysics*, A7, 988a33-b15, Penguin Books, 1998.

因的某种方式发生，但他们却没有以此方式论及其因，也不清楚这本身就是自然本体的一个原因。那些谈及理智和情爱的人们认为这些原因是善，但的确不可说任何存在物存在或产生是这些缘故，而宁可说是运动来源于此。那么同样，那些主张一或存在的人说这种本性是实体的原因，但事物存在或产生的确不是因为它，结果便是他们说善是原因，又说善不是原因。因为他们不是普遍地说，而是从偶性上说。

（四）质料（Matter）

1. 术语解读

这一术语是极富亚里士多德特色的术语，是被他第一次作为重要的哲学概念而提出的，与形式一起构成个别事物，但形式是现实的个别实体，质料只是潜在的个别实体，可以说潜在性是质料固有的形而上学形式。我们所说的质料，并非指某一块木或石，因为即使烧火用的木头也是有一定形状的，我们可能永远找不到没有形式的质料，所谓质料指的是具体的质形复合物中，我们能通过触摸而感知的对象。在亚里士多德那里，既有终极质料又有最初质料，前者就是与形式构成个别事物的质料，而后者就是水、火、土、气这样的元素。亚里士多德在哲学中引入质料，不但克服了柏拉图理念论分离的困难，也改变了类概念，从而为自己用形式和质料即解释实体又解释定义的思路奠定了基础。

2. 语篇精粹

语篇精粹 A

Now the subject is that of which other entities are said, it itself never being said-of anything else. Consequently, it is important first to achieve a definition of this. [1029a] For a strong case can be made for the claim that it is the primary subject that is substance to the fullest extent. What, then, is said to be the primary substance? Well, there is a way in which matter, another way in which shape-form, and a third in which the composite, is assigned this role. (In speaking here of matter I have in mind, say, the bronze of a statue, while by shape-form I mean the geometry of the object's appearance and by the composite the statue itself as a whole entity.) Now this means that, if the form is prior to, and more real than, the matter, then it will, by parity of reasoning, also be prior to the composite.[①]

参考译文 A

那么主体可以被其他一切所表述，而自身从不表述其他任何事物。结果就是，必须首先对此加以界说。因为可以提出这样一个有力的主张：原始主体才是最充分程度上的实体。那么什么是第一实体呢？第一种想法以质料为其是，第二种想法以形状为其是，第三种则以前两种的复合物为其是。（举例说明，我把雕像的青铜视为质料，把它外观的几何形体视为形状，把二者的复合物视为雕像整体。）这就意味着，如果形式先于质料且比质料更

① Aristotle, *Metaphysics*, Z3, 1028b36-1029a9, Penguin Books, 1998.

真实，那么同理，它也先于二者的复合物。

语篇精粹 B

That is to say, if matter does not turn out to be substance on the present account, it beats me what else could be. If you extract all other features of the object, what is revealed as being left over? After all, the features of bodies are affections, qualities and capacities and in particular its three spatial dimensions are kinds of quantity and not substances (NB a quantity is not a substance), and it is rather that which is the primary subject of these that is a substance. If, then, we further remove the three spatial dimensions, we find nothing left over, unless just what is delimited by these dimensions is something. But this means that if we adopt this approach it has to tum out that matter stands revealed as the only substance.①

参考译文 B

也就是说，就目前看如果质料不是实体，我倒不知道还有什么可以。如果你剥除物体的所有其他特性，那么作为存在还剩下什么？毕竟，物体的其他特性是属性、产物和潜能，尤其它的长宽高三维是量而不是实体。（注意：量不是实体），毋宁说这些特性的原始主体才是实体。那么如若我们移除长宽高三维，我们发现什么也没剩下来，除非由长宽高三维所限定的是什么。但这意味着如果我们采取这种观点，就证明质料作为唯一的实体而存在。

语篇精粹 C

Further, something persists, but the contrary does not persist;

① Aristotle, *Metaphysics*, Z3, 1029a12-21, Penguin Books, 1998.

there is, then, some third thing besides the contraries, viz. the matter. Now since changes are of four kinds – either in respect of the essence or of the quality or of the quantity or of the place, and change in respect of the "this" is simple generation and destruction, and change in quantity is increase and diminution, and change in respect of an affection is alteration, and change in place is motion, changes will be from given states into those contrary to them in these several respects. The matter, then, which changes must be capable of both states. And since things are said to be in two ways, everything changes from that which is potentially to that which is actually, e. g. from the potentially white to the actally white, and similarly in the case of increase and diminution. Therefore, not only can a thing come to be, incidentally, out of that which is not, but also all things come to be out of that which is, but is potentially, and is not actually. And this is the "One" of Anaxagoras; for instead of "all things were together" and the "Mixture" of Empedocles and Anaximander and the account given by Democritus, it is better to say all things were together potentially but not actually. Therefore, these thinkers seem to have had some notion of matter. Now all things that change have matter, but different mater; and of eternal things those which are not generable but are movable in space have matter – not matter for generation, however, but for motion form one place to another. (One might raise the question from what sort of non-being generation proceeds; for things are said not to be in three ways.) If, then, a thing exists potentially, still it is not potentially any and every thing, but different things come from different things; nor is it satisfactory to say that all things were together; for they differ in their matter, since otherwise why did an infinity of things come to be, and not one thing? For Reason is one, so that if matter also is one, that must have come to be in actuality what the matter was in potentiality. The causes and the principles, then, are three, two being the pair of contraries of which one is formula and form and the other is privation, and the third being the matter. ①

参考译文 C

有的事物是持久存在的，而与其相反的事物则不能持久存在，因此在这一对相反事物之外还有第三种事物，即质料。假如变化有四种，在实体上的、在性质上的、在数量上的和在地点上的，就“此”而言，变化一般是生成和消灭，数量的变化是增加和减少，属性方面是质变，地点上的是位移，每一情况下，变化都朝着对立面转化。质料必然具有双向变化的能力。既然存在是双重的，那么万物就从潜在的存在变化为现实的存在，例如从潜在的白到现实的白。增加和减少也是如此。因此在偶性意义上，事物不仅可能从非存在生成，而且可以由存在生成，即是从“潜在的存在”生成，而非从“现实的存在”生成。这就是阿那克萨戈拉的“一”。这不是指“万物为一”，或是恩培多克勒和阿那克西曼德所指的“混合物”，或如德谟克利特的学说。更好的表述是“万物在潜能上是相同的，在现实上却不是”。因此这些思想家们

---

① Aristotle, *Metaphysics*, Λ2, 1069b9 - 34, Trans by W. D. Ross, Princeton University Press, 1924.

所想表述的可能是“质料”的概念。现在看来，凡是变化的东西，都具有质料，只是不同事物的质料各不相同。在永恒的事物中，那些虽不可生成，但是可以位移的事物具有质料——但不是那种可生成的质料，而是能由一处移动到另一处的质料。（有人要提出疑问，既然非存在有三种方式，生成是来自哪一种非存在呢？）如若某物潜在地存在，这却不可能成为任何事物或所有事物，而是不同的事物出自不同的事物。说“万物为一”并无充分的理由，它们在质料上有所不同，否则为何会生成“无限事物”而非“唯一事物”呢？因此理智是单一的，所以假如质料也是单一的，那么潜在的质料必然生成现实的质料。原因有三种，本原也有三种，有两个是相反的一对，即“描述或形式”和“缺失”，而第三种则是质料。

（五）四因说（Four Causes）

1. 术语解读

四因是亚里士多德用以批判前辈哲学家思想的武器，在他看来，分析万物的本原和原因，应该有四种——形式、质料、动力因和目的，而不是其中的一种或两种。他认为大部分自然哲学家所提出的水本原、火本原、气本原等这些说法不过是在说质料，只是说明了事物的一类原因，柏拉图虽然提出了形式，但是他的形式不是实体，也没有人把实体与本质等同起来，前人所说的爱恨是一种动力因，也有人提到善是一种目的……只有他提出四因，进而认为形式集动力与目的于一体，在自然物中研究质料和形式即可。不过，他的四因说还有另外的说法——形式、质料、缺失和动力因，用缺失替换了目的。总之，四因说也是他的万物本原学说。

2. 语篇精粹

语篇精粹 A

Now since it is clear that we must grasp knowledge of fundamental causes (for we say that each man has knowledge, when we think that he knows the primary cause), and the causes are spoken of in four ways, of which one cause we say to be the substance and the essence (for the "why" is referred to the extreme term, and the cause and principle is the primary "why"), and the second is the matter and substrate, and the third is that from which comes the beginning of the change, and the fourth is the opposite cause to this, the "wherefore" and the good (for this is the end of all coming into being and change), we have sufficiently theorized about them in the Physics Nevertheless, let us take those who have engaged in the consideration of the thing that there are before us and who have philosophized concerning truth. For it is clear that they too mentioned certain principles and causes. And as we go through them, there will be some advantages for our present method—either we will discover some other kind of cause or we will have greater confidence in those that we now state. ①

参考译文 A

现在很显然，我们必须抓住根本原因的知识（因为只有当我

① Aristotle, *Metaphysics*, A3, 983a25-b8, Penguin Books, 1998.

们知道了最初原因时我们才说知道了这一事物)。原因有四种:原因之一名为实体或本质(形式因)(因为"为什么"最终可还原到最初定义,所以原因或原理就是最初的"为什么");原因之二是质料或主体(质料因);原因之三是动变开始之源(动力因);原因之四则与之相反,是目的和本善(目的因)(因为这是生成和变化的终极目标)。我们已在《物理学》一书中对这些原因作了充分的理论阐述。然而,我们还是要提及那些在我们之前就曾对事物存在进行探究、对真理进行哲学思考的先哲们。因为显然他们也谈到了确定的原理和原因。讨论他们的学说将有益于我们目前的探究方法——或者我们会发现某种其它原因,或者我们会对我们目前阐述的理论更加坚信不疑。

语篇精粹 B

E. g. perhaps the elements of perceptible bodies are, as form, the hot, and in another sense the cold, which is the privation; and, as matter, that which directly and of itself is potentially these; and both these are substances and also the things composed of these, of which these are the principles (i. e. any unity which is produced out of the hot andthe cold, e. g. flesh or bone); for the product must be different from the elements. These things then have the same elements and principles, but different things have different elements; and if we put the matter thus, all things have not the same elements, but analogically they have; i. e. one might say that there are three principles - the form, the privation, and the matter. But each of these is different for each class, e. g. in colour they are white, black, and surface. Again, there is light, darkness, and air; and out of these are produced day and night. Since not only the elements present in a thing are causes, but also something external, i. e. the moving cause, clearly while principle and element are different both are causes, and principle is divided into these two kinds; and that which moves a thing or makes it rest is a principle and a substance. Therefore, analogically there are three elements, and four causes and principles; but the elements are different in different things, and the primary moving cause is different for different things. Health, disease, body; the moving cause is the medical art. Form, disorder of a particular kind, bricks; the moving cause is the bilding art. And since the moving cause in the case of natural things is, for instance man, and in the products of thought it is the form or its contrary, there are in a sense three causes, while in a sense there are four. For the medical art is in some sense health, and the building art is the form of the house, and man begets man; further, besides these there is that which as first of all things moves all things. ①

参考译文 B

就以可感实体的元素为例，作为形式是热，从另一种意义上是冷，即“热的缺失”，作为质料，最初的就其自身在潜能上是热和冷，这些是实体，那些以此为本原而构成的东西也是（也许还有某种由热和冷生成的单一物，如肌肉和骨骼），因为这类生成物与它们必然相区别。虽然不同事物的元素互不相同，但还是

① Aristotle, *Metaphysics*, Λ4, 1070b14-35, Trans, by W. D. Ross, Princeton University Press, 1924.

可以说，这些东西的元素和本原相同。虽然不能说一切都是这样，但作为类比却可以，人们可以说存在着三种本原——形式、缺失和质料。但每种皆因属的不同而不同，如颜色有白、黑、面，此外有明、暗和气，以及由此生成的日和夜。既然原因不但寓于事物之内，而且存在于事物的外部，如动因，虽然本原和元素互不相同，但显然两者都是原因。本原分为两种，使得一件事物运动或停止的，是某种本原，也是某种实体。因此，就类比而言，元素有三种，原因和本原有四种。不同事物中的元素不同。不同事物的最初动因也不同。健康、疾病、身体的动因是医术，形式、某种无秩序，砖的动因是建筑术。而且在自然物中，人的动因是人，在思想的产物中，动因就是形式或缺失，所以在某种意义下，有三种原因，在另一种意义下，有四种原因。因此，在某种意义上，可以说医术就是健康，建筑术就是房屋的形式，而人是人所生。宇宙万物的运动者则在这些之外，作为万物之始。

语篇精粹 C

This is, as we have said, a pretty fair, and comprehensive, summary of the species ofcause. Now there are, of course, a great many variations of cause, and yet, on summary these too are not that many. There is indeed a plurality of accounts of cause, and even where causes are of the same kind there is priority and posteriority among them. Thus the causes of health comprise both doctor and expert, those of the octave both the proportion of 2 to 1 and number. Also, in all cases the comprehending classifications of a cause are causes. ①

① Aristotle, *Metaphysics*, Δ2, 1013b29-33, Penguin Books, 1998.

参考译文 C

如前所述，这就是对原因种类的颇为公平和综合的概括。原因的种类综合概括起来虽不甚多，但原因的表现形式却有多种变化。原因确实有多种意义可释，甚至同种原因中还分有先原因和后原因。例如，健康的原因由医生和专家组成，八度音阶的原因由 2：1的比例和数组成。同样，包含某一原因在内的原因类型即是其他个别事物的原因。

语篇精粹 D

Now that we have established these distinctions, we must proceed to consider causes, their character and number. Knowledge is the object of our inquiry, and men do not think they know a thing till they have grasp the why of it (which is to grasp its primary cause). So clearly we too must do this as regards both coming to be and passing away and every kind of natural change, in order that, knowing their principles, we may try to refer to these principles each of our problems. In one way, then, that out of which a thing comes to be and which persists, is called a cause, e. g. the bronze of the statue, the silver of the bowl, andthe genera of which the bronze and the silver are species. In another way, the form or the archetype, i. e. the definition of the essence, and its gerera, are called causes (e. g. of the octave the relation of 2 : 1, and generally number), and the parts in the definition. Again, the primary source of the change or rest; e. g. the man who deliberated is a cause, the father is cause of the child, and generally what makes of what is made and what changes fo what is changed. Again, in the sense of end or that for the sake of which a thing is done, e. g. health is the cause of walking about. (Why is he walking about? We say: To be healthy, and having said that, we think we have assigned the cause.) The same is true also of all the intermediate steps which are brought about through the action of something else as means towards the end, e. g. reduction of flesh, purging, drugs. Or surgical instruments are means towards health. All these things are for the sake of the end, though they differ from one another in that some are activies, others instruments. This then perhaps exhausts the number of ways in which the term cause is used. ①

参考译文 D

既然我们已经确立了这些区别，我们就必须着手考虑原因、它们的性质和数量。知识是我们探究的目标，我们在明白了每一事物为什么（就是说把握了它们的基本原因）之前是不会认为我们已经认识了一个事物的，所以很明显，在生与灭的问题以及每一种自然变化的问题上去把握它们的基本原因，以便我们可以用它们来解决我们的每一个问题。那么事物所由产生的，并在事物内始终存在着的那东西，是一种原因，例如塑像的铜，酒杯的银子，以及包括铜、银这些种的类都是。形式或原型，亦即表述出本质的定义，以及它们的类……例如音程的2：1的比例以及（一般地说）数是音程的原因，定义中的各组成部分也是原因。再一个就是变化或静止的最初源泉。例如，出主意的人是原因，父亲

① Aristotle, *Physics*, B3, 194b16 - 194b23, R. P. Hardie and R. K. Gaye (trans.), J. Barnes (ed.), *The Complete Works of Aristotle*, Princeton University Press, 1991.

是孩子的原因，一般地说就是那个使被动者运动的事物，引起变化者变化的事物。再一个原因是终结，是目的。例如健康是散步的原因。（他为什么散步？我们说为了健康。说了这句话我们就认为已经指出了原因。）由别的推动者所完成的一切中间措施也是达到目的的手段。例如肉体的消瘦法、清泻法、药物或外科器械也是达到健康的手段。所有这些虽然有的是行为，有的是工具，各不相同，但都是为了达到目的。那么使用原因这个词的意义差不多就是这些了。

（六）本原（Principle）

1. 术语解读

亚里士多德的本原和原因、实体概念在一定意义上是同义的，是他物理学和形而上学所追求的对象，因为当我们只看到整个事物，还不能说对它有所了解，还必须进一步分析其本原和原因，只有对其本原和原因有所了解，才可以说是对事物有所了解。人类的本性是求知，所求的知就是对这些本原的知识，这样的意思不仅在《物理学》开篇表达了出来，也在《形而上学》开篇有所表示。他所重点讨论的形式、质料，就是事物的本原、原因和实体，虽然每一个事物、每一类事物的本原都是不同的，比如铜球和房屋的形式和质料都不相同，但是因为都是形式和质料，所以在类比的意义上，形式、质料、动力因、缺失等都是万物的普遍本原。

2. 语篇精粹

语篇精粹 A

(i) That in something from which a process might first arise. For instance, a line or road has a start at either end, though each in a contrarydirection.

(ii) That from which each thing might best be produced. For instance, even in the acquisition of understanding, it is sometimes right to make a start not from the primary item, i. e. the principle proper of the object of study, but from whatever point of entry is most conducive to progress.

(iii) That from which, as an intrinsic part something is primarily produced. Examples: keel of a ship/foundation of a house. Also with animals the heart brain or other parts are variously supposed to be of this kind.

(iv) That from which, not as an intrinsic part, something is primarily produced and that from which it is natural for a process or change to originate. Examples: a child coming from its mother and father or a punch-up arising out of a slanging match.

(v) That by whose choice processes and changes are initiated. For instance, political principles. Also juntas, monarchies and dictators-hips are said to be princedoms, and one speak of the principles of the art, especially the architectonic ones.

(vi) That by which a thing is primarily cognizable. This too is called the principle of the thing, as demonstrations start with suppositions.

And for each account of principle/start there is an account of cause, unsurprisingly in that all causes are principles.[①]

参考译文 A

（本原的意思是）：

（1）是事物之发端。例如，一段线或一段路皆有两个起点，只是位于相反方向。

（2）亦是每一事物最恰宜的开始之点。例如，人们学习时，有时不必从初点起步学起，而从最有益于进步处入手学起亦可。

（3）是事物内在部分，是事物生成之基础部分。例如，船之龙骨或房之地基。动物之心脑或其他各种类似心脑性质的器官。

（4）不是事物内在部分，是事物最初由之生成以及运动或变化自然而然之起源。例如，孩子出于父母，打架由于吵骂。

（5）是决定事物运动和变化的缘由。例如，政治本源。执政团体、君主和专制独裁者就是这样的缘由。技艺亦是如此，尤其是建筑术。

（6）是事物最初被认知的缘由。这也被叫做事物的本源。如实证从假设开始。

对于本原或开端的每一种解释，都是对一种原因的描述，所以毫不奇怪，所有原因都是本原。

语篇精粹 B

From this he has to say that the principles are the one (for this is simple and unmixed) and the other, as we suppose that the indefinite

---

① Aristotle, *Metaphysics*, Δ5, 1012b33–1013a18, Penguin Books, 1998.

is before it is defined and has some Form, so that he is speaking neither well nor clearly but he intends something similar to those who speak later and those who are rather now appearing. But these too in their remarks on generation and destruction only happen to be right. For it is only about such substance that they seek the principles and causes. But those who conduct their investigation into all the entities, and assume that some entities are sensible and some are insensible, it is clear that about both kinds they make their investigation. So one would spend more time asking them what they say well and what not well about the inquiry that now lies before us. ①

参考译文 B

由此，他不得不说本原是一（因为它是单纯而未混杂他物的）和其他，就如同我们所认为的不确定物在它被确定和有某一形式之前一样，所以他讲的既不充分也不清楚，但他所意指的与后来思想家所说的更确切地说与现在的思想家的说法相似。但这些人也只是恰巧在正确地讨论关于生成和毁灭。因为他们只是寻求关于这种实体的本原和原因。但研究所有存在物的人们假定一些存在物是可感知的，一些是不可感知的，很显然他们对这两种都作了研究。所以人们愿意花更多时间考察他们对摆在我们面前的研究哪些说得好，哪些说得不好。

语篇精粹 C

Again, in the ways in which we have shown that the Forms exist, by none of them is this made clear. For from some it is not necessary

---

① Aristotle, *Metaphysics*, A8, 989b16–29, Penguin Books, 1998, P. 30.

that the syllogism should arise, and from others of which we have not thought there will be syllogism. For by the arguments from the sciences there will be Forms for all the things for which there are sciences, and also by the one over many and the demonstrations, and by thinking there will be something lacking from what is destroyed. For there is a kind of imagination of these. Again the most accurate of the arguments, some make the Forms of the qualities, of which we do not say that there is a genus in itself, whereas others cite the Third Man Argument. And in general the arguments about the Forms remove that which we especially want the Forms to be. For it turns out that the dyad is not prior but number, and the relative is prior to the intrinsic, and all things which some, following the Theory of Forms, have made opposite to the principles. ①

参考译文 C

同样，在我们所展示的形式存在的方式中，没有一种形式是清楚的。因为三段论并不是必然从某些方面产生的，而从另一些方面，我们还没有想到会有三段论。因为依据从科学得出的推理，所有归属于科学的事物将都有形式，而且依据一遍又一遍的推理和论证，通过思考，被毁灭的事物中也将有需要的某种东西。因为对这些我们有一种想象。此外，在最精确的推理中，有些以为质有理念，但我们并不认为它自身是一个属，而其他推理则提出了“第三者”。一般而言，关于形式的推理会除掉我们尤其想要成为的东西。因为结果是双不在前而是数为先，相对的先于内在

① Aristotle, *Metaphysics*, A9, 990b9-22, Penguin Books, 1998.

的，一些追随形式理论的人所持全部观点与这些原理相对立。

（七）四谓词（Four Predictions）

1. 术语解读

四谓词是逻辑学著作中提到的我们对事物进行描述时会经常提到的四类谓述，也就是定义、属、特性和偶性，其中对定义的讨论是他最为重视的，属是构成定义的重要成分，因为定义是属加种差构成的。

2. 语篇精粹

语篇精粹 A

Definition

We must now say what are definition, property, genus, and accident. A definition is a phrase signifying a thing's essence. It is rendered in the form either of a phrase in lieu of a name, or of a phrase in lieu of another phrase; for it is sometimes possible to define the meaning of a phrase as well. People whose rendering consists of a term only, try it as they may, clearly do not render the definition of the thing in question, because a definition is always a phrase of a certain kind. One may, however, call definition such a remark as that "the beautiful is the becoming", and likewise also of the question, "Are perception and knowledge the same or different?" —for argument about definitions is mostly concerned with questions of sameness and difference. In a word we may call definition everything that falls under the same branch of inquiry as definitions; and that all the above mentioned examples are of this character is clear on the face of them. For if we are able to argue that two things are the same or are different, we shall be well supplied by the same turn of argument with lines of attack upon their definitions as well; for when we have shown that they are not the same we shall have demolished the definition. But the converse of this last statement does not hold; for to show that they are the same is not enough to establish a definition. To show, however, that they are not the same is enough of itself to overthrow it. ①

参考译文 A

定义

现在我们来谈谈什么是定义、特性、属和偶性。定义是揭示事物本质的短语。定义或者以一短语代替一词语的形式来表述，或者以一短语代替另一短语的形式来表述。这是因为有时也可能要给某一短语的含义下定义。因为定义总是某种短语，所以总是尽量以单个词语来表述定义的人，显然并没有表述出所议事物的定义。然而，人们也总是把诸如这样的话“美好的就是适宜的”或类似的问题“感觉和知识是相同还是不同?”看作定义。因为关于定义的论述多半是涉及相同和差异的问题。简言之，我们把所有和定义一样同属探究性的表述都叫做定义。可见，上述所有例子都具有这一特性。因为如果两事物能够被证明相同或相异时，那么这同一论证也可用以确立事物定义。因为当我们已经证明了

① W. A. Pickard (Trans), *Topics*, A5, 101b30-102a17, Jonathan Barnes (ed.), *The Complete Works of Aristotle*, Princeton University Press, 1991.

它们不同时，我们也就已经推翻了这一定义。但是上述说法的逆说法却不能成立，因为证明它们相同还不足以建立定义。然而证明它们不同却足以推翻定义。

语篇精粹 B

Property

A property is something which does not indicate the essence of a thing, but yet belongs to that thing alone, and is predicated convertibly of it. Thus it is a property of man to be capable of learning grammar; for if he is a man, then he is capable of learning grammar, and if he is capable of learning grammar, he is a man. For no one calls anything a property which may possibly belong to something else, e. g. sleep in the case of man, even though at a certain time it may happen to belong to him alone. That is to say, if any such thing were actually to be called a property, it will be called not a property absolutely, but a temporary or a relative property; for being on the right hand side is a temporary property, while two-footed is a relative property; e. g. it is a property of man relatively to a horse and a dog. That nothing which may belong to anything else is a convertible predicate is clear; for it does not necessarily follow that if something is asleep it is a man. ①

参考译文 B

特性

特性只属于事物，但不表示事物的本质，其逆命题也成立。

---

① W. A. Pickard (Trans.), *Topics*, A5, 102a18-102a30, Jonathan Barnes (ed.), *The Complete Works of Aristotle*, Princeton University Press, 1991.

例如，能学习文法是人的一个特性。因为如果他是一个人，那么他就能学习文法；如果他能学习文法，那么他就是一个人。因为没有人会把可能属于其他事物的东西称为特性，例如睡眠，尽管它在某个时间只是碰巧属于人，但它不是人的特性。也就是说，如果这种东西真的被叫作特性，那它也不会是绝对地被称为特性，而只是暂时的或相对的特性。因为“在右手边”是暂时的特性，而“两脚的”则是相对的特性，例如相对于马和狗而言，它是人的特性。很清楚，任何可能属于其他事物的东西，其逆向表述是不成立的；因为它未必遵循这种说法：如果什么东西是睡着的，那它就是人。

语篇精粹 C

Genus

A genus is what is predicated in what a thing is of a number of things exhibiting differences in kind. We should treat as predicates in what a thing is all such things as it would be appropriate to mention in reply to the question, “What is the object in question?”; as, for example, in the case of man, if asked that question, it is appropriate to say “He is an animal”. The question, “Is one thing in the same genus as another or in a different one?” is also a generic question; for a question of that kind as well falls under the same branch of inquiry as the genus; for having argued that animal is the genus of man, and likewise also of ox, we shall have argued that they are in the same genus; whereas if we show that it is the genus of the one but not of the other, *we shall have argued that these things are not in the same genus.*[①]

参考译文 C

属

属用以表述在种上显示差别的若干事物之本质范畴。我们应该把那些诸如适于回答“被讨论的东西是什么?”这种问题的语词看作表述事物本质的谓词。例如，若人在那里，当被问及那是什么的问题时，就适于回答说“那是动物”。“一事物与另一事物是同属还是不同属?”这个问题也是一个类属的问题，因为那种问题也属于和属相同的探究范围。如果我们已经证明动物是人的属，也同样是牛的属，那么我们也就将证明了它们是同属。反之，如果我们证明它是一事物的属而非另一事物的属，那么我们也就证明了它们不同属。

语篇精粹 D

Accident

An accident is something which, though it is none of the foregoing—i. e. neither a definition nor a property nor a genus—yet belongs to the thing; and something which may either belong or not belong to any one and the self-same thing, as (e. g.) being seated may belong or not belong to some self-same thing. Likewise also whiteness; for there is nothing to prevent the same thing being at one time white and at another not white. Of the definitions of accident the second is the better; for in the case of the first, any one is bound, if he is to un-

---

① W. A. Pickard (Trans), *Topics*, A5, 102a31-102b3, Jonathan Barnes (ed.), *The Complete Works of Aristotle*, Princeton University Press, 1991.

derstand it, to know already what definition and genus and property are, whereas the second is sufficient of itself to tell us the essential nature of the thing in question. To accident are to be attached also all comparisons of things together, when expressed in language that is derived in any kind of way from accident; such as, for example, the question, "Is the honourable or the expedient preferable?" and "Is the life of virtue or the life of self-indulgence the pleasanter?", and any other problem which may happen to be phrased in terms like these. For in all such cases the question is "of which of the two is the predicate more properly an accident?" It is clear on the face of it that there is nothing to prevent an accident from becoming a temporary or a relative property. Thus being seated is an accident, but will be a temporary property, whenever a man is the only person sitting, while if he is not the only one sitting, it is still a property relatively to those who are not sitting. So then, there is nothing to prevent an accident from becoming both a relative and a temporary property; but a property absolutely it will never be. ①

参考译文 D

偶性

偶性不是前述事项的任何一种——既不是定义也不是特性又不是属——但它也属于事物；并且偶性既可能属于也可能不属于任何一个同一的事物，例如就坐可能属于也可能不属于某一同一

① W. A. Pickard (trans), *Topics*, A5, 102b4-102b26, Jonathan Barnes (ed.), *The Complete Works of Aristotle*, Princeton University Press, 1991.

的事物。白色亦如此，因为没有什么可阻止同一个事物在一时为白，在另一时为非白。在偶性的定义中，第二个定义更好一些，因为任何一个人要照第一个定义来理解偶性，他就必定要先了解什么是定义、属和特性，而第二个定义自身就足以告诉我们所议事物的本质。也可以把事物放在一起用偶性对它们进行比较，因为用以表述它们的语词是以某种方式从偶性中得到的，例如，诸如“值得尊敬的东西和有利的东西哪个更好？”“德性的生活与自我放纵的生活哪个更令人愉快？”这类问题，以及其他恰巧也以这种方式措辞的问题。因为在所有那种情况下，问题都是：两个中的哪一个更适合偶性的表述。显然，从表面判断，没有什么可以阻止偶性成为暂时的或相对的特性。因此坐虽是一种偶性，但当某一人是唯一坐着的人时，它将成为特性；然而，如果他不是唯一坐着的人，那么相对于没坐着的人而言，就坐仍然是一种特性。因此，虽然没有什么可以阻止偶性成为一种相对的和暂时的特性，但它肯定不是绝对的特性。

（八）友爱（Friendship）

1. 术语解读

友爱是古希腊政治哲学中的重要思想。我们知道亚里士多德有一个著名的说法，人是城邦的动物，也就是认为人的价值多在城邦中体现的，在他那里，个人的善远不及城邦的善更好。因此，友爱的重要性就凸显出来了。人自然地会有对父母、子女、兄弟、朋友的爱，逐渐地人们就会同心、同情，这样通过友爱，一个小国寡民的城邦就能更为完善。

2. 语篇精粹

语篇精粹 A

After what we have said, a discussion of friendship would naturally follow, since it is a virtue or implies virtue, and is besides most necessary with a view to living. For without friends no one would choose to live, though he had all other goods; even rich men and those in possession of office and of dominating power are thought to need friends most of all; for what is the use of such prosperity without the opportunity of beneficence, which is exercised chiefly and in its most laudable form towards friends? Or how can prosperity be guarded and preserved without friends? The greater it is, the more exposed is it to risk. And in poverty and in other misfortunes men think friends are the only refuge. It helps the young, too, to keep from error; it aids older people by ministering to their needs and supplementing the activities that are failing from weakness; those in the prime of life it stimulates to noble actions — "two going together" — for with friends men are more able both to think and to act. ①

参考译文 A

我们谈过这些之后，现在来谈谈友爱，因为友爱是一种德性或包含一种德性，此外，对于生活它也是必需的。因为虽然已拥有所有其他的善，但仍没有人愿意选择去过没有朋友的生活；实际上有钱人和拥有官职及支配权的人被认为最需要朋友；因为如

① Aristotle, *The Nicomachean Ethics*, Ⅷ. 1, 1155a1–15, Oxford University Press, 2009.

果他们没有以最值得赞赏的形式对朋友施以善行的机会，那么他们这种金钱和权力的富有又有什么用处呢？又或者说没有朋友何以保护和保持这种富有呢？越是富有，危险就越大。陷于贫穷和其他不幸中时，人们认为朋友是唯一的庇护。朋友有助于青年人避免犯错误；朋友可以帮助照顾老年人的生活需要和弥补他们由于体弱而无法进行的活动；朋友可以激励中年人从事高尚的行为——“二者同行”——因为和朋友在一起，人更能思考和行动。

语篇精粹 B

For most people enjoy being honoured by those in positions of authority because of their hopes (for they think that if they want anything they will get it from them; and therefore they delight in honour as a token of favour to come); while those who desire honour from good men, and men who know, are aiming at confirming their own opinion of themselves; they delight in honour, therefore, because they believe in their own goodness on the strength of the judgment of those who speak about them. In being loved, on the other hand, people delight for its own sake; whence it would seem to be better than being honoured, and friendship to be desirable in itself. But it seems to lie in loving rather than in being loved, as is indicated by the delight mothers take in loving; for some mothers' hand over their children to be brought up, and so long as they know their fate they love them and do not seek to be loved in return (if they cannot have both), but seem to be satisfied if they see them prospering; and they themselves love their children even if these owing to their ignorance give them nothing of a mother's due. Now since friendship depends more on loving, and it is those who love their friends that are praised, loving seems to be the characteristic virtue of friends, so that it is only those in whom this is found in due measure that are lasting friends, and only their friendship that endures. ①

参考译文 B

多数人因为自身所愿而喜欢被有权威的人士给予荣誉。（因为他们认为如果他们想要什么，他们就会从他们那里得到，他们因将到来的作为赞许标志的荣誉而感到快乐。）而那些渴望好人或熟人给予赞誉的人，其目的在于肯定其对自身的看法，他们因荣誉感到快乐，是因为他们基于赞誉他们的人而相信他们自己的善。另一方面，人们因为被爱而高兴快乐，由此被爱好像比被给予荣誉更好，友爱似乎就其自身而言就令人满意。但是友爱似乎在于去爱而非被爱，这一点表现在母亲从去爱中获得快乐；一些母亲把孩子交由他人养育，只要她们知道他们的命运她们就爱他们，并不寻求被爱作为回报（如果她们不能拥有二者），但她们似乎很满意，如果看到孩子们茁壮成长；而且她们自己爱她们的孩子，即使这些爱由于无知，也不能给予她们一个母亲应得的任何东西。既然友爱更依赖于去爱，而且爱朋友的人才被称赞，因此去爱似乎是朋友的特有美德。因此，只有那些在适当程度上具有这种美德（去爱）的朋友才是长久的朋友，而且只有他们的友爱才是持久的。

① Aristotle, *The Nicomachean Ethics*, Ⅷ. 8, 1159a14-36, Oxford University Press, 2009.

语篇精粹 C

Every form of friendship, then, involves association, as has been said. One might, however, mark off from the rest both the friendship of kindred and that of comrades. Those of fellow citizens, fellow tribesmen, fellow voyagers, and the like are more like mere friendships of association; for they seem to rest on a sort of compact. With them we might class the friendship of host and guest.

The friendship of kinsmen itself, while it seems to be of many kinds, appears to depend in every case on parental friendship; for parents love their children as being a part of themselves, and children their parents as having themselves originated from them. Now (1) parents know their offspring better than their children know that they are their children, and (2) the originator feels his offspring to be his own more than the offspring do their begetter; for the product belongs to the producer (e. g. a tooth or hair or anything else to him whose it is), but the producer does not belong to the product, or belongs in a less degree. And (3) the length of time produces the same result; parents love their children as soon as these are born, but children love their parents only after time has elapsed and they have acquired understanding or the power of discrimination by the senses. From these considerations it is also plain why mothers love more than fathers do. Parents, then, love their children as themselves (for their issue are by virtue of their separate existence a sort of other selves), while children love their parents as being born of them, and brothers love each other as being born of the same parents; for their identity with them makes them identical with each other (which is the reason why people talk of "the same blood", "the same stock", and so on).[①]

参考译文 C

每一种形式的友爱，如前所述，都涉及群体。然而，我们可以把家族的友爱和伙伴的友爱同其他的友爱区分开来。公民同胞的友爱、部落成员的友爱、同船航行者的友爱及诸如此类更像是联盟体的友爱，因为他们似乎是依赖一种契约。

我们也可以这样来给宾主的友爱分类。虽然亲属的友爱好像有多种，但是每种情况下好像都依赖亲本友爱，因为父母爱孩子，视其为自身的一部分，孩子爱父母视其为自己所出之来源。现在（1）父母比他们的子女更甚于知道子女是父母的孩子。（2）父母比子女更甚于认为子女是属于自己的，而子女则甚少认为父母是属于自己的；因为产品属于制作者（例如牙齿、头发或其他属于其所有者），但制作者不属于产品，或仅只在较小程度上属于。（3）时间的长短也导致相同的结果，孩子一出生父母就爱他们，但孩子却只有在一段时间之后，只有在他们通过理性、具有了理解力或判断力之后才会爱父母。根据上述理由，为什么母亲对孩子的爱多于父亲就很清晰了。父母把孩子当作他们自身来爱（因为他们的子女是他们另一个独立存在的自身），而孩子把父母当作自身出生来源来爱，兄弟间互爱是因为出生自同一父母；这种生命来源的同一性使他们彼此有相同点（这就是为什么人们常说"相同的血液""相同的血统"，等等）。

---

① Aristotle, *The Nicomachean Ethics*, Ⅷ. 12, 1161b13-35, Oxford University Press, 2009.

（九）幸福（Happiness）

1. 术语解读

幸福是亚里士多德在《尼各马可伦理学》中所讨论的核心问题之一，指人类所追求的最高的善。亚里士多德认为幸福有两个等级，最高等级的幸福是神所拥有的，少数人也可在一些时刻达到的，就是运用直观理性的、直接沉思的幸福；第二等级的幸福一般称为人类善，就是过合德性的生活并拥有一定的外在善，且具有一定运气的幸福。

2. 语篇精粹

语篇精粹 A

The belief that the happy person lives well and does well also agrees with our account, since we have virtually said that the end is a sort of living well and doing well. Further, all thefeautures that people look for in happiness appear to be true of the end described in our account. For to some people happiness seems to be virture; to others prudence; to others some sort of wisdom; to others again it seems to be these, or one of these, involving pleasure of requiring it to be added; others add in external prosperity as well. Some of these views are traditional, held by many, while others are held by a few men who are widely esteemed. It is reasonable for each group not to be completely wrong, but to be correct on one point at least, or even on most points. First, our account agrees with those who say happiness is virture in general or some particular virtue; for activity in accord with virtue is proper to virtue. Presumably, though, it matters quite a bit whether we suppose that the best good consists in possessing or in using – that is to say, in a state or in an activity that actualizes the state. For someone may be in a state that achieves no good – if, for instance, he is asleep or inactive in some other way – but this cannot be true of the activity; for it will necessarily act and act well. ①

参考译文 A

那种幸福的人既生活得好也做得好的看法，也合于我们的定义。因为我们实际上是把幸福确定为生活得好和做得好。此外，我们所寻找的幸福的各种特性也都包含在我们的定义中了。有些人认为幸福是德性，另一些人认为是明智，另一些人认为是某种智慧。还有一些人认为是所有这些或其中的某一种再加上快乐，或是必然地伴随着快乐。另外一些人则把外在的运气也加进来。这些意见之中，有的是许多人的和过去的人们的意见，有的是少数贤达的意见。每一种意见都不大可能全错。它们至少部分甚至在主要方面是对的。我们的定义同那些主张幸福在于德性或某种德性的意见是相合的。因为，合于德性的活动就包含着德性。但是认为最高善在于具有德性还是认为在于实现活动，认为善在于拥有它的状态还是认为在于行动，这两者是很不同的。因为一种东西你可能拥有而不产生任何结果，就如一个人睡着了或因为其他某种原因而不去运用他的能力一样。但是实现活动不可能是不

① Terence Irwin (trans.), *Aristotle*: *Nicomachean Ethics*, Ⅰ.8, 1098b21–1099a2, Second Edition, Hackett Publishing Company, Inc., 1999.

行动的，它必定要去做，并且要做得好。

语篇精粹 B

Now that we have spoken of the virtues, the forms of friendship, and the varieties of pleasure, what remains is to discuss in outline the nature of happiness, since this is what we state the end of human affairs to be. Our discussion will be the more concise if we first sum up what we have said already. We said, then, that it is not a state; for if it were it might belong to someone who was asleep throughout his life, living the life of a plant, or, again, to someone who was suffering the greatest misfortunes. If these implications are unacceptable, and we must rather class happiness as an activity, as we have said before, and if some activities are necessary, and desirable for the sake of something else, while others are so in themselves, evidently happiness must be placed among those desirable in themselves, not among those desirable for the sake of something else; for happiness does not lack anything, but is self-sufficient. Now those activities are desirable in themselves from which nothing is sought beyond the activity. And of this nature virtuous actions are thought to be; for to do noble and good deeds is a thing desirable for its own sake. ①

参考译文 B

在谈过德性、友爱和快乐之后，我们接下来要简明地谈谈幸福。因为，我们把幸福看作人的目的。如果我们从前面谈到过的地方谈起，我们的讨论就可以简短些。我们说过，幸福不是品质。

① Aristotle, *The Nicomachean Ethics*, X.6, 1176a30-b7, Oxford University Press, 2009.

因为如果它是，那么一个一生都在睡觉、过着植物般的生活的人，或那些遭遇不幸的人也可以算是幸福的了。如果我们不能同意这种说法，并且更愿意像前面所说过的那样把它看作是一种实现活动，如果有些实现活动是必要的，是因某种事物而值得欲求，有些实现活动自身就值得欲求，那么幸福就应当算作因其自身而不是因某种其他事物而值得欲求的实现活动。因为幸福是不缺乏任何东西的、自足的。而那些除自身之外别无他求的实现活动是值得欲求的活动。合德性的实践似乎就具有这种性质。因为高尚的、好的行为自身就值得欲求。

语篇精粹 C

If happiness is activity in accordance with virtue, it is reasonable that it should be in accordance with the highest virtue; and this will be that of the best thing in us. Whether it be reason or something else that is this element which is thought to be our natural ruler and guide and to take thought of things noble and divine, whether it be itself also divine or only the most divine element in us, the activity of this in accordance with its proper virtue will be perfect happiness. That this activity is contemplative we have already said.

Now this would seem to be in agreement both with what we said before and with the truth. For, firstly, this activity is the best (since not only is reason the best thing in us, but the objects of reason are the best of knowable objects); and, secondly, it is the most continuous, since we can contemplate truth more continuously than we can do anything. And we think happiness ought to have pleasure mingled with it, but the activity of philosophic wisdom is admittedly the pleasantest of virtuous activities; at all events the pursuit of it is thought to offer pleasures marvellous for their purity and their enduringness, and it is to be expected that those who know will pass their time more pleasantly than those who inquire. ①

参考译文 C

如果说幸福是与德性相符的活动，那么说幸福应该与最高的德性相符是合理的，这将是我们最好的德性。无论这一被认为是我们的自然统治者或向导的要素，被认为思考高尚和神圣事情的要素是理性还是别的什么东西，无论它自身也是神圣的或者只是我们身上最神圣的要素，这一与自身适当的德性相符合的活动将是最完美的幸福。我们已经说过，这种活动就是静观。

这好像既与我们之前说过的一致，并且符合真实。因为首先，这一活动是最好的（因为努斯不仅是最好的，而且努斯的对象也是可知的对象中最好的）；其次，它是最连续的，因为比起做其他事情我们能更持久地沉思。我们认为幸福应该与快乐相交融，但是合乎智慧的活动是公认的最快乐的有德活动；不管怎样这种对哲学智慧的追求被认为可以给他们提供奇妙的单纯、持久的快乐，而且人们认为通晓智慧的人比正寻求智慧的人将过得更快乐。

① Aristotle, *The Nicomachean Ethics*, X. 7, 1177a13-26, Oxford University Press, 2009.

第四章　普罗提诺：新柏拉图主义的杰出代表

Andin this dance the soul sees the spring of life, the spring of intellect, the principle of being, the cause of good, the root of the soul; these are not poured out from him with the result that they diminish him; for there is no bulk; otherwise the things generated from him would be perishable. But as it is they are eternal, because their principle remains the same, not divided up into them but abiding as a whole. … But life in that realm is the active actuality of Intellect; and the active actuality generates beauty, and generates righteousness, and generates virtue. It is these the soul conceives when filled with God, and this is its beginning and end. [1]

——Plotinus

在这舞蹈之中，灵魂看见了生命之源、努斯之源、灵魂之根以及存在的原理和善的原因。这些从一倾泻而出的事物都不会导致对一有丝毫减损，因为在他，根本没有体积，否则他所产生的事物就都是可灭的。事实上，它们都是永恒的，因为它们的原理始终保持同一，没有随它们分割，而是作为整体运行在它们之中……在那个领域，生命是努斯活跃的现实性；而活跃的现实性在与至善的安静接触中生育出诸神，生育出美、正义和德性。当灵魂为神所充满时，它所怀的正是这些事物。这既是灵魂的开端，也是它的终结。(《九章集》6.9.9)[2]

——普罗提诺

---

① Plotinus, *Ennead*, With an English Trans, by A. H. Armstrong, Loeb Classical Library, Second Edition, 1989, Ⅵ. 9, One the Good or the One.

② 如果没有特别说明，所引用的普罗提诺的《九章集》引文均来自［古罗马］普罗提诺：《九章集》(上下册)，石敏敏译，中国社会科学出版社，2018 年第二版，个别字句有修订。

一、成长历程

（一）一位晚生五个世纪的希腊哲人

普罗提诺（又译作柏罗丁，公元205—270年），是罗马帝国时代最伟大的希腊哲学家，新柏拉图主义奠基人，被称为最后一个希腊哲学大师，波菲利在介绍他时，第一句话就称他为“我们时代的哲学家”①。普罗提诺处于希腊文化和基督教文化这两大文化传统交汇的时代，基督教文化中所吸收的柏拉图思想就是经过普罗提诺等新柏拉图主义者解释过的思想，影响十分深远，罗素称他为“古代伟大哲学家中的最后一人”②。但在漫长的历史中，人们对他的研究并不太多。个中原因，就要从他与他所处时代的矛盾说起：他接受的是正统的希腊教育，用希腊文书写著作，以柏拉图哲学的解释者自居，其哲学思想属于古典希腊，同时代兴起的基督教思想似乎对他没有任何影响，因此不能算作中世纪哲人；但他生活在柏拉图和亚里士多德哲学巅峰期五百多年后的时代，算是古希腊时代的晚期，能否算作希腊古典哲人似乎在不同学者眼中有不同的定位。而当代学者对他的评价颇高，认为他是

① ［古罗马］波菲利：《普罗提诺的生平和著作顺序》，1，见石敏敏译：《九章集》（上册），中国社会科学出版社，2018年。

② ［英］罗素：《西方哲学史》（上卷），何兆武译，商务印书馆，1996年，第406页。

晚期希腊哲学中唯一能达到柏拉图和亚里士多德水准的哲学家。① 德国图宾根学派尤其对他情有独钟，认为他忠实地继承和发展了柏拉图的“未成文学说”，为普罗提诺哲学与柏拉图哲学之间的亲缘关系提供了证据，从而提升了他在当代的历史地位。

普罗提诺虽然并不认为自己创立了新的哲学，但他对柏拉图哲学的解释比柏拉图哲学本身更偏向于超越性，也正因为这一思想倾向，普罗提诺对自己的生平事迹谈论得很少。从他的生平传记中，我们几乎无从得知他 28 岁以前的事情，甚至对他的出生地、家庭背景都一无所知。虽然他的学生波菲利在普罗提诺的著作《九章集》的前言“普罗提诺生平及著作编订”中栩栩如生地描写了老师的许多事情，使后人对普罗提诺的思想和生活原则等方面有所了解，但研究者也只能推测他的出生时间和地点，知道他生于埃及，28 岁时突然对哲学有了兴趣，于是来到亚历山大里亚这个大都市，最后投身于阿摩尼乌斯帐下，并追随后者学习达 11 年之久。不过，研究者也无从得知他在这 11 年学了些什么，因为他和同学立誓不公开老师的学说。243 年，普罗提诺参加了罗马皇帝的东征，但时间不长，他后来定居罗马，这时他 40 岁。从此就在这个城市教书写作，直到死亡。普罗提诺不仅很少谈及自己的生平，甚至连画像都拒绝，他说：“何必呢，自然已经把我们装在这个形像里，我们不得不带着它，难道这还不够吗？你又何必让我答应留下这像，在我死后长存呢，难道它真的那么值

① A. H. Armstrong, *The Cambridge History of Late Geek & Early Medieval Philosophy*, Cambridge university Press, 1967, p. 196.

得一看吗？”[①] 学生们没有办法，就让画家经常来参加学派的聚会，然后凭记忆而形成了一个画像。这是与他的哲学原则相符合的：内在的、精神的、超越的一面才是最重要的，现世的、生活的、身体的、物质的一面都不必在意，但这并不意味着他对日常生活的排斥和鄙视。波菲利说他在实际生活中不仅因为道德高尚、性情温和赢得别人的喜爱，还因为他善于处理事务赢得了别人的信赖，他经常被人托付照料财产或小孩，与罗马的达官贵人们关系也融洽。在他的学生中，不乏罗马贵族，但他提供的并非雄辩术，反而奉劝人们放弃对政治或财富等的追求，回到自己的内心，以至于一位元老在听了他的演讲之后散尽家财。波菲利还记载说普罗提诺有比常人更神秘的灵异力量，还有非凡的洞察力，曾及早阻止波菲利自杀，还预言一个人短命等。[②]

在此，我们有必要介绍一下普罗提诺的写作特点。波菲利栩栩如生地描绘道：“普罗提诺一旦写了什么，就从不再仔细检查；对他来说，就是重读一遍也是不堪重负，因为他的视力很差，阅读很不方便。写作时，他并不看重字写得漂不漂亮，音节断得对不对，对拼写也毫不注意。他全身心地沉醉于思想之中；令我们所有人感动惊异的是，他一直保持这种状态到最后。他自始至终都在自己心里整理思路，所以写出来时就一气呵成，如同是在抄书，因为他已经在心里把思想理得井井有条了。即使是在与人交谈、参与持续的谈话，他也不放下自己的思路。他能够在交谈中

① ［古罗马］波菲利：《普罗提诺的生平和著作顺序》，1，见石敏敏译：《九章集》上册，中国社会科学出版社，2018 年。

② 同上，1-13。

把必要的部分充实完善，同时使自己的思想集中于正在思考的问题上，不受任何干扰。当原本一直跟他谈话的人走了，他也不检查已经写下的文章，因为正如我说过的，他的视力吃不消做修订工作。接着他就按着自己的思路径直去做下面的事，似乎这期间不曾有过交谈。他就这样同时既面对着自己，也出现在别人面前，除了睡觉，他从不放松他那自我转向的注意力；即使睡觉，他也要缩减时间，为此只吃一点点食物，经常连一片面包也不吃完，同时持续地专注于理智上的凝思。”① 持续的理智凝思，不仅使他享受到理智的愉悦，也曾使他四次达到与神同一的状态，这是通过从有形事物到无形事物的欣赏、沉思与观照而逐渐上升的，最终到达迷狂境界。在这个境界中，灵魂被净化，脱离了肉体，与一同一。

普罗提诺在66岁的时候因重病而去世。波菲利如此描述他的死亡：“普罗提诺在临死时说：‘我已经等了你很长时间了。’然后又说：‘务必把我们里面的神带回到大全里面的神中！’当一条蛇从他躺着的床底下爬过，消失在墙洞的时候，他咽下了最后一口气。”②

（二）重要著作

普罗提诺40岁开始定居罗马教授哲学，但此后10年间，他却没有写下任何东西。他50岁时才开始写下自己的思想，却也不

① ［古罗马］波菲利：《普罗提诺的生平和著作顺序》，8，见石敏敏译：《九章集》上册，中国社会科学出版社，2018年。

② 同上，2。

是主题集中的、成体系的长篇大论，而是一篇篇可称之为思想火花的文章。263 年普罗提诺 59 岁，也是波菲利 30 岁初次加入他的学派之时，写了 21 篇作品，但很少有人得到抄本，流传不广。后来波菲利等学生积极督促老师写下自己的思想，于是普罗提诺便加快了写作速度，最终完成的作品共有 54 篇。或许他受柏拉图哲学影响太深，也认为文字容易引起别人的误解，面对面的讨论更适合哲学教授，因此他的课堂虽面向大众，他的文字作品却仅限于入门弟子（这做法倒是和柏拉图相反，后者是文字面向大众，而没有写下来的东西限于与亲密弟子之间面对面讨论），因为他思想丰富，所以语义十分丰富，令人读后感到费解。

普罗提诺指定波菲利为自己作品的编订者，于是有了现有的《九章集》。普罗提诺按主题写作，他的一篇篇论文名为“论德性”“论质料”“论至善或一”等，但这并不是系统的作品。波菲利既明确地记载了几十篇文字的创作时间，也解释了自己不按时间而按主题编撰的原因，他认为按时间顺序就会造成混乱，而要仿照安德罗尼柯按主题分类编撰亚里士多德作品的做法，甚至不惜拆分一篇长文。他说：“由于我手头有普罗提诺的 54 篇作品，因此我就把它们分成 6 册，每册 9 章。能够发现 6 和 9 这完美的数字，这给我带来了极大的愉悦。在每个 9 章中，我把相关的文章放在一起，把难度较少的放在前面。”① 这 6 册的主题分别为：人事、自然界、物理、灵魂、努斯、一。这是一个从低到高的顺序。波菲利花了 30 年时间，于公元 300 年左右完成了这一任务。

① ［古罗马］波菲利：《普罗提诺的生平和著作顺序》，24，见石敏敏译：《九章集》上册，中国社会科学出版社，2018 年。

（三）先哲思想的继承人

普罗提诺被称为新柏拉图主义者，这是18、19世纪后的事情，他从来不认为自己开创了什么新哲学，而以柏拉图哲学忠实的阐释人自居。我们在介绍柏拉图的哲学时已经展示过他们在“存在”这一形而上学问题上的相似性。他的文本提及柏拉图哲学所涉及的对话有《蒂迈欧》《巴门尼德》《斐德罗》《斐勒布》《理想国》《会饮》《泰阿泰德》《斐多》等以及书信，还有“未成文学说”。当然，他在继承和发展柏拉图哲学的过程中也有自己的取舍，比如他舍弃了柏拉图哲学中政治和实践的维度，而突出了其精神性的、超越性的、思辨的一面。这当然与他所处的时代有关。柏拉图和亚里士多德所生活的时代是雅典城邦制时代，对政治生活的重视是那个时代哲人的普遍倾向；而普罗提诺生活在罗马帝国崩溃的时代，外在的纷扰已经迫使当时的思想家都趋向于对个人内心的反省，普罗提诺本人尤甚，他的哲学完全不受时间的影响，只强调内在的超越性。

具体来说，他对柏拉图划分理念世界和现象世界、肯定理念世界真实性的思想颇为认同，但他比柏拉图更为强调理念世界的超越性。他还对柏拉图曾经谈到、但在对话录(《理想国》和《巴门尼德》)中语焉不详的“未成文学说”中的“一”和“善”的概念进行了淋漓尽致的发挥，把“一”（在他的哲学中人们有时翻译为“太一”）真正地变成了自己的哲学核心概念。他的从“一”流溢出整个宇宙的学说的思想也来自于柏拉图的《蒂迈欧》的创世说，甚至可以说，《蒂迈欧》中的思想是他的哲学基础。

柏拉图在“未成文学说”中提到的数也在他的哲学中有鲜明的痕迹，他用了专门的一个章节（Ⅵ.6），包括18段内容来“论数”，有人说是受了毕达哥拉斯哲学的影响，这固然不能说错，但因为毕达哥拉斯哲学对柏拉图“未成文学说”产生了深刻影响，才间接影响到普罗提诺，实际上普罗提诺所讨论的是柏拉图哲学中所谓的“数论”。

除了最为重要的柏拉图哲学（既包括对话录，又包括其“未成文学说”）这一思想渊源，亚里士多德哲学、斯多亚学派都对他有影响，其中亚里士多德哲学对他的影响尤为重要，把他称作新亚里士多德主义者也同样合适。因为他对亚里士多德的思想从逻辑学、形而上学、生物学、心理学到伦理学、政治学等各方面进行了全面的吸收。如他的灵魂学说受亚里士多德灵魂学说的影响尤其大，是他仅次于“一”的一个核心思想；他的“努斯”就来自于亚里士多德的作为神圣实体的“努斯”，也就是现实和无质料的形式；他还吸收了潜能和现实思想作为自己哲学的重要概念；对于质料这一概念他也有专门的篇章论述；他还对范畴学说和存在论有详细的发挥。在他的哲学体系中，柏拉图和亚里士多德两个哲学体系的影子交相辉映，他使用起二人的哲学概念不仅得心应手，还游刃有余，给读者的印象是柏拉图和亚里士多德的思想本来就是一致的。如他的存在结构中，“一”“努斯”“灵魂”“人”“质料”等核心概念也是柏拉图和亚里士多德的核心概念。由于亚里士多德对柏拉图的理念“分离说”进行了批评，普罗提诺则放弃了这一说法，并创造性地提出了“流溢说”。而他与斯多亚学派的渊源在于，二者都强调超越此世，主张不为俗事所累，更强调内在的精神生活。

总体而言，希腊化时期的哲学首先是一种生活方式（当然，希腊哲学也是如此），哲学家更是灵性导师。普罗提诺的努力在于，从经典的希腊哲学思想中发展一种自我拯救的模式，把柏拉图思想中的超越的、神圣的追求进一步发扬光大，对柏拉图阐释或许不多的“一”进行了发挥，使其绝对化，以抗衡时间的无情流逝。下文我们就详细介绍一下他的主要思想。

二、理论内涵

（一）一元三层实体

在普罗提诺那里，实体在本质上是精神性的、分层的统一体，有三个层次——“一”、努斯和灵魂。这三层实体之间的关系是逻辑和本体论上的先后关系，在先的实体独立于、超越于在后的实体，而“一”是最为核心和根本的一个概念。

1.“一”

“一”是普罗提诺哲学体系的核心思想，是创造万物但又超越万物的实体，是万物的本原，是至善，是人生的最高目标。我们在上文介绍柏拉图的“未成文学说”时提到，在柏拉图那里，本原有两个，一和不定的二，可以称之为二本原论；普罗提诺把“一”的地位进一步提升，成为一本原论。在他这里，“一”就是万物，但不是万物之一。“一”是一种超越的存在，万物不在“一”里面，但最终要回归于它。“一”是单一的，而正因为它一无所有，所以它产生万物。与其说“一”是存在，不如说“一”是存在的生产者。而“一”自身是自足的，完美无缺，因充盈而流溢。

与大部分的希腊哲学家一样，在普罗提诺那里，万物出自本原，因此在万物之前必然有一种简单的存在，它不同于万物，是自在的，是真正的“一”，能以不同的方式呈现在它所产生的事物之中。他不同意其他自然哲学家所谓的元素或原子学说，认为第一原因一定是无形的，而万物之所以存在，就在于它们都是“一”，也就是都具有自身的统一性或者说同一性，事物只有是一个事物，才能存在。普罗提诺说道：

> 凡不是一的，都借着一而存在，并因这“一”而是其所是，因为如果它没有成为一，即使它由许多部分组成，我们还是不能称之为“它自身”。如果可以说每一部分都是它自身，那是因为每一部分都是一，正因为如此，它才是它。而那自身里不包含许多部分的，不是通过分有一而成为一的，它自身就是一，不是包含他物的“一”，而是因为它就是这一，其他的一直所以称为一都是因为分有了它。(《九章集》5.3.15)

这段话明确了各种各样的事物之所以各自都是一个统一体，就因为它们从“一”那里获得了一种统一性，而这个“一”本身，却是超越万物、独立于万物的，完全没有多。这个“一”，是产生一切存在的力量，是生命之源。对于这个“一”，我们不能有任何的概念和知识，甚至不能有任何描述，它超越于存在，是一切之首。它也是没有质料的，因为有质料的事物都有生成，而第一本原绝不可能是生成的。“一”既不是分有一才是一，也不是由多合成的一。

我们知道，在柏拉图那里的本原是一和不定的二。那么普罗提诺如何解释不定的二呢？他认为，“一”是纯粹的、真正的、与任何事物都没有关联的，二不是包含“一”的儿女，而是两个部分都后于“一”的二，因为“一”不可能与别的数并列，甚至根本就不能被计算，它本身即是一种尺度，本身不属于本质的数的范畴，没有量的规定性。二形成之后，二之前的“一”依然存在如初，这个“一”不同于二中的每个一。因此“一”始终停留在自己的所在之处。二分有最初的“一”，但不同于它们所分有的一，而是二，只是因为分有了“一”，因此也是一，但这个一与最初的“一”不是同一个意义上的一，就如同一支军队与一所房子不是同一意义上的一一样。一所房子是一，是就它的整体结构而言，而不是实体或数量的一。因此，就数目来说，一保持不变，另一个一产生数目，数目就以一为范型而存在。这样，在柏拉图那里的二本原学说到普罗提诺这里成了一本原说。而“一”最为突出的特点就是超越性和创造性。

(1)“一”的超越性

这就是普罗提诺所谓的否定的形而上学，或者更流行的说法是“否定神学”，因为“一”是超出存在，超出范畴，超出我们所能表达和描述的，一句话，它超出了一切事物，具有超越性，因为它是自足的，不需要别的事物而本身就具有丰盈的力量。

"一"是本原，本原即使生出了万物，它自身也保持不变。就真正存在的事物来说，即是以不变的"一"为范型，这个不变的"一"也不同于创造的一。在他看来，"一"是至善本身，甚至说"一是至善"都不合适，因为这就导致对它的分化。"一"本身因为自足根本不需要思想，如果说努斯是因为思考自身而获得神圣性的，那"一"则比它更高，不需要思想就可以获得尊贵，也没有任何功能。

因为超越，"一"也是无法被认识的，因为它作为万物的本原，它自身不是存在，也没有理念，因为它不能被理念所规定并束缚。在"未成文学说"中，"一"是理念的本原，普罗提诺也同意这一点，但是既然理念都是对具体事物进行规定的东西，那么"一"就超越于这一点，超越于理念，超越于一切存在，是无限。我们虽然在谈论它，但是我们无法揭示它本身，因此"一"高于存在，高于努斯，超越人的意识、思想和语言：它既不是无限，又不是有限；既不是知识，又不是无知；既存在，又不是存在；既是生命，又不是生命……其实任何对它的言说，都是在用比它低下的事物来描述它，这种言说其实是为了接近它而进行的一种训练，最终是要人们超出语言和推理而达到静观。

(2)"一"的创造性

如果说对"一"超越性的讨论是从否定性的角度讨论的话，那么对其创造性的讨论则是从肯定的角度，一般又称之为"肯定神学"。这实际上是"一"和多的关系问题，也就是"一"与万物的关系问题。普罗提诺为了克服柏拉图哲学中分离的问题，提出了"流溢说"，认为万物的每一层存在都是从上一层流溢出来的。

他认为，“一”是不动的，而且能创造万物。首先由于它充盈而产生出自身之外的新事物，这个新事物又回转到“一”而被充满，并因为凝视“一”而成为努斯，换句话说，它的止步和转向“一”构成了它的存在，而它对“一”的凝视构成了努斯。这个努斯进一步模仿“一”，也产生了与自己不同的事物，这就是灵魂，当然努斯与“一”一样，在产生灵魂的同时保持不变。他举的例子就是火，火燃烧会产生热，但热并不减损火本身。

> 一切存在的事物，只要存留在存在中，就必然根据各自当下的能力，从它们自己的实体产生出某种包围性的实在，并指向自身之外的东西，这就是由原型产生的一种影像。比如火生出热，热向外扩散；雪生出冷，冷不只是贮存在雪自身里面（同时也向外弥漫）。（《九章集》5.1.6）

“一”的创造，即要保证自身的完善的宁静不动的要求，还要创造，就是从自己的本质中流溢或者漫溢或渗出影像，让它们包围在自己的周围。而本原永远以自己特有的方式生活，从它的完全和它的本性活动中产生的活动获得了实体性的存在。这本原超越存在，所以这二级活动成为现实的存在和实体。

2. 努斯/理智

“一”由于自身的无比充沛，以流溢的方式创造出了某种与自己不同的东西，也就是实体的第二层——努斯，这是第一次创造活动，是“一”流溢出的潜能和质料，是纯粹的异质性，它向“一”回转而得到充满，由不确定的二和一生出了理念和数，这就是努斯（在中文里有时被翻译为“理智”）。努斯由“一”流溢出来，它只凝视“一”，只需要“一”，当然，“一”因为自身的自足性并不需要努斯，这样努斯实际上是“一”的表达和活动，就像灵魂是努斯的表达和活动一样。我们说，努斯是至善的影像，因为努斯是由于回归并凝视至善而产生的，这凝视就是努斯的活动，就是理智。

与“一”相比，努斯失去了最高的统一性。“一”是生产万物的能力，它生产的万物都是努斯观照的对象，在某种程度上可以说，万物是从这种能力中分离出来的，否则它就不是努斯了。其实努斯在自身里面对自己的能力有一种内知觉，知道它有生产存在的能力。努斯作为认识活动，实际上是一种自我认识：“万物都归属于它，都在它里面，都与它在一起。它完全能够辨认自己，它的生命在自身之中，万物也在它里面，它对自己的思就是它自身，它通过一种无中介的自我意识存在于永恒的宁静中，它的思考方式不同于理智的思考。”（《九章集》5.4.2）而自我认识一旦出现，“一”的纯粹性就失去了，实际上努斯或者说理智带来了思的主体和对象这样的二元事物，而且它在认识对象的时候，只能把对象按不同的范畴来进行认识，而不可能当作浑然一体的东西。因此，虽然朝向“一”，但是无法把“一”作为一个纯粹统一体来把握，否则就会失去智性。“至善是一，努斯中的理念是多，因为努斯努力保持它所领受的力量。它把这一力量碎裂为多。它不能以统一的方式把握的，只能以分裂的方式去承受。”(5.1.6) 同时，作为“一”首先溢出者，它是“一”的最佳形象，在统一性、自足性、创造力方面，与“一”最相似，凭借源自“一”的能力，自己规定自己的存在。努斯通过它自身——就如从某种源于不可分之物的可分之物——看见生命、思想和万物都出自“一”。努斯中的实在都是实体性的存在，都是确定的、有界限的、稳固的。

努斯又有高度的自足性和统一性。努斯拥有仅次于“一”的极大的统一性，是多之中的一。但努斯是自我认识。思考其他事物与思考自己有所不同，后者在消除二元性上走得更远，它与自己的对象并无根本区分，乃是与自己为伴，认识自己。努斯不是从外面去认识对象，而是从自己内部来把握自己，所以这不需要推理，不需要经过外在的、分离的环节，而是直觉，瞬间通体把握对象。努斯是理念的集合整体，这样，不仅努斯与诸理念之间圆通无碍，而且每个理念也同时是所有其他理念，甚至是努斯整体。

努斯世界是实体，其特点是万物相通。因为在努斯的世界之中，一切事物都是实体，一切都是一；而下界是影像的世界，各种影像是彼此分离的。努斯领域特有的万物通一、通透、透明的景观，并非仅仅依靠直觉领悟得出，而是建立在一切理念皆一、努斯和理念的逻辑推演的论证之上。努斯的特点是“一即多”或“多即一”，存在、运动、静止、同、异等都内蕴于其中。努斯是内在的、自我的知识，不可能有错误，是真理，其真理性表现在与自身的符合，自己就是自己的明证。

3. 宇宙灵魂

宇宙灵魂是“一”的第二次流溢，所溢出的仍然是实体，是这个一元三层实体的第三层，而它就是“一”与世界联系的中介：

> 努斯模仿一，以同样的方式连续不断地发出多种能力——这是它的一个形象——就像它的本原产生出它一样。这种产生于努斯实体的活动就是灵魂，在灵魂生成的同时，努斯则保持不变，就像努斯生成之后，努斯生成者保持不变一样。(《九章集》5.2.1)

这种宇宙灵魂不同于个人灵魂，而是一种普遍灵魂。它作为努斯的产出者，是其与世界之间的中介，它将生命赋予世界，却并非保持不变。它凝视自己的努斯而被充满，但是通过向另一方面的运动而产生了自己的影像，这就是万物——陆生的和海生的生物，以及天宇，万物的存在和灭亡都决定于灵魂是赋予还是否弃生命，而灵魂自身永远存在，从不离开自身。灵魂赋予万物生命，就像太阳照耀万物，它流溢、倾泻、遍及天宇的每一个角落。它是一种生命的源泉，具有永恒性和纯粹性，能赋予火气水土四元素、赋予接受它的躯体、赋予万物及整个宇宙以生命和秩序。但是它本身既不具有物质形体，也不具有身体的属性，而只是活动和创造，如果说有形体的事物是生成的话，那么灵魂就是一种存在，是与有形体事物不同的一种存在。如果说努斯虽然内部充满生命，但静止不动、自足自存的话，灵魂的特点则是活动，它是运动的本原，一种自生自动、永恒的实体。就像努斯凝视"一"，它也凝视努斯，但它不能满足于静观，它要把它所看到的创造出来，产生影像，这样的运动会向下一直延伸，越过人和动物，直至植物之中。也就是说，有生命的事物，无论是植物还是动物，其生成都离不开灵魂，是灵魂赋予事物以生命，只有灵魂进入到质料之中，才有事物的生成。如果说努斯是一粒种子，那么灵魂就如同种子发芽成长，最后枝繁叶茂，失去原有的统一性，又在多样性中保持某种新的统一性。因此，灵魂在以"多样性中的统一"的方式来反映努斯原先的那种更为聚拢内凝的统一性的。而且，努斯完全超出时间，是真正意义上的永恒，是同一和无限，而灵魂和时间是共存的，或者说时间内在于灵魂，灵魂以自己的本质活动方式去把握世界，世界便呈现为在时间中的。①

> 灵魂在生产中却并非保持不变，它的形像产生于它的运动。它凝思自己的源头，从而被充满，但是通过向另一方面运动产生出自己的形像，这就是感觉和植物的生长原理。没有任何东西独立于它的先在，或者从先在中完全分离出来。因此高级灵魂的渗透甚至可远及植物，从某种意义上说确实如此，因为植物中的生命原理属于灵魂……而在它之前的部分（高级灵魂），也就是直接依赖于努斯的部分，离开努斯之后仍然保留在自身之中。（《九章集》5.2.1）

① 刘玉鹏:《自净其心——普罗提诺灵魂学说研究》，浙江大学出版社，2008 年，第 82~87 页。

整个宇宙是一个有机体，而这就是灵魂的力量，是它使得万物为一，因为灵魂本身就既是多又是一，既可分又不可分。它既是充满这个宇宙的生命，万物都是由于灵魂而形成，同时，灵魂还时时反求诸己，总是凝视着努斯，回归到努斯之中。

灵魂也分成多种官能：推理与感知不同，而感知中的听觉、触觉、味觉、视觉等也是不同的能力。灵魂虽然必须与具体的、一个个的事物打交道，但是它不太会陷入多样的、有形体的世界太深，因为它究竟是属于神圣实体的，属于超越性的领域，与物质世界是不同的。灵魂是无形的，既没有量的规定性，也与数量和体积无关，所以灵魂具有渗透性和弥漫性，不在任何地方，又无处不在。以身心关系为例，普罗提诺认为，灵魂高于身体，具有独立的存在，是逻辑上在先的。灵魂是永恒的存在，而身体是生成的，从而低于存在。灵魂在管理形体世界时，并没有真正与形体结合而为一，所以不会受到形体所受到的影响之影响。但是灵魂以独特的方式完完整整地处在身体的各个部分，虽然手、腿各有自己的运动，但是实际都是由一个灵魂在统治。普罗提诺举例说，一个声音在室内传开，每个听众都听到了全部的声音，而不是一个片段，灵魂也如此，灵魂即使处于一个身体之中，也仍然是宇宙灵魂，保持着完整的本性。因此，唯有这样与形体完全不同的统一力量才是组织形体并赋予世界生命的源泉和原则。

与一般人所认为的，如“石头等质料是实在的”看法相反，普罗提诺认为存在的实在性标志在于自足和善意的力量，灵魂同时居于所有事物之上，这不是说所有事物是它的基础，而是说没有它，所有事物都不能也不想存在。它始终处于同一状态下而存在，是万物的共同源泉。因此，灵魂是有两种存在方式的：

> 这样，就有两类事物，一类是这种原初不可分的存在，住在可理知世界，另一类事物则住在感知世界，是完全可分的。(《九章集》4.1.1)

总之，一元三层的“一”、努斯和灵魂是精神性的、超越性的存在。“一”就是至善，就是万物都依赖并渴望回归之的目的，是万物的本原，而它自身完美自足，无欲无求。从“一”溢出的第一个新事物就是努斯，这是一种自我认识的能力，它只凝视“一”，也因凝视获得了实在性，是一种真正的存在者，是最美的，是理智领域的王，它不需要推理而认识一切，是直觉。从努斯再溢出灵魂，灵魂环绕着努斯跳舞，凝视里面的努斯，并透过努斯观照到“一”。“恶在这里毫无踪影，如果一切止于此，那也就不会有恶，而只有第一善、第二善和第三善。万物都围绕万物之王，它者是善和美的事物之因，万物都属于它，第二级事物环绕着第二者，第三级事物则环绕第三者。”(《九章集》1.8.3)

(二) 人的灵魂

一元三层的实体继续流溢，就会流溢出有形世界，也就是人生活于其中的世界。这是“一”流溢的第二次大的变化，因为它不再是内部变化，而是与自身的精神性本质完全不同的物质性世界，是真正的多，而这个有形世界与实体相比，是变化的。整个宇宙都是由灵魂以及更高的实体所充满而统一安排的：

> 它（灵魂）创造了万物，赋予它们生命，它创造了陆生的、海生的生物，以及天空神圣的星辰；它创造了太阳及这个宏大的天宇，它装点这个宏大的天宇，让它有序地运转；……万物各有其位，有的位于此处，有的位于彼处；有的在地上，有的在天上；有的被分开，在宇宙相互对立的部分中，其他的都以各不相同的方式存在。（《九章集》5.1.2）

灵魂创造了万物，万物的存在与否都取决于灵魂是否赋予它们生命，灵魂使整个宇宙不再僵死，如同阳光普照大地。那么宇宙灵魂究竟是如何创造出万物和世界的呢？

灵魂的创世过程就有两个阶段。灵魂不是无中生有地创世，而是把已经是身体或形体的世界组织起来，赋予它们以各种生命。因为宇宙没有任何时候拥有灵魂，也没有任何时候躯体可以脱离灵魂而存在，如果灵魂打算出发，就要为自己寻找居所。灵魂把理性本原的某个影像赋予躯体，使一切不能自动活着的事物获得生命，因此它的工作实际上是使事物警醒。"当灵魂进入植物之后，在植物里面的灵魂就是灵魂的另一部分，是它最鲁莽、最无知的部分，是坠落到最低处的部分。当灵魂进入非理性动物时，感知觉的能力就占据了支配地位，并把灵魂也带到那里。而当它进入人里面之后，或者活动完全在灵魂的推理部分中，或者它源自于努斯，因为人里面的灵魂具有自己的理智和与生俱来的思考愿望，或者一般意义上的活动愿望。"（《九章集》5.2.2）宇宙灵魂在这个阶段上的作用方式是目的式的，它把自己从上层实体得到的光明普遍照耀到下一层次的世界之中。接受光照的、被赋予了各种灵魂的各种形体就成了灵魂的映像，灵魂因此使所有并非自己本身就具有生命的事物拥有了生命，并且使它们的生命与自己相似。

在普罗提诺那里，对于人的灵魂的学说继承和发展了柏拉图和亚里士多德的灵魂学说，而且笔者认为他接受亚里士多德的灵魂学说更多一些。他认为人的灵魂分有生长灵魂、欲望灵魂、感性灵魂、推理灵魂和理性灵魂，而人的自我究竟是哪个层次，取决于人自己的选择：选择理性，就是神；选择与身体的结合，就是人；选择感性与欲望，就是动物；选择生长灵魂，则与植物没有什么区别。

1. 努斯或理智

努斯，自阿那克萨戈拉引入哲学以来，无论在他那里，还是在后来的柏拉图和亚里士多德那里，都是一种双重的存在，既是宇宙中的一种理性的存在，是神，又是人身上的最高的存在。对普罗提诺而言，努斯在人的灵魂中，是最高层次的灵魂，原则上属于神而不是属于人。因为这一最高层次的灵魂从来不曾真正地下降：

> 甚至在这种形成产生之前，我们已经在那里，是与现在不同的人，有些甚至还是神，纯洁的灵魂和理智/努斯，与整个实体合而为一；我们原是可理知世界的部分，没有被划出去或者分离出来，始终属于整体；即使是现

在，我们也没有被分离。（《九章集》6. 4. 14）

努斯的活动表现为对理念的观照，完全脱离了身体的干扰，是直觉的认识，因此这个层次的灵魂不会受到身体的影响，也没有喜怒哀乐，是不朽的。人们经常由于忙忙碌碌而忘却这一层面，但是只要选择努力回归，也可以达到它。“因此认识自己的人是双重的，一方面认识属于灵魂的推论本性，另一方面超越这个人，而根据理智/努斯认识自己，因为他已经成为那种理智/努斯；通过那种理智/努斯他又思考自己，他不再是原来的人，如今已经变成了完全不同的人，自我提升到了高级世界里，只提取灵魂中好的部分，唯有这一部分能够长翼飞向理智行为。”（《九章集》5. 3. 4）这部分灵魂虽然凝视低于它的事物，但从来不曾脱离之前的实在，始终保持对真正的实在的凝视。它可以从上界接受某些东西，同时把它们分配给下界。

2. 与身体结合的推理灵魂

虽然自我可以达到努斯进行理智的最高状态，但通常还是处于较低水平，也就是与身体相结合的水平上，是身心复合物。这个层次的灵魂最大的特点就是有记忆，会推理，它的认识不是通过直觉的刹那把握。它与外在的对象打交道，只是对各种材料进行评判。这也就是通常的我，是处于理性和感性之间的存在，是推理灵魂。“是我们在推理，是我们在过程性推理中使用努斯，因为这是我们的自我之所在。努斯的活动来自上面，正如感性活动来自下面；我们是这一层次——灵魂的主要部分。”（《九章集》5. 3. 8）

3. 感觉灵魂

这是又低一层的灵魂。这一层次的灵魂，仍然高于身体，是主动的，不为身体所影响。同一灵魂通过不同的感官（听或看）进行不同的活动，身体是灵魂的一种工具，这是一部分独立的灵魂。还有部分的灵魂，是以某种方式与躯体结合在一起的，而在结合中，灵魂受躯体的拖累而变坏，躯体却受灵魂的影响而得到改善。无论如何，在普罗提诺看来，感觉灵魂是主动的，不像一些人所持有的“印象说”。灵魂不接受印入，但是身体可以接受。身体和感官把它们所接受到的印象传到脑中，这已经是精神性的形式，灵魂的感知能力不需要感知感性客体本身，它只接受由感性事物在生物体身上引起的印象，这些已经是精神的存在了。

4. 植物性灵魂

这是最低阶段的生长性、植物性灵魂，这种灵魂几乎等同于身体。

欲望部分自然是在质料里的，因此也是掌管营养、生长和生产的部分，是欲望和情感形式的根基和原理。但是任何形式都不可能感到不安，或者受到哪种影响，相反，总是保持静止不动，唯有它的质料进入受影响的状态，而形式只是显现出来，并因其显现而激发情感。因为生长原理当然只是引起生长，自己不会生长，只会引起增加，自己不会增加。总而言之，它引起运动，但

> 是不会因任何它所引起的运动而变动，它要么就根本不动，要么是一种完全不同的运动和活动。（《九章集》3.6.4）

总之，普罗提诺认为人的灵魂内在收纳了整个宇宙各个层次上的存在事物，连接着上界和下界。而人是谁，取决于人的灵魂中的哪一个部分占据支配性地位。因此必须脱离下界，努力向上，免得因为追求感觉印象而沉迷于感性知觉，或者因为屈服于生产的欲望和对美食的贪婪而降到生产力的层次，而是要上升到理性世界。因此，那些在自身里面保守的人，就成为真正的人；那些靠感官生活的，就只能变得与动物无二；如果他们的感性知觉还伴随着强烈的脾气，那就成了野兽了……

（三）质料

质料是整个存在体系的末端。在普罗提诺看来，质料是最虚幻不实的东西。《九章集》2.4 的题目就是“论质料”，用 16 段内容来专门论述这个问题。这一章的第一句话，他就给他的质料概念下了一个定义：“所谓质料，就是某种主体（ὑποκέμενον）和接受形式的容器（ὑποδόχη）。”（《九章集》2.4.1）“主体”和“容器”分别来自亚里士多德和柏拉图。在普罗提诺看来，彻底消除了所有形式，不在任何形式中的东西就是质料。质料是生成的事物所需要的，可生成物总是需要接受不同的形式，但是永恒之物的质料却是单一的，也就是说拥有相同的形式。换句话说，普罗提诺认为质料有两种，上界的和下界的，前者是理智质料，后者是可感质料，因为既然上界存在一个理智的宇宙秩序，而下界的宇宙是它的一个摹本，并且这个摹本是复合的，由质料构成，那么上界也必然存在质料："感觉世界的质料是完全不同于可理知世界的质料，因为这里的万事万物都变动不居，每个特定的时间只能存在一种事物，因此没有什么东西能持久，而且事物彼此之间相互推挤，任何事物都不能永远保持同一。而在可理知世界，质料同时就是一切事物，因此它不需要变成任何其他事物，它已经拥有一切。因而，理智质料在可理知世界当然从来不是无形状的，就是地上的质料也不是无形状的，只是每一事物拥有不同的形状而已。"（《九章集》2.4.3）理解可理知世界的质料有几分困难，普罗提诺在这个问题上还进一步解释到：如果上界存在一个可理知的宇宙秩序，而下界的宇宙是它的一个摹本，而且是有质料的复合物，那么上界也必然有质料。因为，如果没有形式所界定的对象，如何能有形式呢？在普罗提诺看来，无论在可理知世界还是现实世界，每个事物的深处都是质料，而质料都是黑暗的，需要理智之光的照耀，而两个世界的质料不同之处在于，神圣质料在接受形式时拥有一个明确而智慧的生命，但这个世界的质料却没有，只是一具僵尸，是影像。理智质料是由"异"产生出来的：

> 异始终存于可理知世界，并产生可理知的质料；因为这就是质料的本原，就是最初的运动。……源于本原的运动和异是未定型的，需要首要者规定它们；它们一旦转向本原，就获得了规定。但在未转向它之前，质料

也是未限定的，也是异，因为还不是善，还未从本原得到光照。(《九章集》2. 4. 5)

与形体世界相比，真正的存在与质料都是非形体的，从而都是无法认识的，不可言说的，都是不能受影响、不能消失的。其不同在于，存在或说实体世界是充沛的，而质料却完全相反。因此，形式与质料的结合中，形式影响不了质料。

那么这个世界的质料是什么呢？它是所有感觉对象的质料，它一定不是复合的，而是单一的，在自己的本性里与自身同一，无大小、无形状等，也就是它具有未限定性。“但质料确实把它所得到的事物放在空间广延里，因此之故，正是它自身具有接受广延的潜能。”（《九章集》2. 4. 11）就可见事物来说，质料具有虚幻的体积之表象，它既大又小，即是说，它有在自身之内接受大小的能力，“而质料是未限定的，其自身是不稳定的，可以随处进入任何形式，因为它可适应任何形状，可进入任何事物，从而成为任何事物，并因此而获得体积的本性。”（《九章集》2. 4. 11）虽然质料是性质、大小甚至形体必不可少的基础，但是它不可见，无大小，不是形体，我们不能用口耳鼻舌感受它：“就是形体性也不属于它，因为如果形体性是一种理性形成原理，那它当然不同于质料，所以质料是另外的东西。”（《九章集》2. 4. 12）质料的独特性在于它不是任何性质，任何被规定的东西，毋宁说它就是未限定性。甚至理智质料也是究其本身来说是未限定性，这种未限定性是由一产生出来的，这是原型，而下界质料的未限定性就是影像，而且由于远离真正的存在而具有更多的未限定性：

> 因此，质料必然是本质上未被限定的，是与形成原理相对的。正如形成原理是形成原理，不会成为另外的任何事物，同样，与形成原理对立的质料也因其无限定性必然称之为未限定者，而不是其他任何事物。（《九章集》2. 4. 15）

在普罗提诺这里，下界的质料代表着与善相对的恶。因为质料是一种缺失，也就是缺乏某种规定性，缺乏善，缺乏思想，缺乏德性，缺乏美、力量、形状、形式以及性质，因此它就是丑，就是恶，与真正的存在和善格格不入。当然，上界的质料是某种真正的东西。

（四）回归

有关回归的理论，实际上是他的伦理学，体现了他漠视外在生存环境，注重内省和超越的生活态度。我们一般理解的普罗提诺学说是一个从上往下的流溢过程，很少注重他的回归学说。那么什么是回归？在普罗提诺这里，回归就是指超出世俗世界，认知真正的本原，向一的回归。所创造之物的堕落，是因为灵魂敢肯定自己的独立性，忘掉了自己的源头，也就是说，不幸始于自我意志，始于它们的产生和与源泉的分离，与本质相悖，与源泉相离。

物质世界是有诱惑力的，如果灵魂过于注重物质生活而忘记了灵魂的灵性生活，那就是罪过。所以在关切对象的同时，应时刻保持距离，保持一个时刻观照神圣世界的状态。因此，回归就是回归更高一层的存在，并最终回归“一”。具体到人的灵魂，他更是谆谆告诫：如果有人无法领会这种纯粹思想的灵魂，那就请他先认识形成意见的灵魂，然后再由此上升。但是如果他连这一点也做不到，那就请他从考察把握处于广延物体中的形式的感知觉开始，这个阶段获得的形式比较低级，但是借它自身及其官能，也已经处在形式中了。如果它愿意的话，它也可以下降到生产的灵魂，直到它所生产的产品，然后从那里上升，从最终的形式上升到相反意义上的最终形式，或者毋宁说上升到最首要的形式。

普罗提诺的伦理学是净化式的，人的灵魂需要上升。他甚至重新解释了典型的德性概念，如恶就是灵魂完全与躯体混合，并分有躯体的经验以及所有相同的意见；努斯就是灵魂不再分有躯体的意见而独立行动；节制就是灵魂感觉得不到身体的经验；勇气就是灵魂不怕从躯体分离；正义就是灵魂由努斯统治，也就是善和德性。净化就是尽可能地与身体分离，努力做到不让身体影响灵魂本来的纯净。获得这样的德性的人不是过着人的生活，而是过着神的生活。因此，在普罗提诺那里，会提倡人们对一切灾难都不放在心上，与苏格拉底和柏拉图的倾向相似，有身体的生活自身就是恶的，灵魂只有通过德性才找得到善。他在临终前的一段文字中还把灵魂与身体的关系比喻成琴师与琴的关系，灵魂可以使用身体，也可以换一个身体。

回归是净化灵魂的手段，但是对于大部分来说，这是很困难的一件事情，因此要达到回归，还需要动力，这实际上反映的是他的价值取向，也可以说他的美学。在他看来，美是与灵魂的本性一致的东西，是真正的存在，是产生于神圣的形式的构成力量，也即一和善：

> （它是）那单独的、单纯的、单一的、纯粹的那者，
> 万有源于它，万物所望、所是、所活和所思的唯有它，
> 因为它是生命、心灵和存在的原因。（《九章集》1.6.7）

最初的绝对的美就是“一”和至善，本身纯洁无暇，没有任何形体，其他的美都是分有它，而它自身保持不变，也不接受任何事物。

那么回归的路径在哪里呢？我们刚才谈到了转向，但是只有转向是不够的，还需要从底层的上升，不仅要上升到努斯这个层次，还要进一步上升到“一”。在他看来，“一”始终处在一切之中，构成了我们的本质，但是人们通常认识不到，因为我们早就忘记了真正的自我而沉溺于外在事物中。但是当人们思考万物的本原，思考至善和“一”时，就会使我们远离四周的事物，从最后最低的感觉事物中提升自己，从而从整个恶中解脱出来，走向至善，从自身攀升到本原，从多变成“一”。因此，普罗提诺提示人们，不要沉溺于非理性的欲望、激情以及感觉，要努力舍弃这些，进而努力追求不与灵魂打交道的灵魂，也就是达到纯粹的状态之中，这就是灵魂本身拥有智慧和一切德性。灵魂回归自身后，必然拥有我们归于神圣永恒存在的本性。但是普罗提诺不主张顿悟。他认为不同层次的认识应采用不同方法，如视觉、听觉、理智等，而且对不同的人也要用不同的方法。感性认识和推理认

识都是从对象的外在看，而努斯的理智是从内在来看。

但是达到与“一”的同一不是容易的事情。我们前面讲到据说普罗提诺一生有四次达到这样的境界。努斯的理智即便是最高的认识，也是认识，因为它毕竟只是用多去思考“一”，因为对于“一”，认知完全没有用，可以说是可遇而不可求，放松自己，不运用理解力，静静地等待“一”的降临，因为它本身寂然无声，不知道何时会一下子充实我们：它不在空间中，我们也不知道它从哪里来，它不是到来或离开，却只是出现或不出现，我们只能静等它的来临，而它既不会在人们期望的时刻到来，它的到来也不会让人察觉，它是一个永恒的在场者。普罗提诺清楚地描述过自己所达到的神秘合一的状态：“我常常从身体中醒来，意识到我自己，或者从其他事物中解脱出来，进入自我之中。我看到一种极其伟大的美，确信我的大部分是属于好的部分。我确曾有过佳美的生命，与神圣者无有二致。我曾深深置身这种生命，置身高于一切事物的理智/努斯领域，因为我已经获得那至高的现实性。”（《九章集》4.8.1）只有灵魂把自己完全交出来，才有可能接受“一”，或者说出现在“一”面前，这时灵魂已经完全意识不到身体，不知道灵魂在身体里面。因此，在这样的境界中，一切人世中的事都不重要了，这也就是灵魂所追求的最佳状态。

三、主要影响

在普罗提诺去世后，他所开创的新柏拉图主义形成了时间上跨越三百多年、地域上跨越叙利亚、帕加马、雅典和亚历山大里亚等多地的著名学派，其中波菲利、扬布利柯、普鲁塔克、普罗克洛等人都是这一学派很著名的思想家。我们上文提到波菲利是编辑出版他的著作、深受他信赖的学生，而扬布利柯是波菲利的学生，他开创了叙利亚学派，开创了丰富的实体层次，更为重视神秘实践。而扬布利柯的学生普鲁塔克成了柏拉图学园的新继承人，把新柏拉图主义带入学园，成为雅典学派。到普罗克洛担任学园领导时，大大地发展了扬布利柯的复杂多层的新柏拉图主义体系，完成了这一体系的逻辑构架。

新柏拉图主义者在几百年的发展过程中，有一些基本的特点。第一，从普罗提诺那里就有一个非常鲜明的特点，就是调和柏拉图和亚里士多德哲学，认为二者没有根本区别，进而认为亚里士多德哲学是通向柏拉图哲学的初级阶段，后者是通过对前者的学习要达到的最高境界，并分别称柏拉图和亚里士多德是“神圣的”和“精灵的”或“通往神圣的”，以至于他们许多人的工作就是注释两位哲学家的著作，流传至今的比较著名的有波菲利的《范畴篇》注释，普鲁塔克的《巴门尼德》注释，普罗克洛的《蒂迈欧》《理想国》《巴门尼德》注释等。这样做的结果，在发展柏拉图和亚里士多德哲学思想的同时，也形成了一些误解，为后世学者准确把握柏拉图和亚里士多德哲学的异同之处造成了困难。[①] 而新柏拉图主义的最后一位杰出代表普罗克洛，以他卓越的

① 比较著名的例子就是对于亚里士多德的“最初质料”概念的理解，从新柏拉图主义者和斯多亚学派开始，就把柏拉图的“容器”引入对这一概念的解释之中，罔顾亚里士多德明确说明的火、气、水、土四元素才是最初质料。如我们在前文所述，甚至普罗提诺就已经把亚里士多德的主体和柏拉图的容器概念联系在一起了，他在《九章集》2.4 专门论述质料的开篇一句话就是：“所谓质料，就是某种主体（ὑποκέμενον）和接受形式的容器（ὑποδόχη）。”

逻辑能力，把“一”进一步分为三层，完成了学派的存在体系的建构，最终形成了一个庞大而严密的体系：

一	第一本原和目的
存在	实体存在及宇宙范型
生命	溢出，力量及智性天界
努斯	行动，中介之思，宇宙的制造
灵魂	自主活动，推理思维
自然	物理属性
形体	形体性与可见宇宙①

这样一个存在结构，与我们前面所提及的柏拉图的未成文学说②以及普罗提诺的存在结构③相比，显然具有家族式相似的特点。

第二，新柏拉图主义者不关心政治，而倾向于在最高实体与现实世界之间增加层次，如增加多层灵性实体：诸神、天使、精灵等，强调神与人和自然之间的鸿沟，同时也增加了沟通彼此的可能性，毕竟阶梯越多，距离越小。这样，就突出了他们的第三个特点——比较强的神秘性。他们更强调神学实践比哲学和辩证法更容易达到与神合一的目的，这也成为普罗提诺与后辈人的区别所在。

但普罗提诺所处的时代，已经是基督教思想发展的时代，我

① 转引自汪子嵩等:《希腊哲学史》(修订本) 第四卷（下），人民出版社，2014年，第1157页，个别字句有改动。

② 柏拉图的存在结构是:一与大和小（一也即善），数，理念，数学对象，感性事物。

③ 普罗提诺的存在结构是:太一，努斯/理智，灵魂，人与宇宙，质料。

们固然看不到这一思想对他的影响，相反，普罗提诺对基督教思想则通过早期一些思想家如奥古斯丁而产生了不小的影响，一般而言，柏拉图哲学就是通过新柏拉图主义对初生的基督教思想发生影响的，其思辨性、超越性等都对后者有影响。对基督徒来说，真正的哲学当然是基督教思想，但是他们同时也认为柏拉图哲学与此最为接近。有学者曾经这么描述普罗提诺及一般柏拉图主义者对基督教的影响：

“人们普遍同意教父时期的基督教渗透着很深的柏拉图主义。如果这意指教父们至少部分地比其他派别更多地用柏拉图主义的范畴进行思考，他们常常接受诸如柏拉图的理念论，谈论分有（虽然既谈论个别分有共相，也谈论被创造者分有创造者），或是谈论柏拉图的至善理论，那么事实确乎如此。如果这意指他们有一个清楚的理论，认为柏拉图主义构成了通向基督教的中点站，它能够加以改造、完善从而变成基督教，那么这种观点（虽然受到克莱门与奥利金的修正①）要归于奥古斯丁。他不把柏拉图主义看作外表地，而看作内在地有助于成为一个基督徒（而非如何做一个基督徒），并有助于对基督教的许多部分加以努斯的说明。这反映了他自己的经历与他对于思想家转变为基督徒的过程的反思。”②

我们简单介绍一下普罗提诺对奥古斯丁的影响。后者不懂希腊文，但是他很善于吸收前者的思想，能更深刻地把握前者的思

① 这两位是亚历山大里亚的基督教学校的著名领袖，他们的学说被人看作是柏拉图思想与基督教思想的综合。转引自汪子嵩等：《希腊哲学史》（修订本）第四卷（下），人民出版社，2014年，第1117页。

② ［英］理查德·T. 瓦利斯等编：《新柏拉图主义与诺斯替主义》，第408页。转引自汪子嵩等：《希腊哲学史》（修订本）第四卷（下），人民出版社，2014年，第1123页。

想。奥古斯丁在他的《上帝之城》中明确地说道："我们最好和柏拉图主义者讨论神学，因为他们的意见超过了所有哲学家的教条。"[①] 普罗提诺关于流溢、回归的思想，以及努斯作为"一"与世界之间的中介都对后者帮助很大。有人说奥古斯丁的《忏悔录》主题受到普罗提诺的影响——只有灵魂彻底转向，才能从易逝的物质世界中反求诸己，转向内心，关心神圣的存在。当然，奥古斯丁对柏拉图主义的接受是不断发展变化的，他的根本取向与其说接受柏拉图主义这种精英式的超越思想，不如说他更重视权威主义，因为他在长期的宗教实践中意识到，精英思想不适合普罗大众，大众更适合用强制性的手段。

总体来看，普罗提诺所处的时代，是在希腊时代消失几百年之后的罗马晚期，当时基督教思想已经在蓬勃地发展，其他的各种宗教思想也有一定的市场，还有斯多亚学派、柏拉图学园派等哲学流派。然而他深受希腊思想的影响，特别是柏拉图和亚里士多德哲学的影响，完全忽视外界环境，甚至取消对时间性的关注，更深沉地关注超越性，关注内在性，关注精神性，致力于通过深刻的内省，来超拔于整个时代，而他也做到了这一点。我们从他的思想中看到更多的柏拉图"未成文学说"的身影，也证明了这个学说的存在，从而也为当代的一些学者所重视；他的流溢学说，一定程度上也是回应亚里士多德对于柏拉图学说"分离"批判的回应，既保证理念世界的神圣性，也保证与现实世界的关联性。他以及他的后继者不遗余力地调和柏拉图和亚里士多德思想，也

---

① ［古罗马］奥古斯丁：《上帝之城》，第 286 页。转引自汪子嵩等：《希腊哲学史》（修订本）第四卷（下），人民出版社，2014 年，第 1125 页。

在一定程度上反映了哲学史的发展逻辑，因为我们在研究柏拉图和亚里士多德的哲学过程中，也意识到他们关注问题和解决问题的方法和观点的相似性远远大于他们彼此的区别。当然，他作为一个罗马的希腊人，本身具有身份和时代的错位，这也造成了自身的尴尬：相对于他所神往的古典时期的希腊人，他出生得太晚了；相对于后来影响西方千年的下一个大思潮——基督教思想，他又生得太早了，我们甚至找不出证据来说明基督教思想曾经影响到他！

四、启示

普罗提诺一生致力于解释柏拉图哲学，甚至把亚里士多德哲学作为解释柏拉图哲学的工具。普罗提诺哲学在漫长的历史中曾经一度湮没不闻。而在现代，普罗提诺哲学再次散发出迷人的光芒，这不能不归功于德国的图宾根学派。我们在讲到柏拉图的“未成文学说”时已经提到，这个学派致力于还原柏拉图的“未成文学说”，认为“未成文学说”里包含的才是柏拉图更为深刻的思想，并提倡与所有对话结合在一起来研究柏拉图哲学。我们或许已经发现，柏拉图“未成文学说”中的存在层次和普罗提诺的存在层次有很大的一致性，他们对于“一”“至善”等概念的解释，也具有很强的家族相似性。也正是普罗提诺的解释，为图宾根学派坚持柏拉图的“未成文学说”提供了强有力的证据支持。因此，在现代，普罗提诺的哲学和图宾根学派思想是相辅相成的。

五、术语解读与语篇精粹

（一）一（The One）

1. 术语解读

"一"是普罗提诺哲学体系的核心思想，是创造万物但又超越万物的实体，是万物的本原，是至善，是人生的最高目标，是一种超越的存在，自身是自足的，完美无缺，因充盈而流溢，它本身也没有质料。它最为突出的特点就是超越性和创造性。"一"的超越性是指，它超出了存在，超出了认识范畴，被称为否定神学，因为"一"既不是存在，也不是非存在，既不是有限又不是无限，是超越人的意识的东西，甚至超越一切言说，我们对它的了解只能通过静观才能达到；"一"的创造性被称为肯定神学，因为我们是从肯定的角度对它进行讨论，讲的是"一"通过流溢生成万物的思想："一"先生成理智/努斯，理智/努斯模仿它再生灵魂，然后灵魂生成其他事物。

2. 语篇精粹

语篇精粹 A

Intelligence can see both the things that are above those which belong to it, and the things that proceed from it. The things that belong to intelligence are pure; but they are still less pure and less simple than the things that are above intelligence, or rather than what is above it;

this is not Intelligence and is superior to Intelligence. Indeed is essence, while the principle above it is not essence, but is superior to all beings. Nor is it essence, for essence has a special form, that of essence, and the One is shapeless even intelligible. As Unity is the nature that begets all things, Unity cannot be any of them. It is therefore neither any particular things, nor quantity, nor quality, nor intelligence, nor soul, nor what is movable, nor what is stable; it is neither in place nor time; but it is the uniform in itself, or rather it is formless, as it is above all form, above movement and stability. These are my views about essence and what makes it manifold. ①

参考译文 A

理智既可以看到那些超越属于它的事物的事物，也可以看到那些产生于它的事物。属于理智的事物是纯粹的，但它们仍然并不比超越理智的事物更纯粹、更简单，也非超越它的东西。这不是理智，而是高于理智的，乃是真正的本质。然而超越其之上的本原并不是本质，而是高于一切存在的。它也不是本质，因为本质有一种特殊的形式，即本质形式。一是没有形式的，但可知。因为一是产生万物的本性，因此一与它们任何一个都不同。因此它既不是任何具体的事物，也不是数量，不是质量；既非理智，也非灵魂；既不运动也不静止。它既没在空间中，也没在时间之中。但它就其自身而言是同一的，或者可以说它是没有形式的，因为它高于所有的形式，高于运动和静止。这是我对本质及其多

① Kenneth Sylvan Guthrie, *Plotinos Complete Works*, Vol. 1, George Bell and Sons, 1918, pp. 152-153.

样性的一些看法。

语篇精粹 B

In what sense do we use the name of unity, and how can we conceive of it? We shall have to insist that the One is a unity much more perfect than the point of the monad; for in these, abstracting (geometric) magnitude, and numerical plurality, we do indeed stop at that which is most minute, and we come to rest in something indivisible; but this existed already in a divisible being, in a subject other than itself, nor in anything divisible; if it be indivisible, neither is it of the same kind as that which is most minute. On the contrary, it is that which is greatest, not by (geometric) magnitude, but by power; possessing no (geometric) magnitude, it is indivisible in its power; for the beings beneath it are indivisible in their powers and not in their mass (since they are incorporeal). We must also insist that the One is infinite, not as would be a mass of a magnitude which could be examined serially, but by the incommensurability of its power. Even though you should conceive of it as of intelligence or divinity, it is still higher. When by thought you consider it as the most perfect unity, it is still higher. You try to form for yourself an idea of a divinity by rising to what in your intelligence is most unitary (and yet He is still simpler); for He dwells within Himself, and contains nothing that is contingent. ①

---

① Kenneth Sylvan Guthrie, *Plotinos Complete Works*, Vol. 1, George Bell and Sons, 1918, pp. 158–159.

参考译文 B

在什么意义上我们使用统一这个说法，我们又该如何理解它？我们应该坚持认为“一”是一个比单子完美得多的统一体。对于其中抽象化的（几何图形的）程度和数值的多元化，我们确实是止于最微小的事物，停驻于不可分的事物中。但是这已经存在于一个可分的存在中，存在于一个不同于它本身的主体中，而不是任何可分的事物中。如果它是不可分的，它也与最微小的事物不同。相反，它是最庞大的。这种大不是（几何）程度上的，而是力的。没有几何化，在力上则是不可分的，因为它下面的各种存在在力上都是不可分的，而非质量上不可分的（因为它们是无形的）。我们也必须要坚持一是无限的，不是大量的、可以被连续地测量的，这种力是不可通约的。即使你认为它是理智或神，它仍然高于这些。如果你把它看作是最完美的统一，它仍然高于此。你尽力提升达到理智中最统一的境界，借此去理解神（然而神是更单纯的），因为它存在于自身，什么都不包含。

语篇精粹 C

Within the One, therefore, is no thought, because there can be no difference within Him; nor could He contain any motion, because the One is prior to motion, as much as to thought. Besides, what would He think? Would He think Himself? In this case, He would be ignorant before thinking, and thought would be necessary to Him, who fully suffices to Himself. Neither should He be thought to contain ignorance, because He does not know Himself, and does not think Himself. Ignorance presupposes a relation, and consists in that one thing does not know another. But the One, being alone, can neither know nor be ignorant of anything. Being with Himself, He has no need of self-knowledge. We should not even predicate of Him presence with Himself, if we are to conceive of Him Unity in sheer purity. On the contrary, we should have to leave aside intelligence, consciousness, and knowledge of self and of other beings. We should not conceive of Him as being that which thinks, but rather as of thought. Thought does not think but is the cause which makes some other being think; now the cause cannot be identical with that which is caused. So much the more reason is there then to say that that which is the cause of all these existing things cannot be any one of them. This Cause, therefore, must not be considered identical with the good He dispenses, but must be conceived as the Good He dispenses, but must be conceived as the Good in a higher sense, the Good which Is above all other goods. ①

参考译文 C

因此在“一”中是没有思想的。因为他自身是无区别的。他也不能包含任何运动，因为“一”和思想一样，是高于运动的。此外，他会想些什么？他会思想自己吗？假若是这样，在思想前，他就是无知的，想法对他来说也是必要的。他是自我满足的。他也不应被认为是无知的，因为他根本就不自知，根本就不主动思考。无知可以视为一种关系，当一种事物不了解另外一种事物时才存在。但是“一”本身，对于任何事物既不了解，也非不了

① Kenneth Sylvan Guthrie, *Plotinos Complete Works*, Vol. 1, George Bell and Sons, 1918, pp. 152–153.

解。自在的状态下，“一”不需要自知。如果我们认为他是完全纯粹的统一，我们甚至就不应该预言他自身的存在。相反，我们不要考虑理智、意识和自我认识及对其他存在的认知。我们不应该认为他是在思考的存在，而应该是被思考的。思想并不是用来思考，而是能够让别人思考的原因。这里，原因不可与由原因引发的事物等同。因此，这个原因一定不能被认为是等同于他所施与的善行，而必须被认为是他所施与的善，必须被认为是更高意义上的善，是超越其他一切善的至善。

语篇精粹 D

On the one hand, if intelligence be both thinker and thought, it implies duality, and is not simple or unitary. On the other hand, if intelligence contemplates some object other than itself, thismight be nothing more than some object better than itself, placed above it. Even if intelligence contemplate itself simultaneously with what is better than it, even so intelligence is only of secondary rank. We may indeed admit that the intelligence which has such a nature enjoys the presence of the Good, of the first, and that intelligence contemplates the First; but nevertheless at the same time intelligence is present to itself, and thinks itself as being all things. Containing such a diversity, intelligence is far from unity. ①

参考译文 D

一方面，如果理智既是思想者又是思想，它就具有双重性，就

① Kenneth Sylvan Guthrie, *Plotinos Complete Works*, Vol. 1, George Bell and Sons, 1918, pp. 160-161.

不是单纯的或统一的。另一方面，如果理智思考某种非本身的事物，这事物一定是不如它本身的事物，不是自身以上的事物。即使理智思考的是自身以外的事物，理智也只是第二个等级。实际上我们可以承认具备这种本性的理智是喜欢至善的，也可以承认理智思考对象是首位。然而，同时理智体现他自己，并且认为他本身就是万事万物，因为具有这种多样性，理智就是远远非统一的。

（二）至善（Good）

1. 术语解读

普罗提诺的学说实际上是对柏拉图哲学的阐释，他本人甚至不认为自己是一个独立的学派，后世所加给他的称呼“新柏拉图主义者”来自于18世纪左右的学者。因此他关于至善的学说与柏拉图的至善学说有很大的一致性。在柏拉图那里，善是“一”，认为善就像可感世界的太阳一样，普照万物而又超越万物。普罗提诺同样认为“一”是至善的，但是他不同意这种说法，因为这样的表达有损于“一”的完美，有二分化的嫌疑。在他看来，至善实际上并非“一”对自己是善的，而是“一”对别的事物是善的。(《九章集》6.9.6）因此如果用至善来表达“一”，是用较低级的词来表达较高级的词。

2. 语篇精粹

语篇精粹 A

Nevertheless, a philosophical study of unity will follow the following course. Since it is Unity that we seek, since it is the principle of all things, the Good, the First that we consider, those who will wish to reach it must not withdraw from that which is of primary rank to decline to what occupies the last, but they must withdraw their souls from sense-objects, which occupy the last degree in the scale of existence, to those entities that occupy the first rank. Such a man will have to free himself from all evil, since he aspires to rise to the Good. He will rise to the principle that he possesses within himself. From the manifold that he was he will again become one. Only under these conditions will he contemplate the supreme principle, Unity. Why must these things be considered as goods, when considered from this point of view? The solution of this problem may be arrived at from the following consideration. When for the first time Intelligence contemplated the Good, this its contemplation split the Good's unity into multiplicity. Though itself were a single being, this its thought divided the unity because of itself inability to grasp it in its entirety. To this it may be answered that Intelligence was not yet such the first time it contemplated the Good. Did it then contemplate the Good without Intelligence? Intelligence did not yet see the Good; but Intelligence dwelt near it was dependent on it, and was turned towards it; having arrived at its fullness, because it was operating on high, and was trending towards the Good, the movement of Intelligence itself led it to its fullness; since then it was, no longer a single movement, but a movement perfect and complete. It became all things, and possessing self-consciousness, it recognized that itself was all things.[①]

参考译文 A

然而一种对象为“一”的哲学研究要遵循下面这样一个历程。因为它是我们所追求的“一”，因为它是万物的本原，是至善，被尊为首位，因此希望达到它的那些人，绝对不是从第一等级下降到最后一级，而一定是使灵魂离开作为存在的最后一级的可感事物，升到第一级中存在。这样的一个人将会让自己免于所有的邪恶，因为他渴望升华到至善。他会上升至其自身所拥有的本原，这样他从多再次成为“一”。只有在这些条件下，他才会思考这一超越的本原，“一”。当从这一立场思考的时候，为什么这些事物被认为是善？问题的解决办法或许可以从下面的想法获得。最初理智深思至善时，这种沉思将至善的“一”变成多。尽管它本身是单独的一个存在，这种思想分割了统一，因为它不能掌握它的全部内容。这样，或许就可以解释理智最初还没有思考至善。那么没有理智思考至善了吗？理智还没有看到至善，但是处于至善附近的理智又依赖于至善，并且转向至善，达到充盈的状态。因为高效运行，理智趋向至善，理智自身的运动使其达到充盈。从那时起，就不再是单一的运动，而是一个完美的彻底的运动。它变成了万物，拥有自我意识，它承认自己就是万物。

---

① Kenneth Sylvan Guthrie, *Plotinos Complete Works*, Vol. 1, George Bell and Sons, 1918, pp. 152–153.

（三）理智（Intellect，Intelligence）

1. 术语解读

这是“一”流溢出的第一个与自己不同的对象，是其潜能和质料，一种异质性，是“一”的表现和活动，是“一”对自己的自我认识。理智具有高度的自足性和统一性，它与自己的对象并无根本区分，乃是与自己为伴，认识自己。理智不是从外面去认识对象，而是从自己内部来把握自己，也就是通过直觉，瞬间通体把握对象。

2. 语篇精粹

语篇精粹 A

What is the origin of the cause of what is a form, which is characteristic of Intelligence? It is not from Intelligence, because the form is not separable from Intelligence, combining with it to form one single and same thing. If then Intelligence possess the forms in their fullness, this fullness of forms implies that they contain their cause. Intelligence contains the cause of each of the forms it contains. It consists of all these forms taken together, or separately. None of them needs discovery of the cause of its production, for simultaneously with its production, it has continued the cause of its hypostatic existence. As it was not produced by chance, it contains all that belongs to its cause; consequently, it also possesses the whole perfection of its cause. Sense-things which participate in form do not only receive their nature from it, but also the cause of this nature. If all the things of which this universe is composed be intimately concatenated; and if the universe, containing all things, also the cause of each of them; if its relation with them be the same as that of the body with its organs, which do not mature successively, but which, towards each other, are mutually related as cause and effect; so much the more, in the intelligible world, most things have their "causes", all of them in general in respect to the totality, and each independently in respect to itself. ①

参考译文 A

一种作为理智特征的形式的原因的来源是什么？它并非来自理智，因为形式与理智是不可分割的，与其联合在一起形成单一的相同的事物。如果理智拥有的形式是丰盈的，这种形式的丰盈意味着它们包含着原因。理智包含着它所包含的每一种形式的原因，包括所有这些形式的集合体或者个体。它们中没有一个需要发现其产生的原因。因为它产生的同时，就会继续成为其实体存在的原因。由于这不是偶然产生的，它涵盖了从属该原因的一切。因此，它也具备原因的整体性的完美。分有这种形式的可感事物不仅从中获取了它们的本性，也获取了这种本性的原因。如果构成宇宙的万物都是紧密联结在一起的，如果宇宙包含万物，也是万物的原因；如果和它们的关系就如同身体与器官，不是相继地成熟，而是彼此如因果相连。那么在这个可知世界里，多数事物都有原因，涉及整体，通常所有事物都有原因，涉及个体，每个

---

① Kenneth Sylvan Guthrie, *Plotinos Complete Works*, Vol. 3, George Bell and Sons, 1918, pp. 701-702.

事物都自有原因。

语篇精粹 B

Epictetus thinks that if one could only subscribe heart and soul to the Stoic doctrine that all are begotten of god and that the god is the father of humans and gods alike, "I think he will entertain no ignoble or mean thought about himself". His dualistic ontology is reminiscent of Aristotle when he observes that though we have reason and intelligence in common with the gods, we also have bodies in common with animals. Some of us, he continues, incline to the latter unblessed and mortal element, while only a few of us incline to that which is blessed and divine. ①

参考译文 B

埃皮克提图认为，如果一个人只赞同心与灵魂，在斯多葛学派看来都产生于神，且这神是人类与其他神的父亲，"我（埃皮克提图）则认为神不会拥有不光彩的或卑劣的想法。"我们认为理性和理智与众神有相似性时，我们还会认为身体与各种动物也有相似的特征。当他观察到这一点时，他的二元本体论就会让人联想到亚里士多德。他还认为，我们当中多数人认为身体不是神性的，不是永生的，而只有少数人认为身体是神圣的。

语篇精粹 C

But how does the earth exist in the intelligible world? What is its essence? How can the earth in the intelligible world be alive there?

---

① William O. Stephens, *Stoic Ethics*: *Epictetus and Happiness as Freedom*, Continuum International Publishing Group, 2007, p. 120.

Let us first examine our earth, that is, inquire what its essence is? It must be some sort of a shape, and a reason; for the reason of the plant is alive, even here below. Is there then a living "(seminal) reason" in the earth also? To discover the nature of the earth, let us take essentially terrestrial objects, which are begotten or fashioned by it. The birth of the stones, and their increase, the interior formation of mountains, could not exist unless an intimate and secret work. This reason is the "form of the earth", a form that is analogous to what is called nature in trees. The earth might be compared to the trunk, with consideration of the stone that can be detached therefrom to the branch that can be separated from the trunk. Consideration of the stone which is not yet dug out of the earth, and which is united it as the uncut branch is united to the tree, shows that the earth's nature, which is a productive force, constitutes a life endowed with reason; and it must be evident that the intelligible earth must possess life at a still higher degree, that the rational life of the earth is the Earth-In itself, the primary Earth, from which proceeds the earth here below. ①

参考译文 C

但是地球在这个可知的世界是怎样存在的呢？其本质是什么？地球在这个可知的世界是怎样存活的呢？我们先来审视一下地球，也就是询问一下它的本质是什么？它一定有某种形状，某种理性。因为植物，甚至在植物下面的世界也是活生生的。那么地球上也

① Kenneth Sylvan Guthrie, *Plotinos Complete Works*, Vol. 3, George Bell and Sons, 1918, pp. 718-719.

有一种（种子）生存的理性吗？为了揭示地球的本质，让我们以由它产生或制作的有形物体为例。除非一种亲密无间的工作，否则石头的产生、增多，山的内部结构都不能存在。这个原因就是“地球的形式”。一种类似于我们称之为树的本质的形式。地球被比作树干，考虑到未从地球挖掘出来的石头，还有未从树上砍掉的树枝，表明地球的本质。这是一种包含着天生具有理性的生命。显然这个可知的地球一定在更高的程度上拥有生命。地球理性的生命就是在地球本身，从初级的地球，继而出现下面的地球，这些一定是显而易见的。

（四）宇宙灵魂（Universal Soul）

1. 术语解读

宇宙灵魂也被称为普遍灵魂，是“一”的第二次流溢，流溢到这一层，就可以生成世界了，换句话说，宇宙灵魂是“一”与世界之间的中介，它把生命赋予世界，也就是世界的万物，因此是生命的源泉，其本身只是一种活动，与有形体的事物是不同的，因为它本身没有质料，但是宇宙灵魂可以进入质料之中，从而生成万物。如果说整个宇宙就是一个有机体的话，那么这都是因为宇宙灵魂，它既是一又是多，它不仅充满整个宇宙，还能回到理智之中。宇宙灵魂是与“一”、理智构成“一元三层”的超越性的存在。

2. 语篇精粹

语篇精粹 A

Souls therefore are necessarily amphibians；since they alternately live in the intelligible world, and in the sense-world; staying longer in the intelligible world when they can remain united to supreme Intelligence more permanently, or staying longer or preponderatingly here below when nature or destiny imposes on them a contrary fate. That is the secret meaning of Plato's words to the effect that the divinity divides the seeds of the souls formed by a second mixture in the cup, and that He separates them into (two) parts. He also adds that they must necessarily fall into generation after having been divided into a definite number. Plato's statement that the divinity sowed the souls, as well as the divinity's address to the other deities, must be taken figuratively. For, in reference to the things contained in the universe, this implies that they are begotten or produced; for successive enumeration and description implies eternal begetting, and that those objects exist eternally in their present state.[①]

参考译文 A

灵魂必定是两栖的，因为它们交替生活在一个可知世界和一个可感世界里。当它们仍然能与超越的理智更长久地结合时，便在可知世界待得更长久；当自然或天意赋予它们一种相反的命运时，它们就在这下面的世界待得更长久或超过待在可知世界的时间。这是柏拉图的话所隐含的意义，其大意是神把杯中的第二种混合物形成的灵魂的种子分开，把它们分成两个部分。他也补充道，在被分成一定数量之后它们必然生成。柏拉图的话——神播

① Kenneth Sylvan Guthrie, *Plotinos Complete Works*, Vol. 2, George Bell and Sons, 1918, pp. 126–127.

种灵魂，也吩咐其他神播种——一定被看作是形象的。因为关于包含在宇宙中的事物，这意味着它们被生成或产生了。因为连续的流溢和这类事物暗示了永恒的生成，而且这些事物永恒存在于现在的状态中。

语篇精粹 B

As there are two kinds of being (or, existence), one of sensation, and the other intelligible, it is preferable for the soul to live in the intelligible world; nevertheless, as a result of her nature, it is necessary for her also to participate in the sense-affairs. Since she occupies only an intermediate rank, she must not feel wronged at not being the best of beings. Though on one hand her condition be diving, on the other she is located on the limits of the intelligible world, because of her affinity for sense-nature. She causes this nature to participate in her powers, and she even receives something therefrom, when, instead of managing the body without compromising her own security, she permits herself to be carried away by her own inclination to penetrate profoundly within it, ceasing her complete union with the body after having learned to feel how happy one is to dwell on high, by the experience of things seen and suffered here below, and after having appreciated the true Good by the comparison of contraries. Indeed the knowledge of the good becomes clearer by the experience of evil, especially among souls which are not strong enough to know evil before having experienced it. [1]

参考译文 B

因为有两种存在，一种是可感的，另一种是可知的。灵魂宁愿存在于可知世界中。然而，因为灵魂的本性，她也必然参与可感事物。因为她仅处于中间阶层，便不会因自己不是最好的存在而感到委屈。尽管一方面灵魂处于潜水状态，另一方面她处于可知世界的界限之内，因为她与可感本性的亲密关系，她使这一本性在其力之中分有，甚至她从那里接受某种事物，她可以没有危害自己的安全而管理自己的身体，但她没有这样做，这时，通过在这里所看到并经历的事物的经验，在一个人处于高处时感觉多么幸福之后，以及在通过对立面的比较而充分意识到真正的善之后，她允许自己被自己深深穿透可感世界的倾向带走，停止与身体的完全结合，在了解了处于高层级的欣喜后，看到下面世界的斗场。在经过相反的比较，鉴别真正的善后，她允许自己被带离这个世界。的确，通过邪恶的经历，特别是对还没有强大到在经历邪恶前就了解邪恶的灵魂来说，对善的认知变得更加清晰了。

语篇精粹 C

The universal Soul, however, does not need to busy herself with troublesome functions, and remains out of the reach of evils. She considers what is below her in a purely contemplative manner, while at the same time remaining related to what is above her. She is therefore enabled simultaneously on one side to receive, and on the other to

---

① Kenneth Sylvan Guthrie, *Plotinos Complete Works*, Vol. 2, George Bell and Sons, London, 1918, p. 130-131.

give, since her nature compels her to relate herself closely with the objects of sense. ①

参考译文 C

然而普遍灵魂并不需要一直苦于这些恼人的事物，它们会一直远离邪恶。她认为下面层级的事处于一种纯粹的沉思状态，而同时又保留与其上面的事物保持关系。因此她一方面能接收，另一方面能给予，因为她的本性迫使她与感觉对象密切联系。

（五）流溢（Emanation）

1. 术语解读

流溢是普罗提诺哲学所论述的生成世界的方法，或者说“一”与下一层的存在以及下一层存在与再下一层存在之间的关系，如此类推，亦即“一”首先流溢出理智，理智流溢出宇宙灵魂，宇宙灵魂再流溢出宇宙万物。之所以强调流溢，普罗提诺强调“一”的完满自足，因为它自身不追求任何东西，也不需要任何东西，并不外求，而只是自然地流露和外溢出理智；而且流溢的过程，丝毫无损于自身的存在，就像太阳普照万物却无损于自身的光辉一般。流溢说体现了普罗提诺学说中超越性的一面。他说道：“如果本原是完美的，是一切中最完美的，是首要的能力，那么它必是万物中最强大的，而其他能力必然尽其所能模仿它。因此，当某种存在日趋完美时，我们看到它开始生产行为，它无

① Kenneth Sylvan Guthrie, *Plotinos Complete Works*, Vol. 3, George Bell and Sons, 1918, pp. 703-704.

法保持自身不动，而是要生出其他东西。不仅具有选择能力的事物如此，而且那些没有自由意志的生命物也如此，甚至无生命的事物也要尽其所能将自己给予他者。”（《九章集》5. 4. 1）只有流溢，才能保证创造的非目的性，保证“一”的自足性。

2. 语篇精粹

语篇精粹 A

Emanation is still the same without any division. Or again, the potentialities are the particularized universal (Being), which has become the multitude of the things of which each is the total unity; and these potentialities are mutually similar. In this way, with each being there will be but a single potentiality, united to Being, and the other things will be no more than mere potentialities. But it is not easier to conceive of a being without potentiality, than a potentiality without a being; for above (among the ideas) the potentiality consists of hypostatic existence and being; or rather, it is something greater than being; here below there area other potentialities, less energetic or lively; they emanate from the universal (Being) as from a brilliant light would emanate another less brilliant light; but the beings inhere in these potentialities, as there could be no potentiality without being. ①

① Kenneth Sylvan Guthrie, *Plotinos Complete Works*, Vol. 2, George Bell and Sons, 1918, pp. 299–300.

参考译文 A

流溢仍然是没有分割而保持同一的。或者，这些潜能是特殊化的普遍存在，这一普遍（存在）已经成为每一个都是一个完整统一体的多个事物，这些潜能是彼此相似的。这样，每一个存在物将是单一的潜能，与存在结合，其他事物将不再仅仅是潜能。但是设想一种没有潜能的存在并不比设想一种没有存在的潜能更容易。因为在理念世界中或上层的潜能由实在的存在和存在构成，或者是比存在更伟大的某种东西。下层是其他潜能的领域，就没那么精力充沛、有活力；它们从普遍（存在）中流溢出，就像一道不太耀眼的光会从耀眼的光中流溢出一样；但是潜能中这些存在是与生俱来的，如果没有存在就没有潜能。

语篇精粹 B

Among such potentialities, which are necessarily conformable to each other, the universal Soul must be the same everywhere, or, if she be not absolutely everywhere, she must, at least, in everyplace, be entirewithout division, as in one and the same body. In this case, why could she not also be thus in the whole universe? If we were to suppose that each particular soul were divided into infinity, the universal Soul will no longer be entire, and, as a result of this division, she will become completely impotent. Then, as there will be entirely different powers in different parts of the world, there will be no more sympathy among souls. Last, the image, separated from the essence it represents, and the light, separated from the essence it represents, and the light, separated from the source of which it is only a weakened emanation, could no longer subsist; for in general everything that derives its existence from anything else and its image could no longer subsist without its model. Likewise, these powers which radiate from the universal Soul would cease to be if they found themselves separated form their principle. If so, the Principle which begets these powers will exist everywhere they are; consequently, from this standpoint also, the universal (Being), must be everywhere present as a whole, without undergoing any divisions. ①

参考译文 B

在这些必然彼此一致的可能性之中，普遍灵魂必然到处都是相同的，或者说，如果宇宙灵魂并非绝对无所不在，至少在所及之处，她一定是完整的，没有分割的。就像在同一个身体中一样。这种情况下，为什么她不可能这样存在于整个宇宙中呢？如果我们要假设每一个别的灵魂被分为无穷个，宇宙灵魂就不会是完整的。这样分割的结果，她就会成为无力的。那么因为世界各处有完全不同的力量，灵魂间就不会再产生共鸣。最后，从它所表现的本质中所分离出来的影像，和从它所表现的本质中所分离出来的光，以及从仅仅是一个被削弱了的流溢的源头中分离出来的光，都不再存在。因为一般而言，每一个存在来自于其他事物的事物及其影像，如果没有其模型就不再存在。同样地，如果从普遍灵魂中流溢出的力量发现自己从本质中分离出来，这些力量便停止存在。如果这样，生成这些力量的本质会无处不在；因此，也是

① Kenneth Sylvan Guthrie, *Plotinos Complete Works*, Vol. 2, George Bell and Sons, 1918, p. 300.

从这个观点来看，普遍（存在）作为一个整体，一定会处处存在，没有进行任何分割。

语篇精粹 C

It may be objected that the image need not necessarily be attached to its model; for there are images that subsist in the absence of their model from which they are derived. For instance, when the fire ceases, the heat that proceeds from it does not any the less remain in the warmed object. The relation between this image and its model should be understood as follows. Let us consider an image made by painter. In this case, it is not the model who made the image, but the painter; and even so it is not even the real image of the model, even if the painter had painter his own portrait; for this image did not arise from the body of the painter, nor from the represented form, nor from the painter himself, but it is the product of a complex of colors arranged in a certain manner. We, therefore, do not really here have the production of an image, such as is furnished by mirrors, waters, and shadow. Here the image really emanates from the pre-existing model, and is formed by it, and could not exist without it. It is in this manner that the inferior potentialities proceed from the superior ones. ①

参考译文 C

或许有人反对说影像并不必依附于模型，因为有些影像，在没有模型来源的情况下也是存在的。例如，当火灭了，在被加热

① Kenneth Sylvan Guthrie, *Plotinos Complete Works*, Vol. 2, George Bell and Sons, London, 1918, pp. 300-301.

的物体中，来源于火的热并没有减少。这个影像与其模型的关系应该作如下理解：让我们思考一下画家创作的影像，这种情况下，不是模型形成影像，而是画家创作了影像。即便模型产生了影像，那甚至不是模型的真正影像，就算这位画家画了自己的肖像；因为这个影像并不是来自于画家的身体，也不是来自于其所表现的形式，不是画家自己，而是颜色以某种方式合成的产物。因此，这里并非真正产生出一个像。如同镜子、水和影子所产生的那种影像。这里影像真的从提前存在的模型中流溢出来，并由它形成，且不能脱离它而存在。正是以这一方式，下级的潜能才会从上级中继续下去。

（六）命运（Destiny/Fate）

1. 术语解读

命运是一个古老的话题，在古希腊神话和悲喜剧中，命运是经常被提及的话题，人更是被命运所主宰的、被动的存在。在普罗提诺这里，理性世界对可感世界的指导是通过神意而实现的，神意使得理性渗透于万事万物，因此就其本身而言是形成世界的秩序，而一旦它进入可感世界之中，在每一个别事物之中就体现为命运，就像他自己所说的："从较低的层次讲它是'命运'；在高层则完全是神意。"（《九章集》3.3.5），人是带着金镣铐的囚徒。那么人应该怎么做呢？他并不认为人应该顺从命运，而认为人的灵魂是自由的，灵魂与理性一致，都是永远向着一的，因此人应该逃离这里，逃离与身体的结合，逃离激情、欲望和感觉的支配，努力回归理性生活，最终回归一。普罗提诺说："就我们自身而言，虽然我们的那一部分分有大全之体，我们的活动要服从于它的活动，但我们并不认为我们的整体隶属于它，所以我们只是在合理的范围内才服从与它的活动。正如明智的仆人只是用自己的一部分服侍主人，另一部分属于他们自己，因此只是在合理的范围内接受主人的命令。他们不是奴隶，不完全隶属他人。”(《九章集》4. 4. 34）他不同意斯多亚派的命定论，而坚信人有自由。

2. 语篇精粹

语篇精粹 A

The first possibility is that there is a cause both for the things that become, and those that are; the cause of the former being their becoming, and that of the latter, their existence. Again, neither of them may have a cause. Or, in both cases, some may have a cause, and some not. Further, those that become might have a cause, while, of these that exist, some might partly have a cause. Contrariwise, all things that exist may have a cause, while of those that become, part not. Last, none of the things that become might have any cause. ①

参考译文 A

第一种可能就是存在一种万物生成和存在的原因。前者的原因是它们生成，后者的原因是它们的存在。此外，或许它们都没有原因，或者在这两种情况下，一些可能有原因，一些没有。而且，那些生成的事物可能会有一个原因，而在这些存在的事物中，

① Kenneth Sylvan Guthrie, *Plotinos Complete Works*, Vol. 1, George Bell and Sons, 1918, p. 86.

一些可能在一定程度上有一个原因。反之，存在的万物或许有一个原因，而在生成的事物中，有些则没有。最后，任何生成的事物都不会有原因。

语篇精粹 B

If everything that happens has a cause, it is possible to discover such fact's proximate causes, and to them refer this fact. People go downtown, for example, to see a person, or collect a bill. In all cases it is a matter of choice, followed by decision, and the determination to carry it out. There are, indeed, certain facts usually derived from the arts; as for instance the reestablishment of health may be referred to medicine and physician. Again, when a man has become rich, this is due to his finding some treasure, or receiving some donation, to working, or exercising some lucrative profession. The birth of a child depends on its father, and the concourse of exterior circumstances, which, by the concatenation of causes and effects, favored his procreation; for example, right food, or even a still more distant cause, the fertility of the mother, or, still more generally, of nature (or, in general, it is usual to assign natural causes). ①

参考译文 B

如果发生的每一件事都有一个原因，就很可能发现这一事实的最近似的原因，这些原因指的就是事实。例如，人们去闹市看一个人或者收账。在所有的情况下，这是一种选择，然后便是决定，决心让选择得以实现。实际上某些事实通常源于艺术，例如，

① Kenneth Sylvan Guthrie, *Plotinos Complete Works*, Vol. 1, George Bell and Sons, 1918, p. 87.

想恢复健康要依靠药物和医生。另外，如果一个人变得富有了，这是由于他发现了财宝，接受了捐赠，工作或是从事了赚钱的职业。孩子的出生取决于父亲和外部环境的集合，通过因果的作用，有利于它的出生。例如，合适的食物，甚至是一个间接的原因，母亲的滋养，或者是一个更为普遍的原因，自然（或者，一般来说，通常是指定的自然原因）。

语篇精粹 C

The conclusion of our discussion is that while everything is indicated and produced by causes, these are of two kinds: first the human soul, and then only exterior circumstances. When the soul acts "conformably to right reason" she acts freely. Otherwise, she is tangled up in her deeds, and she is rather "passive" than "active". Therefore, whenever she lacks prudence, the exterior circumstances are the causes of her actions; one then has good reason to say that she obeys Fate, especially if Fate is here considered as an exterior cause. On the contrary, virtuous actions are derived from ourselves; for, when we are independent, it is natural for us to produce them. Virtuous men act, and do good freely. Others do good only in breathing spells left them in between by their passions. If, during these intervals, they practice the precepts of wisdom, it is not because they receive them from some other, is not because they receive them from some other being, it is merely because their passions do not hinder them from listening to the voice of reason. [①]

参考译文 C

我们讨论的结论是尽管万物是由原因所指示并产生，这些原因有两种：首先是人的灵魂，其次是外部环境。当灵魂与理性充分地契合，她就会无拘无束。否则，她会纠结于她的行为，会非常“被动”而不“主动”。因此，只要她不审慎了，外部的环境就是她行为的原因。然后有人会有很好的理由说她屈从于命运，尤其在这里命运被认为是一种外因。相反，善行来源于我们自身。因为我们独立时，会很自然地产生善行。善良的人去行善，自由地行善，而有些人行善只是出于热情。在此期间，如果他们践行的是智慧的格言，并不是因为他们从其他人那里得到智慧，不是因为他们从其他存在那里得到智慧，仅仅是因为他们的激情没有阻碍他们聆听理性的声音。

（七）美（Beauty）

1. 术语解读

普罗提诺承认有两种美，一种是有形体的事物的美，这种美仅仅是一种影像，另一种是宇宙灵魂的美，这种美才是美的本性和原型，因为这种美使得灵魂更为耀眼，更具有生命，是永恒的。而有形体的事物的美，比如人的身体，看起来是美的，也会吸引别人并使人陶醉，但这种美不是其本质的体现，可能在一个时刻

① Kenneth Sylvan Guthrie, *Plotinos Complete Works*, Vol. 1, George Bell and Sons, 1918, pp. 98-99.

是美的，而在另一时刻就是丑的。有形体的事物的美，都是由于宇宙灵魂里的美的参与。其实在关于美的观点上，普罗提诺的观点与柏拉图的观点有极大的一致性。

2. 语篇精粹

语篇精粹 A

First, there are certain objects, such as bodies, whose beauty exists only by participation, instead of being inherent in the very essence of the subject. Such are beautiful in themselves, as is, for example, virtue. Indeed, the same bodies seen beautiful at one time, while at another they lack beauty; consequently, there is a great difference between being a body and being beautiful. What then is the principle whose presence in a body produces beauty therein? What is that element in the bodies which moves the spectator, and which attracts, fixes and charms his glances? This is the first problem to solve. On finding this principle, we shall use it as a means to resolve other questions. ①

参考译文 A

首先，一些像身体这样的物体，它的美只是通过分有而存在，而不是其本质固有的存在。那种本质的美来自自身，如德性。其实，同样的身体，此时看起来是美的，然而彼时看就缺乏美了。因此，身体与美之间有很大的差异。那么在身体中的美的根源是

① Kenneth Sylvan Guthrie, *Plotinos Complete Works*, Vol. 1, George Bell and Sons, 1918, p. 40–41.

什么呢？在身体中，让旁观者感动、吸引，使其注目、陶醉的因素是什么呢？这是首先要解决的问题。一旦找到这一本原，我们就会把它作为一种手段去解决其他问题。

语篇精粹 B

How can both sensible and intelligible objects be beautiful? Because, as we said, sensible objects participate in a form. While a shapeless object, by nature capable of receiving shape (physical) and form (intelligible), remains without reason or form, it is ugly. That which remains completely foreign to all divine reason (a reason proceeding from the universal Soul), is absolute ugliness. Any object should be considered ugly which is not entirely molded by informing reason, the matter, not being able to receive perfectly the form (which the Soul gives it). On joining matter, form co-ordinates the different parts which are to compose unity, combings them, and by their harmony produces something which is a unit. Since (form) is one, that which it fashions will also have to be one, as far as a composite object can be one. When such an object has arrived at unity, beauty resides in it, and it communicates itself to the parts of which are perfectly similar, it interpenetrates it evenly. Thus it would show itself now in an entire building, then in a single stone, later in art-products as well as in the works of nature. Thus bodies become beautiful by communion with (or, participation in) a reason descending upon it from the diving (universal Soul). ①

① Kenneth Sylvan Guthrie, *Plotinos Complete Works*, Vol. 1, George Bell and Sons, 1918, p. 43.

参考译文 B

既可感又可知的事物又怎能是美的呢？正如我们所说，因为可感事物参与了一种形式，而无形状的事物，天生就能接受形状（物质的）和形式（可知的），如果脱离了理性和形式，它就是丑的。一直与所有神圣的理性（一种来自于宇宙灵魂的理性）背道而驰的事物是绝对丑陋的。任何不是完全由理性塑造的物体，任何不能完美接受（灵魂所赋予的）形式的物质，都应被认作是丑的。一旦联结物质，形式协调构成统一的不同部分，合并它们，和谐地产生一个统一体。因为（形式）是一个，它所形成的物质也是一个，复合的物质也是一个。当这一个物体达到统一时，美就存在其中了，它与其相似的部分沟通时，就会交织融合。这样一来，它此刻就会出现在整个大楼里，然后出现在一个石头里，再然后出现在艺术作品及自然作品中。这样身体就会通过与因神（宇宙灵魂）降临的理性的交流（或参与）而变美。

语篇精粹 C

The reason of the beauty in nature is the archetype of the beauty of the (bodily organism). Nature herself, however (is the image of the) more beautiful archetypal "reason" which resides in the (universal) Soul, from which it is derived. This latter shines more brilliantly in the virtuous soul, whenever it develops therein. It adorns the soul, and imparts to her a light itself derived from a still higher Light, that is, primary Beauty superior to it, a reason which is not adventitious, and which is not posited in any thing other than itself, but which dwells within itself. Consequently, it is not "reason", but really the creating principle of the primary Reason, that is, the beauty of the soul, which in respect to the soul plays the part of matter. It is, in the last analysis, Intelligence, which is eternal and immutable because it is not adventitious.[①]

参考译文 C

本性中美的原因是生物体美的原型，然而本性，（其影像）也是来自于（普遍）灵魂中更美的、典型的“理性”。这种本性之美，无论什么时候展现，在美德的灵魂中，都更耀眼。它装点了灵魂，源于更高的光，赋予灵魂更高级别的光。这是高于自身的本原之美，是必然的理性，不存在于任何外物之中，而是存在自身。因此，它不是“理性”，而是真正的初始理性的创造之源，也就是，灵魂的美，于灵魂至关重要。在最后的分析中，它是理智，是永恒的，不朽的，因为它不是偶然的。

---

① Kenneth Sylvan Guthrie, *Plotinos Complete Works*, Vol. 2, George Bell and Sons, 1918, p. 555.

第五章　塞涅卡：斯多亚派哲学的宣讲家

It is impossible, therefore, for any one either to injure or to benefit the wise man, since that which is divine does not need to be helped, and cannot be hurt; and the wise man is next-door neighbor to the gods and like a god in all save his mortality. As he struggles and presses on towards those things that are lofty, well-ordered, undaunted, that flow on with even and harmonious current, that are untroubled, kindly, adapted to the public good, beneficial both to himself and to others, the wise man will covet nothing low, will nev-er repine. The man who, relying on reason, marches through mortal vicissitudes with the spirit of a god, has no vulnerable spot where he can receive an injury. From man only do you think I mean? No, not even from Fortune, who, whenever she has encountered virtue, has always left the field outmatched. If that supreme event, beyond which outraged laws and the cruelest masters have nothing with which to threaten us, and in which Fortune uses up all her power, is met with calm and unruffled mind, and if it is realized that death is not an evil and therefore not an injury either, we shall much more easily bear all other things – losses and pains, disgrace, changes of abode, bereavements, and separations. These things cannot overwhelm the wise man, even though they all encompass him at once; still less does he grieve when they assault him singly. ①

——Lucius Annaeus Seneca

① Lucius Annaeus Seneca, To Serenus on the Firmness of the Wise Man, in *Moral Essays*, John W. Basore, (trans.), Vol. 1-3, Loeb Classical Library, William Heinemann LTD. and G. P. Putnam's Sons and Harvard University Press, 1928-1935.

没有人能伤害哲人或者帮助哲人，由于神不需要帮助也不受伤害，因此贤哲离神很近——除了生命有限，其他都与神没有区别。当他努力去拥有崇高、有序、勇敢的事物，去拥有那些在平静和谐地流淌着的事物，去拥有那些平静的、和善的、适合公众利益的、于己于人都有益的事物时，贤哲摈弃低俗的事物，也从不怨天尤人。贤哲拥有神的灵魂，在尘世经历凡人的兴衰变迁，他没有容易受到伤害的脆弱之处。你以为我说伤害只是来自人类？不，甚至来自命运，不管命运之神什么时候遇到美德，她总是感到力量悬殊，于是撤离战场。如果我们对于那个终极事件（死亡）——超出了它则连暴虐的法规和最残酷权势人物也没法威胁我们，命运之神在此也已经穷尽了她所有的力量——也能以一颗平静安详的心去面对，如果我们意识到死不是一件坏事，因此也不是一种伤害，我们就会更容易忍受其他一切——失败、痛苦、耻辱、流离失所、丧失亲人或与亲人分离。所有这些即使一起来进攻都不能击垮贤哲，更不用说它们单独袭来。[①]

——塞涅卡

① ［古罗马］塞涅卡：《论贤哲的坚强》，包利民、章雪富主编：《塞涅卡伦理文选·强者的温柔》，包利民等译，王之光校，中国社会科学出版社，2005年，第310~311页。

一、成长历程

(一) 跌宕起伏的悲剧命运和著作特点

斯多亚学派哲学的晚期代表人物塞涅卡（Lucius Annaeus Seneca，公元前4年—公元65年），诞生在当时作为罗马帝国行省之一的西班牙，父亲是罗马著名的修辞学家。他自小体弱多病（患有严重的哮喘病），但喜欢哲学。他在埃及度过青年时期，并于公元31年回到罗马开始了他的政治生涯。公元37年盖乌斯皇帝即位，这位皇帝对他的演讲才能产生妒忌，他不得不隐退，并开始写作。4年后克劳狄乌斯皇帝即位，据说塞涅卡与皇帝妹妹关系暧昧而被判处死刑，后来改为流放，他的大部分著作都写于隐退和流放时期。公元49年新皇后将他从流放地召回宫廷，担任掌管司法事务的执政官，并担任皇子尼禄的家庭教师。公元54年尼禄即位，塞涅卡成为其主要顾问之一，经常进谏，后日益失宠。公元62年塞涅卡退休林泉，闭门谢客，潜心写作。3年后塞涅卡被控参与企图谋害尼禄的阴谋而被判处死刑，尼禄恩赐他以自尽的方式死去。他割脉未死，最后被人抬到蒸汽炉内闷死了。

塞涅卡阅历丰富，见识很广，也是颇受争议的人物。我们知道斯多亚学派主张“不动心”的道德实践，但是塞涅卡十分重视聚敛钱财，有人指责他的行为与自己的学说并不一致，他辩解说，他自己也是普遍人，也在努力接近圣人的状态。据说他用写作来缓解自己遇到的生存压力和恐惧，因此他经常关注的主题有愤怒、仁慈、悲伤等。

作为晚期斯多亚学派最重要的代表人物，塞涅卡的著作颇丰，大致分为三类：一类是伦理哲学著作（*Moral Essays*，Vol. 1–3），包括14部问答体作品和由124封信集合而成的一个书信集，《论愤怒》《论仁慈》《论恩惠》《论个人生活》《论贤哲的坚强》《论天意》《论幸福生活》《论生命的短促——致鲍里直观理性》《论心灵的宁静——致塞雷直观理性》《论闲暇——致塞雷直观理性》《致玛西娅的告慰书》《致波里比乌斯的告慰书》《致母亲赫尔维亚的告慰书》《致卢奇里乌斯的道德书札》等；一类是文学作品，包括1部讽刺剧和10部悲剧，如《美狄亚》；一类是探讨自然现象的科学著作，如7卷本《自然问题》。因此他被称为罗马雄辩家、哲学家、政治家和悲剧作家。

塞涅卡没有写作严肃的哲学论文，因为他所关心的是斯多亚哲学理论对普通人的实际意义，所以他的大部分著作，几乎不顾及传统哲学的核心问题，也疏远政治问题，而是极具耐心地把斯多亚学派的抽象哲学理论解释给他的读者们，试图让他们更深刻地理解哲学，告诉他们怎么把道理融进自己的生活中，并以此来指导自己的现实生活，达到心灵的宁静。因此，与其说他是一名哲学家，不如说他是一位道德教师。作为一名卓越的演讲家，他的作品有极其鲜明的修辞特征，文学色彩浓厚，是锋芒毕露、文采华丽的拉丁语文艺作品典范，其特征就是多用警句，追求即时的效果，且字里行间显露着机智。正因为其著作的演讲辞特点，不可避免地缺少了连贯性，一个比较有名的批评就形容他的著作是“没有石灰的沙子”。

塞涅卡在晚期斯多亚学派三大思想家中影响最大，不仅由于他的多产，也由于他一直致力于给普通人解释自己学派抽象的哲学思想。他个人命运坎坷，但是他主张做一个傲然独立的强者，努力做到不动心，他自己也用实际行动验证这一点。同时，因为他体弱多病，对于痛苦，对于各种激情，对于普遍的人性弱点，能进行极其敏锐的体察。于是，哲学家的深刻，体弱者的敏感，政治家所要面对的恶劣的政治和生存环境，演讲家的高超的修辞技巧，共同造就了他，从而给我们留下这么多充满柔情和爱意的美文。从 14 世纪中期到 17 世纪中期，在所有古代哲学家中，塞涅卡成为最受人们推崇，并有着最广泛读者的作家，有人称他为最伟大的道德教师。16 世纪后半叶和 17 世纪初，他的声誉和影响达到了巅峰。

（二）斯多亚学派及晚期代表

塞涅卡是晚期斯多亚学派的代表人物，而他自己却没有写出系统而严肃的哲学论文，我们在这里介绍一下作为他的思想背景的斯多亚学派及其理论特征。

斯多亚学派，又称廊下学派，前者是音译名，后者是意译名，是从公元前 4 世纪到公元 2 世纪之间绵延五百多年的哲学学派，也是希腊化时期尤其是罗马最为重要的学术流派，对地中海文明产生了深远的影响。其中的代表人物既有前奴隶爱比克泰德，也有罗马帝国皇帝奥勒留，既有来自东方巴比伦的第欧根尼，也有来自西方西班牙的塞涅卡，还有卡图和西塞罗这样出色的政治家作为中期思想的代表人物，夸张一点说，罗马帝国的许多著名人物都与这个学派有这样那样的关系。这个学派的学说较为强调人的内在自由和德性，主要的贡献在于伦理学。斯多亚派的创始人是芝诺（公元前334—前262年），他于公元前4世纪末至公元前3世纪初创立了该学派。22岁的他最初来到雅典的时候，追随的是小苏格拉底学派之一——犬儒学派的克拉底。后来他自创新哲学，之所以被称为廊下学派，是由于芝诺经常与学生和朋友（多为贫穷人士）在雅典城区的王宫柱廊下谈论哲学。芝诺强调按照自然而生活，认为自然中发生的事情无所谓好坏，而认为人只有理性的一面，所谓激情和欲望是理性的错误。芝诺不仅向犬儒学派学习，也向麦加拉学派和柏拉图学园派学习，据说还发生过克拉底到斯提尔波（麦加拉学派的代表人物）那里抓这个“叛徒”的事情。但是在芝诺那里，对于激情的治疗和险恶环境的对抗，不再像犬儒学派那样仅仅依靠意志和德性的魅力，而是依靠理性；与犬儒与世界的对抗精神相反，他对世界采取了肯定的态度，认为世界是美的、完善的。同时他不同意柏拉图学园派的二元论，坚持认为现象与本质是一致的，宇宙本身就是神性的。他在自然哲学上肯定赫拉克利特的学说，其基本口号是“顺从自然而生活”，这个口号后来成为斯多亚学派一贯的主张。

斯多亚学派有一个基本的理论基础或理论出发点，这就是柏拉图《蒂迈欧》中的理论。在斯多亚学派看来，《蒂迈欧》表明宇宙（即自然）本身是一个有生命、有理性的动物，地球处在这个宇宙的中心。宇宙——动物即天地间的神，也就是宙斯。它的身体就是宙斯的身体，它的心智就是宙斯的心智，这个心智具有完美的理性来控制身体。这个自然世界发生的每一件事，都是出于它的思考，并合乎一个至善的理性。在众神之外，只有人类是有理性的动物，因此，在这个宇宙/自然秩序中，人类具有一个特别荣耀的地位，我们和自然一样都具有理性，因此“顺从自然而生活”也就是顺从理性而生活。人本质上就是理性的，非理性只是小时候未成熟的状态，因此我们按照自然生活，按照理性生活，是我们的天职，是我们和自然的共同目的。

因此，斯多亚学派的人坚信哲学首先是一种生活方式，而不是理论知识。斯多亚学派的伦理学被称为伦理—治疗哲学，就是指他们更关心个人生命中的问题，如愤怒、悲伤、贪婪、失败感等个体自身的疾病，而不是一般伦理学说所关心的正义等问题。他们关注的是这些问题对个体自身的伤害和如何对抗这种伤害，认为个人内心的绝对自由可以抗拒一切外来的压力，作为内在力量的美德不依赖于习俗和权威，是独立的，而道德的善恶完全取决于知识的有无。当然，作为绵延五百多年的一个大学派，斯多亚学派的理论是完整而全面的，他们一直积极吸收其他学派的观点以为自己的理论提供支持。他们认为物理学、逻辑学和伦理学是哲学的三部分，并以灵魂、骨骼和血肉，蛋黄、外壳和蛋白来比喻。

斯多亚学派是在与学园派的怀疑论的论战中展开自己的发展历程的，但这个学派在发展过程中随着阶段的不同也表现出不同的特点。一般来说，学者们按其发展历程分为早期、中期和晚期。早期为创始时期，代表人物除了创始人芝诺，还有一位克律西波。如果说芝诺开创了一种综合各派学说的较为平衡的学说，成为希腊化时期罗马世界中的主流哲学的话，克律西波则成为捍卫学派并发展出体系的大师。他是一个逻辑学大师，能言善辩，在他的努力下，斯多亚学派的理论体系最终定型，可以说没有他就没有后来的斯多亚学派。中期斯多亚学派的代表都是博学鸿儒，表现出更多的柏拉图哲学倾向，而且大量使用亚里士多德哲学的资源，可以说是三派学说（另两派是柏拉图学派和麦加拉学派）的融会。到公元前1世纪，罗马已经成为斯多亚学派的中心，学派的犬儒倾向被淡化，更强调政治。晚期斯多亚学派是指罗马帝国时期的哲学，因为其代表人物的著作都完整地保留了下来而最为我们所熟悉，我们这一章的主人公就是晚期斯多亚学派的代表，这个时期的哲学中犬儒精神更浓，最典型的特征就是放弃对自然哲学和逻辑学的兴趣，也对伦理学理论不感兴趣，所有人都把精力集中于实践性的伦理—治疗哲学上。

总体来看，伦理学也是斯多亚学派哲学的最高代表，是公认的希腊化时期伦理学的主流，对后世的影响至深。晚期斯多亚学派的代表人物塞涅卡、爱比克泰德和奥勒留三人，一个是大臣，一个是奴隶，一个是皇帝，他们不仅在当时影响广泛，而且对后来的西方文化，甚至对国民性的塑造也起到很大作用。爱比克泰德和奥勒留都只有一本书——前者留给我们的是学生记录的《哲学谈话录》，后者留给我们的是多年领兵征战之余写作的《沉思录》，而且还都是私密的谈话录或随感录——相比较而言，塞涅卡著作更丰富，兴趣更广泛；而且前两位哲学家都是彻底贯彻斯多亚精神、言行一致、道德高尚之人。爱比克泰德（约55—135年）曾是奴隶，后被释放，据说腿有残疾，对于个人的内心自由十分重视，蔑视外在事物，有宗教情结，与苏格拉底和犬儒派的做法很相像，重行动、轻著述。他也很贫穷，居住地十分简陋，因为他外出从来不锁门，一次他的铁油灯被偷，就用泥重新捏了一个，一直使用。奥勒留（公元 121—180 年）作为罗马共和国的皇帝，在位 20 年，在长期的征战间隙创作了《沉思录》，是写给自己的哲学笔记。而塞涅卡则争议颇大。我们知道他或者位高权重，或者被流放或隐退，虽然他知道伴君如伴虎的政治险恶，还是在隐退多年后担任后来皇帝尼禄的老师，在尼禄即位后他的权力一度达到巅峰，而后因为一直进献忠言，为皇帝所厌弃，并最终卷入谋反案遇害。他很善于积聚财富，甚至对此进行辩护，与另外两位代表人物形成了鲜明的对比。

（三）斯多亚学派的伦理学

在希腊化时期，外部的政治环境比较恶劣，与其他的几大学派类似，斯多亚学派也把注意力放在人如何克服外在环境，以获得继续生存的勇气之上，更为注重伦理学。因此伦理学是斯多亚学派成就最高的哲学，代表着希腊化罗马时代伦理学的主流。斯多亚伦理学是古希腊幸福论的延伸，也肯定有最高的目的。不过，正如斯多亚学派的哲学理论的一般性悖论的特点一样，伦理学中的最高目的也不是统一的，比如是自然的和谐、心灵的宁静还是自然法则的神圣……究竟什么才是最高价值呢？不同的哲学家给出的答案并不相同。但他们有一个共同特点，就是都集中于探讨人受到激情或情绪（πάθος，也就是泛指人的一切心理活动）伤害以后，如何治疗的问题之上，因此不同于一般意义上的伦理学。

他们不关心一般的伦理而更为强调个人的实践性，更为注重个人如何摆脱激情，如愤怒、悲伤、恐惧、嫉妒、压抑、烦恼等这一类多为人所容易产生的负面情绪的影响，以达到心境平和、“不动心”的状态，因此，他们的伦理学就有了“治疗哲学”的称谓。如他们讨论较多的是愤怒，因为愤怒表现出了人内心的脆弱，也会造成人与人之间关系的紧张。

斯多亚学派比较注重激情或者情绪这一类人们在实际生活中容易产生的心理活动，认为这都是由于错误认识而产生的心灵紊乱。激情也被斯多亚学派称为是一种疾病，也就是把无价值的“身外之物”看作是有价值的。西塞罗曾这么说道：“心里的种种情绪，使愚昧人的生活痛苦不安，但我得说，这些情绪不是由自然力量引发的，全都是想象之物，无聊的意见，因为，贤哲将永远远离它们。”① 他们的看法与柏拉图和亚里士多德相反，在柏拉图那里，激情是理性的同盟军，二者一起构成对欲望的统治；在亚里士多德那里，战士的愤怒在一定程度上有助于其勇气的发挥：愤怒是必需的，没有愤怒就不能赢得战争——除非它注满心灵、激励灵魂。然而，它必须不是作为一个领导者，而是作为普通的战士发挥作用。而我们将在下文进行更详细地解释，塞涅卡与亚里士多德的观点相反，认为愤怒完全没有丝毫的益处：“如果愤怒听从理性并且遵循理性的指导，它就不再是愤怒；愤怒的主要特征就是任性。然而如果它抵制和不服从命令，被它自己的任性和狂暴牵着鼻子走，它就会像无视撤退信号的士兵一样，变成对

① ［古罗马］西塞罗：《论至善与至恶》(第3卷)，第10节。转引自汪子嵩等著：《希腊哲学史》(修订本）第四卷（上)，人民出版社，第691页。

心灵毫无用处的工具。"[①] "崇高精神的独特标志是温和与镇定，高尚地漠视不公和过错。只有女人才会愤怒得暴跳如雷，只有野兽——而且不包括那些高贵的品种——才会去咬噬和逼迫已经俯首在地的猎物。"[②] 在柏拉图和亚里士多德那里，激情代表强者，而斯多亚学派认为激情恰恰代表弱者，因为强者的特征是理性而冷静。而且在斯多亚学派那里，激情是可认知的。

既然所有的激情都是不好的，我们就要消除它们。那么如何消除激情呢？这就涉及他们的"中性物"概念，也就是既不是善的（如美德）也不是恶的（如邪恶），无所谓喜欢或是厌恶的，既不导致幸福，也不导致不幸的东西；也就是健康或疾病等属于身体的以及大多数外在的东西，比如财富、名声、快乐、痛楚、死亡等等。"激情是整个人身心对中性物的价值的过分肯定，是人对它们的本体投入。人们对财物被窃的愤怒、对爱人变心的怨恨，说明具此激情者视财物、爱人为大有价值者，为大有益者。"[③] 因此，就要消除激情，在生活中自由选择，也就是用德性代替了激情。对人来说德性才是最重要的：拥有那些身外之物并不能保证我们的幸福，拥有德性才能保证我们幸福，因为那些是我们自身无法把握的，我们能把握的只有内在选择能力。因此，如果我们坚守自己可以把握的东西，就可以获得幸福，并永远保

---

① ［古罗马］塞涅卡：《论愤怒》（第一卷），第 17 节。《论愤怒》的第一至三卷内容已由包利民等译出，收录在包利民等译，王之光校：《塞涅卡伦理文选·强者的温柔》一书中，中国社会科学出版社，2005 年。

② ［古罗马］塞涅卡：《塞涅卡伦理文选·强者的温柔》，包利民等译，王之光校，中国社会科学出版社，2005 年。

③ 汪子嵩等：《希腊哲学史》（第四卷上），人民出版社，2010 年，第 705 页。

有幸福。斯多亚学派认为，选择自由、德性、内心是最重要的，也就是人的美德的价值远远高于外在生活的价值。因此，具有德性就是要消灭激情，只有这样才能健康和幸福，达到最终目标和善，“它是一种高贵强大的心灵宁静和持久的自由感”[①]。而德性，实际上就是一种知识性的品性，有德性的人就是智慧的人，是知识上的完善形态，也就是人通过理性的判断而战胜了激情的状态。因此，斯多亚学派的伦理学所肯定的最高理想，就是内在的智慧的自主，是个人运用理性的力量能完全掌握自己的命运，具有自由意志，而不为激情所裹挟，爱比克泰德所说：“请把我卑微的肉体、财产、名誉，以及身边的人统统拿去好了。”[②]

二、理论内涵

有学者认为，塞涅卡的可贵之处在于当生活面临危机时，能够接受生活的险境。生活在险境之中并且使险境成为自由的注释，这是他哲学的不凡之处。塞涅卡指出哲学的治疗可以使人达到自由的高度，那是甚至命运都要俯服的高度。[③] 塞涅卡以他自己的生命体验，深刻地揭示了我们经常忽视的如愤怒、悲伤等这些激情，也讨论了仁慈、恩惠、幸福等主题，我们在这一节将选取塞涅卡讨论的这几个主题，给读者介绍一下他的思想。

---

① 汪子嵩等:《希腊哲学史》（第四卷上），人民出版社，2010 年，第 714 页。

② ［古罗马］爱比克泰德:《哲学谈话录》第 1 卷，第 29 章，第 9-12 章。转引自汪子嵩等:《希腊哲学史》（第四卷上），人民出版社，2010 年，第 720 页。

③ 见石敏敏、章雪富:《斯多亚主义（Ⅱ）》，中国社会科学出版社，2009 年。

（一）论愤怒[①]

塞涅卡同意亚里士多德对愤怒的定义："愤怒正是想要报复所受苦难的欲望。"他还认为愤怒是被受到伤害的直接印象所激起的，一切情感中最可怕和发狂的情感，完全猛烈的，是一种内心怨恨的强烈攻击，缺乏自制，忘记了得体，不顾约束，将理性和忠告拒之门外。其他激情可以隐瞒和偷偷地隐藏，愤怒却公然显示自己。愤怒不含任何有用的东西，它也不会激发心灵尚武的精神。它不会放过任何生命阶段，不会让任何阶层的人例外。尽管其他的恶可以控制单独的人，但它却是唯一一个能支配整个国家的激情。只有愤怒才会是整个民族的苦难。

塞涅卡提醒我们，如果我们反复地把愤怒的缺点放在自己面前，就会预先防止愤怒的产生，就会正确地评价它。愤怒的主要特征就是任性。在这一点上，塞涅卡与亚里士多德有了分歧。亚里士多德认为某些激情如果加以恰当的使用，就可以发挥武器的作用。而在塞涅卡看来，如果这些激情真的像打仗的工具那样，可以凭借使用者之意拿起和放下，那么这种说法是对的，但是愤怒这样的激情不会等待人的手势，它们不会被人控制，而是控制着人，因此即使在战斗或战争中，愤怒也是没用的。因为愤怒其实是理性的对立面，如果说理性是健全的、均衡的、要求忍耐的，那么愤怒则是病态的，会突然消退，不顾一切地要求报复。因此愤怒的缺陷是，它拒绝受到管治。

---

① ［古罗马］塞涅卡：《塞涅卡伦理文选 · 强者的温柔》，包利民等译，王之光校，中国社会科学出版社，2005 年。

引起愤怒的条件有两个：首先，我们认为我们受到了伤害；其次，我们认为我们是不公正地受到了伤害。人们把某些事情判断为不公正，有时是因为他们认为自己不应当承受这些事情；有时是因为他们没有料到这些事。我们认为意想不到的事情是不应当承受的，因而我们就会被所有违背我们愿望和期待而发生的事情大大地激怒。但使我们易于发怒的，不是傲慢就是无知。

作为一个哲学家，塞涅卡还从根本上揭示了愤怒产生的物质方面的原因。他认为，炽热的心灵，在本性上最容易愤怒。他接受亚里士多德的元素论，也认为存在着火、气、水、土四种元素，因此也就有四种相应的性质，热、冷、湿、干。因而地区之间、动物之间、物质之间、性格之间，各种各样的差异都是由这四种元素的混合造成的，如果混合体中拥有的某种元素较多，那么在性质上，就会凸显某一方面的方向特征。每个人身上有多少湿的和干的元素，这将造成很大差异；他的性格就由在他身上占据优势份额的元素所决定。心灵的炽热构成会产生狂怒的人，因为火是活跃主动而又难以驾驭的；因而愤怒是由于心脏周围的热血在胸口沸腾而引起的。

那么如何防止、控制、消除愤怒呢？塞涅卡提醒我们，在孩子受教育时期需要多加注意，因为这是最可受益的时期，因为当心灵还是很稚嫩的时候去训练它是很容易的，而要去控制那些已经随着我们的长大而长成的恶习则是一件困难的事。我们必须对出身和教育所产生的结果加以调节。因此，我们必须抵抗愤怒产生的最初促动元素。愤怒的促动因素是一种受到伤害的感觉，我们不要轻易相信这种感觉。而最好的办法就是立刻拒绝对愤怒最初的煽动，甚至一有苗头就要抵制它。矫正愤怒的最好办法就是延缓。首先请暂缓发火，其次是要求停止发怒。我们还要牢记：我们会从自制忍耐的名声中获得多少赞许，有多少有用的朋友是从宽宏大量中交来的。我们将尽力从心灵中消除愤怒，或者至少要控制和约束它的狂暴。此外，还要治愈别人的愤怒。

（二）论悲伤[①]

对悲伤这一主题的讨论，更多地体现在他的几封《告慰书》中，如《致玛西娅的告慰书》《致波里比乌斯的告慰书》《致母亲赫尔维亚的告慰书》，告慰书中的几位主角都遭遇了人生的不幸，塞涅卡专门写信劝慰他们。在塞涅卡看来，适当的悲伤是自然本性的流露，无可厚非，但不要过分，过分的悲伤就是典型的病态，就是一种需要消除的激情。悲伤与个体性有更深的联系，是更具个体性的疾病。悲伤这种疾病更加缠绵，它甚至会使人成为一种借助于它而陶醉其中的力量。如果说愤怒常把他人裹于其中，而悲伤似乎只把自己卷入其中。悲伤这种激情的特征在于它使人的记忆总是注目于过去某个时刻的印象，把过去这个时刻当作永恒的存在。

当一个悲伤的人把过去当作永恒的现在的时候，过去对于他来说就是永远发生在眼前的现实。既然过去的永远是眼前的现实，那么过去就永远是正在发生的事情，而他又总是正在承受。然而斯多亚学派认为，真正的现在只是正发生在主体身上的这一刻，由于这只是瞬间发生的，当你形成记忆的时候它已经成为过去，

---

① 见石敏敏、章雪富：《斯多亚主义（Ⅱ）》，中国社会科学出版社，2009 年。

那么这一刻事实上也就已经不存在了。因此，塞涅卡认为，既然现在不持续，你的过去也不持续，那么就不存在所谓的可以构成悲伤的理由，因为悲伤的事情已经过去，甚至可以说悲伤的事情早已经不再存在。现在既然总是在过去，我们需要为过去的事情悲伤吗？

悲伤是什么？悲伤其实只是一种印象而已，是人对于过去的印象。由此而论，生活在悲伤里面的人，并不是生活在当下的实际生存状态之中，而是生活在虚妄的观念之中，就是生活在我们过去对于那个人曾经与我们同在的记忆里面，生活在那种应该永远存在的记忆里。然而观念并不是真正的存在，观念是抽象的结果，也不是存在，而是不存在的观念的存在。既然悲伤只指向过去，那么为什么还要以存在的方式面对它呢？为什么不去放开那些观念呢？一切悲伤就是虚妄。悲痛的源泉之一是我们对逝去的人的渴望。在塞涅卡看来，这种渴望本身是可以忍受的。①

在塞涅卡看来，长久的悲哀来自观念因素，是人为造成的而不是自然的结果，需要直面问题，进行哲学治疗，也就是进行理性的认知。“斯多亚学派主张认知性动机，正是因为这至少使道德理性有可能发挥作用，而对激情施加行动，使得通过理性的、哲学的方式——提供论证、证据、思想实验等等——使治疗激情有了可能。”②

① ［古罗马］塞涅卡：《哲学的治疗》，吴欲波译，包利民校，中国社会科学出版社，2008年，第103页。

② 汪子嵩等：《希腊哲学史》（第四卷上），人民出版社，2010年，第791页。

(三) 论恩惠

平常人们经常遇到这样的问题，他们不知道如何施与或接受恩惠，还会出现不知感恩的情况。塞涅卡从这些情况开始谈论恩惠，他花了7卷的内容讨论这个问题，因为在塞涅卡看来，恩惠的本质是一种为他的德性，有助于人们之间结成伙伴关系，也就是社群关系，是构成人类社会的首要联系纽带，因此恩惠可以缔造共同体。正是恩惠的这种为他的品质，使得人与人结成德性共同体。而施加恩惠需要确定行为准则，免得把滥施当作慷慨，或者过于谨小慎微，而要学会心甘情愿地施惠、受惠和报恩，“并且把在行动和精神上超越我们的恩人设定为崇高目标，而不仅是做到和他一样；因为欠恩者永远报不了恩，除非他能超过恩人；我们要学会：施惠者不应对恩惠记账讨债，受惠者的感恩也应超过欠账数额”[①]。那么，首先的一个问题就是：什么是恩惠？恩惠是施惠者的好意，是给别人快乐并以此给自己带来快乐的行为，而且是自愿自发而为的。因此，重要的不是做了什么和给予了什么，而是行动的精神实质，因为恩惠并不在于这些东西，而在于行动者和给予者的心灵。[②] 所以恩惠是无形的，虽然它的载体不断变化，施与的对象也在变化。概括地说，善行是好的，但所做的事和所给予的东西却谈不上好与坏，可以传递的东西不是恩惠，只有心意才是，也就是说，恩惠发生于意图或意愿。只有自愿自发的意图，即心甘情愿的行为，

① ［古罗马］塞涅卡：《哲学的治疗》，吴欲波译，包利民校，中国社会科学出版社，2008年，第205页。

② 同上，第206页。

才是恩惠，才可能带给自己快乐，也才可能带给别人快乐。实际上恩惠表现出来的是慷慨，而且从不要求回报，因为如果施加恩惠还要求回报，那就把恩惠变成了负担，试图控制别人，这实际上是与慷慨相对立的贪婪。只有当恩惠出于意愿的时候，恩惠才真正合乎德性，是出自德性的行为。施恩惠者的目的应该是追求德性本身，因为德性本身就是值得追求和渴望的东西。不是出于自我意愿的有益于他人的行为不能算是恩惠，例如一个心怀恶意却歪打正着的人看起来给予了一个有益的结果，很难引起人们的感激之情。因为真正地受益，是受恩惠者看到施恩惠者的德性的力量，也就是在德性的训练中得到真正的自我满足，这种自我满足既包括施恩惠者，也包括受恩惠者，因为他获得的快乐不是来自于恩惠的载体，而是来自于德性和施恩者的意愿。

塞涅卡善意地提醒人们，不要忘恩负义，但是如果别人忘恩时，要原谅他；他还提示我们，不要送别人不用的东西，一定要考虑到时间、地点和人情；也不要滥施无度；最好让每一个受惠的人都感到自己很特别，更受重视；恩惠应该是出于理智和正确的选择。忘恩负义是最令人厌恶的事情，是耻辱。而有的人则更把施恩者当作了敌人。总而言之，报恩需要有正当的愿望、给予、手段，以及命运之神的眷顾。帮助别人，施恩于人，这是高贵而勇武的心灵的一部分，那施恩的人是诸神的模仿者，而那寻求回报的人，只是放债人罢了。那因受恩而幸福的人品尝到一种持续不断的快乐，他欢喜地看到的，不是那被赠予之物，而是他的恩主的意图。感恩之人反复因一次恩惠而欢喜，而忘恩负义之人却仅高兴一次。难道这二者的生活有可比性吗？感恩的人总似乎充满快乐、兴高采烈，他留意着报以感激之情的机会，并从这种情感中获得了巨大的快乐，他所寻求的，不是他如何才能不履行他的义务，而是他如何才能作一次丰盛的报答。即使他受恩于他的奴隶，他所考虑的却不是这恩惠来自何人，而是他接受了什么。恩惠与伤害是对立的。

说到施惠的方式，最好是——以我们自己愿意接受的受惠方式对别人施惠，而且在我们给予的时候要心甘情愿、毫不犹豫，因为犹豫相当于拒绝。在施与恩惠和接受恩惠的活动中也要接受理性的指导。而理性的第一条戒律就是：没有必要接受所有人的恩惠，只接受那些我们帮助过的人的恩惠。

塞涅卡强调，我们试图从施恩中获取的不是利益，也不是快乐，不是荣耀；因为只满足于把快乐送给一个人，所以我施与恩惠的唯一目的，就是做我该做的事。然而在做该做的事时，我并不是不加选择的。我将选择一个这样的人，他正直、诚实、不忘恩，对所受恩惠心存感激，他不染指别人的财物，不贪婪地死守着自己的财物，他待人仁慈。恩惠着眼的不是我们自身的利益，而是它被施于其上的对象的利益，否则，我们就把恩惠施在了自己身上。所以，许多给他人带来最大利益的帮助，没有权利要求他人的感激，因为它们已经得到了回报。那以赢利为目的的东西，不可能是恩惠。导致恩惠之施与的动机不是贪婪的，也不是卑劣的，而是人道的和高尚的，这是一种即便在施与之后还会再度施与的欲求，一种在旧的赠物之上加上新的、不同的赠物的欲求，它的唯一目的就是把可能加于对象上的尽可能多的善加于对象上。然而，如果给任何人以帮助，只是因为这种帮助于我们自身有益，这是一种可鄙的行为，它不值得赞美，也不值得颂扬。施与恩惠的真正欲求，要求我们远离所有这些动机，因为这一欲求控制住了我们，它就逼迫我们忍受损失；因为摈弃了自利，它仅仅在行善的举动中就能找到最大的愉悦。

塞涅卡还提到了一个令人感兴趣的话题，子女与父母之间，究竟谁的恩惠更大？父母给予子女的，还是子女给予父母的？塞涅卡专门给出了论证：那给出称不上是最好的恩惠的人，就面临着被超越的可能性。一位父亲给了他的儿子生命，可是有些东西比生命更加美好；所以父亲在恩惠上是可以被超越的，因为他给出了一种称不上是最好的恩惠。另外，如果一个给予另一个人以生命的人，反复地被挽救于死难之际，那么他就接受了一种比他所给予的恩惠更大的恩惠。比如，一位父亲给予了儿子生命，但是他反复地被他的儿子挽救于死难之际，他就接受了一种比他所给予的恩惠更大的恩惠。一个人越是需要一种恩惠，他所接受的恩惠就越大。一个活着的人对生命的需要，甚于一个还未出生的人，因为一个还未出生的人根本就感受不到任何需要；因此，如果一个儿子救了他父亲的性命，父亲从儿子那里接受的恩惠，就比儿子因他的父亲生下他而从他父亲那里接受的恩惠更大。如果有人给予我一种恩惠，这种恩惠需要得自其他许多人的恩惠作补充，而我却给予他一种不需得自任何人的恩惠作补充的恩惠，那么我就给出了一种比我所接受的恩惠更大的恩惠。塞涅卡一直在强调，尽管父母给予子女的恩惠很大，但不是不可超越的。

（四）论仁慈

这是塞涅卡写给尼禄皇帝的，也是因为尼禄的一句话而写的。

近卫军长官布鲁斯要去执行命令，处死两个海盗，催促尼禄记下他们的名字，写出处死的理由。尼禄不太情愿，但当近卫军长官拿出纸递给他时，尼禄不由地叫喊道："要是我根本没学过写字，那该多好！"塞涅卡听说了这句话，大为赞赏，说："这是多么精彩的话！"因此，他不仅考查了什么是仁慈，什么是仁慈的本质及其限度，还讨论了位高权重的人对于惩罚的宽恕问题。本来塞涅卡还计划讨论如何引导普通人的心灵去接受这种美德，以及怎样确立它，并在实践中内化它等问题，但是留给我们的只有前两个部分的内容。他在第一部分的开端，就说："尼禄皇帝，我写了一篇关于仁慈的文章，希望你把它当成一面镜子，看到自己是注定要获得最大快乐的人。"因为在他看来，在所有人当中，仁慈给国君或者王者带来的好处是最大的。仁慈意味着某个人有力量对他人进行报复却能自我抑制，或者说是地位高的人对地位低的人惩罚时所表现的宽大，对一些罪有应得的人来说都是宽恕。仁慈的对立面是残忍，也就是实施刑罚时的残酷心态，刑罚执行中的失控过头。

他认为位高权重的人身上所体现的真正的仁慈，是拥有无限权力却能真正自我约束，爱民如己；不是被低级的欲望、鲁莽的性格以及早期那些君主的先例所扭曲，不是去尝试放纵力量来镇压同胞民众，而是去钝化帝王权力的剑刃。仁慈不仅会扩大统治者的声誉，而且还会加强统治者的安全；同时，它还是至高权力自身荣耀的体现和最牢靠的保护。人们无法想象，还有什么比仁慈这种德性更适合一个统治者。布施仁政者的权力越大，仁慈也就显得更美、更壮观。众多的刑罚对于国君来说也是不光彩的，统治者越能宽以待民，那么民众就会越听从他。人的天性是执拗的。正如松弛的缰绳更容易控制千里马一样，仁慈也更容易使正直之士心甘情愿地服从。为了城邦自身的利益，也值得保有仁慈这种美德。皇帝或国君真正的幸福在于给大多数人带来安全保障，把他们从死亡的边缘解救出来，在于通过仁慈获得那赞美。没有什么奖章比那因救助同胞而获得的赞美更配得上一位国君的卓越品格，或者更为漂亮精彩；而不是从战败者那里掠夺武器俘虏，不是使战车沾满野蛮人的血迹，也不是掠夺而来的战利品。在世界各地拯救众多的人，那是像神一般地使用权力；而不分青红皂白地成批杀人，不过是一种毁灭性的力量而已。

残忍是与仁慈对立的，是一种完全非人性的罪恶，它根本上与善良的人不相称。残忍之所以被大多数人厌憎的原因在于：它首先越过了习俗界限，其次越过了人性界限；它想方设法去寻求折磨人的新方法以及各种能延长痛苦的刑具，以折磨人为乐。那种人的心灵已达到了极度病态、极度疯狂的地步：残忍待人已成了一种快感行为，而杀人也成了乐趣。在这种人的背后接踵而来的是怨恨、仇视，以及取他性命的毒药和利剑。他是众人的危险因素，因而对他来说也危机四伏，他会遭他人暗算，有时又面临整个民众的暴动。

但仁慈与怜悯不同。后者是一种心灵的缺陷。怜悯只看到有人在遭难，却不考虑其原因所在。可是仁慈却是有理性的。怜悯是由于看到他人的不幸而引起的悲伤之情，或者是由于目睹他人承受了不该承受的厄运而引起的伤心，可是贤哲是不会悲伤的。怜悯是一种心灵被各种痛苦过度折磨后导致的软弱表现。

（五）论幸福生活

在塞涅卡看来，幸福生活虽然是人人都希望得到的，但是大家对什么是幸福生活实则茫然无知，幸福根本不是大多数人会选择的东西，因为多数人的选择不一定是真理。然后他给出自己对于幸福生活的看法：

> 所以，幸福生活就是与自己的本性自然和谐一致的生活，而且它只有通过一种方法才能获得。首先，我们必须头脑清楚，遵循理性；其次，我们的精神必须是勇敢的、豪迈的、坚毅的，随时准备面对任何紧急情况；既关心身体以及与身体有关的一切问题，同时又不是焦虑不安；最后，我们的心思不会忘掉那些为生活增添光彩的所有好东西，但是决不过于痴迷——我们要做命运馈赠的使用者，而不是其奴隶。我不用多说，你也知道，一旦我们驱散了一切令我们激动不已或惊恐不安的东西，随之而来的必然是牢不可破的宁静和绵绵不断的自由；因为当快乐和恐惧被消灭之后，它的恶果——琐屑、虚弱和有害的心态——也就随风消散；取而代之的将是心灵的和谐安宁，以及伴以友善的真正强大；因为一切愤怒都起源于懦弱。[①]

① ［古罗马］塞涅卡：《塞涅卡伦理文选・强者的温柔》，包利民等译，王之光校，中国社会科学出版社，2005 年，第 347~348 页。

塞涅卡所指的幸福，也就是至善，他对于至善的解释有好几种说法，而且他自己声明，无论哪一种表述，意思都一样。比如他说：“最高的善乃是心灵能蔑视命运遭际，唯以美德为快乐。”也可以说：“最高的善乃是心灵不可征服的力量，从经验中学到智慧，在行动中沉着冷静，在与他人交往中礼貌关心。”还可以这样定义：“幸福的人就是这样的人：他不承认在善的与恶的心灵之外还存在善与恶，他珍惜荣誉，追求德性，对于命运的遭际既不骄傲，也不屈服；他知道最大的善是只有他自己才能赋予自己的；对他来说，真正的快乐就是蔑视快乐。”我们完全可以说：“幸福生活就是拥有一颗自由、高尚、无所畏惧和前后一贯的心灵——这样的心灵是恐惧和欲望所无法触及的，它把美德看作唯一的善，把卑鄙看成唯一的恶。”① 如果一个人有这样的心态，那么他就超越了快乐和痛苦，就奔向了自由，而通向自由的唯一道路是——对命运无动于衷，心灵宁静，精神昂扬。

因为幸福的人是由于理性发挥作用而摆脱了恐惧和欲望的人，因此，幸福生活实际上建立在正确可靠的判断之上，摆脱了一切遮蔽和邪恶，满足于当下的命运——无论它好坏——能与命运友好相处，而幸福的人就是让理性决定存在的所有情况的价值的人，毕竟，如果一个人头脑不清醒，是不可能找到幸福的。在这里，塞涅卡特别提到伊壁鸠鲁学派所强调的德性与快乐的一致性，认为必须区分二者，强调德性是高贵庄重的，无法被征服；而快乐是低贱奴性的，且容易毁掉。最高的善和德性是不朽的，没有极

① ［古罗马］塞涅卡：《塞涅卡伦理文选·强者的温柔》，包利民等译，王之光校，中国社会科学出版社，2005年，第348页。

限，不会餍足，不变化；而快乐总会在高潮之际消失殆尽，是那种来去不定、在行使中就消灭的东西，根本没有实质。当然，美德也能带来快乐，但是这不是我们培养美德的目的，快乐就像我们辛苦耕耘的土地上长出来的野花，非常好看，可不是庄稼，因此，快乐既不是德性的原因，也不是回报，而是它的副产品。同时塞涅卡也为伊壁鸠鲁学派辩护，认为他们的教导是圣洁正当而严肃的，而一般人不深入了解，只是从表面上就认为他们倡导享乐，这是对他们的误解。而且，塞涅卡指出，如果说快乐毫无节制的话，那么德性中则是包含节制的。那么为什么不能把德性和快乐说成一个东西呢？答案是：高尚的东西中不能有任何异己的、低级的东西，否则不完整，自由就被弱化，因此必须为德性建造一个牢固的基础，使得任何其他东西都不能得到它的高度。总之，必须让幸福建立在德性的基础之上。

当然，外在的财富、健康等物，虽然不决定一个人的幸福，但却不是被贤哲反对的东西，他们绝不会认为自己配不上这些东西，去掉这些不会损害根本，但是这些对发自美德的持续快乐有贡献。就像一个人身体不好，他会忍受，但是他也希望自己身强体壮。在这里，塞涅卡似乎为自己拥有财富而辩护，他认为如果财富溜走了，不会从他那里带走任何东西，而普通人会感到真实的自己被带走了，“我拥有我的财富，而你的财富拥有你。所以，不要再禁止哲学家拥有钱财吧。没人命令智慧一定要受穷”①。贤哲“会拥有

①［古罗马］塞涅卡：《塞涅卡伦理文选·强者的温柔》，包利民等译，王之光校，中国社会科学出版社，2005年，第365页。

财富，但是同时很清楚它摇曳不定，转眼即逝”①。塞涅卡的人生态度就是：“我对整个命运的领域表示蔑视，但是如果可以选择的话，我将选择其中较好的那部分。无论什么降临在我身上，我都会把它转化为好的，但我还是宁愿降临在我身上的是更为愉快和惬意的事情，是不那么难以处理的事……所以，在贫穷中，我们要更多地运用那些知道如何斗争的坚定德性；在富裕中，我们要更多地运用那些小心翼翼、踮着脚平衡行走的德性。既然德性之间存在这样的差别，我个人比较愿意得到那些较为能平静地实践的德性，而非那些需要经过流血流汗才能实践的德性。”②

塞涅卡劝慰人们，面对不幸，要坚强、不动心，只要内心意志坚定，外界的所有打击都可以漠然视之。当他被流放的时候，在给母亲的信中还一直强调自己没有承受什么不幸，即使在他人看来是悲惨的境况，在塞涅卡看来也是幸福的，流放不过是生活的地方发生变化而已，所谓被流放的耻辱，也取决于自己究竟如何看待，如果自己从来不轻视自己，那么也不会被别人所轻视。因为“我们本就生在将于我们有利的情况中，只要我们不完全屈从于它们。按自然的设计，我们要生活得幸福，并不需要多么了不得的装备；我们每个人都可创造他自己的幸福”③。

① ［古罗马］塞涅卡：《塞涅卡伦理文选·强者的温柔》，包利民等译，王之光校，中国社会科学出版社，2005年，第366页。

② 同上，第369页。

③ 同上，第4章，第2~3节。

三、主要影响

希腊化哲学有三大主要流派：斯多亚学派、伊壁鸠鲁学派和怀疑论。这三大流从反思和批评古典希腊哲学出发，促使古典哲学向新的典范演变。希腊化哲学三大派中，斯多亚学派是影响西方思想最深的学派。从公元前 4 世纪芝诺创建了斯多亚学派，到公元 2 世纪晚期斯多亚学派衰落，其哲学思想为新柏拉图主义和基督教所吸收。斯多亚学派大约持续了五百余年，构成了罗马共和国末期和帝国早期的主要思想形态。新柏拉图主义的杰出代表普罗提诺吸收了斯多亚学派的思想，而斯多亚学派对基督教影响更深。德尔图良是深入运用斯多亚学派学说的护教士，基督教的苦修主义也深受其伦理思想的影响，还有其修身思想，后者是古代晚期基督教灵修传统的重要内容。斯多亚学派的传统还持续影响到中世纪，构成文艺复兴时期泛神论的主要源泉，成为西方近代科学的直接源头，以及斯宾诺莎伦理思想的古典基础。

四、启示

斯多亚学派是希腊哲学中流行最广、也最为人所熟悉的一个哲学流派，在罗马帝国时期还成为官方哲学，斯多亚学派不但出入于宫廷，在贵族阶层流行，而且对于一般民众来说也具有极大的吸引力，其代表人物中既有皇帝又有奴隶，光凭这一点就可以看出其影响的广博。斯多亚学派之所以有这么大的影响力，与他们的学说内容贴近人心、简单易懂有关，比如他们关心的是人在世界中的地位、人的社会责任和道德规范，认为合适的生活方式和内心修养的途径是对各种不良情绪的克服等。不仅如此，塞涅卡这样的哲人还一直致力于将哲学思想通俗化的工作。纵观哲学史，只有那些贴近生活、与普通人的生活和生存状态息息相关的哲学理论，才会引起更多人的兴趣，才能切实地成为人们生活的指导。斯多亚学派以其朴素谦和的姿态，深入关注伦理学的问题，其几位代表人物都热衷于把理论介绍给普通民众，除了塞涅卡一生致力于此以外，皇帝奥勒留更留下了脍炙人口的《沉思录》。斯多亚学派在哲学通俗化方面做出的努力非常值得提倡。

五、术语解读与语篇精粹

（一）怀疑主义（Scepticism）

1. 术语解读

怀疑主义是希腊哲学后期出现的一个哲学流派，与声称发现了真理的哲学家不同，他们彻底怀疑是否能找到真理，认为我们对事物的认识不应该归于某一个结论，甚至要做到不作判断，搁置判断。最为知名的怀疑论者就是皮浪，他的一个著名口号就是："不作任何决定，悬搁判断。"[①] 在他看来，事物本身是不确定的，我们的感觉不会告诉我们有关事物的真理，因此我们对它们既不

① 赵敦华：《西方哲学简史》，北京大学出版社，2001 年，第 92 页。

能肯定也不可否定，而是不作判断，不提出意见。也正是从这个哲学立场出发，怀疑主义所追求的就是达到心灵的宁静，即达到不动心的状态，因为只要有判断，总会有相反的结论，从而扰乱内心的宁静。所以皮浪认为："最高的善就是不作任何判断，随着这种态度而来的就是灵魂的安宁。"①

2. 语篇精粹

语篇精粹 A

Scepticism, as is well known, is a therapy for philosophical illnesses. But it does not spend much time in classifying those illnesses: the disease to fight against, in spite of its manifold forms, is always dogmatism. To the Sceptic, all non-Sceptical schools are dogmatic, whether "properly speaking" or in a particular way: the Academy itself professes a kind of upside-down dogmatism. Eclecticism is never mentioned by Sextus, although the thing is not unknown to ancient philosophy, nor is the word unemployed. The reason for this silence is perhaps that eclecticism is less a philosophical illness than an alternative medicine, aiming at curing the same ills as Scepticism does (namely, conflicts among the dogmatists), but in an opposite way and on the basis of a different diagnosis. To the eclectic, doctrinal conflicts are superficial conflicts; philosophical doctrines are compatible

① 赵敦华:《西方哲学简史》，北京大学出版社，2001年，第93页。

at bottom, at least piecemeal, and perhaps even globally they converge. ①

参考译文 A

众所周知，怀疑主义是各种哲学病的疗法。但它却没有花太多时间把这些病分类：尽管其形式多样，但要对抗的疾病却总是独断论。对于怀疑论者来说，所有的非怀疑论学派都是独断的，不论是“确切地讲”，还是以某种特定方式：学园派自称信奉一种上下倒置的独断论。虽然折中主义在古代哲学中不是一个稀有的存在，也不是无人使用的词语，但是折中主义一词却从未被塞克斯图斯提到过。这种缄默的原因或许是，与其说折中主义是一种哲学病，还不如说它是一种可代替的药物，其目的在于，去治愈怀疑主义想要治愈的那种病（就是说，去解除独断论者之间的冲突），不同的是，治病的方式截然不同，诊断的依据也不同。对于折中主义者来说，教义上的冲突只是表面冲突；哲学信条在根源上是兼容的，至少可以局部兼容，甚至可以全面融合。

语篇精粹 B

From the historical point of view, it can be maintained that, before the death of Aristotle, there were no true sceptical schools of thought in Greece. Sceptical inclinations, sceptical arguments, even sceptical thinkers may indeed be discovered. But the inclinations coexist with opposite inclinations; the arguments are not collected in any systematic fashion; and the thinkers, isolated or eccentric, are

① JacquesBrunschwig, *Papers in Hellenistic Philosophy*, Cambridge University Press, 2007, p. 224.

peripheral figures. Again, before various types of self-conscious and articulated scepticism made their appearance at the beginning of the Hellenistic period, Greek thinkers, when they considered epistemological problems, took the possibility and the actuality of knowledge for granted and concerned themselves primarily with the nature of knowledge, its origins, and its structure. ①

参考译文 B

从历史的角度看，可以说在亚里士多德去世前，希腊没有真正的怀疑论思想学派。怀疑论倾向、怀疑论观点，甚至怀疑论者确实可能被发现过。但怀疑论倾向与反怀疑论的倾向同时存在，怀疑论观点没有得以系统地整理，这些怀疑论者，要么离群索居，要么奇奇怪怪，并非举足轻重的人物。此外，在古希腊初期，各种自觉的、清晰的怀疑论还未出现，当希腊思想家们思考认识论问题时，他们理所当然地认可知识的可能性与真实性，主要关心的是知识的本质、起源和结构。

语篇精粹 C

There were, however, at least two modes of relationship between individual and gods or cosmic powers which were either new, or took on renewed force, in the Hellenistic period. One was scepticism. Its manifold forms ranged from the ostentatious blasphemy of Philip V's admiral Dicaearchus, erecting altars to Asebeia (Impiety) and Paranomia (Lawlessness), through Polybius' own view of religion as a

① Keimpe Algra, Jonathan Barnes, Jaap Mansfeld & Malcolm Schofield, *The Cambridge History of Hellenistic Philosophy*, Vol. I, Cambridge University Press, 2008, pp. 230-231.

tool of social control and his widely shared elevation of Tjche (Fortune) to the status of a deity in her own right, to scepticism as a specific current in Hellenistic philosophy. The other was astrology. Properly to delineate the intellectual and emotional background of its appeal would need a chapter to itself, but it needs notice here, however brief, because though barely known in classical Greece it gained increasing momentum throughout the period to become a serious challenge to orthodox organized religion at several levels. ①

参考译文 C

然而在古希腊时期，个人与神或宇宙力量（新的宇宙力量或更新的宇宙力量）之间的关系，至少存在两种模式。其一是怀疑论。其主要表现形式有很多：菲利普五世的舰队司令狄凯阿克斯公然对神不敬，为阿斯贝（有亵渎神明之意）和帕拉诺米阿（无法无天的代名词）建立神坛；波利比奥斯认为，宗教是进行社会控制的工具，他向人们宣扬，命运女神堤喀才是值得尊崇的神祇；怀疑论俨然成了古希腊哲学的一种潮流。其二是占星术。要确切地描述其受欢迎的理性原因和情感原因，则需要一个章节的篇幅，但是哪怕只提上几句，这里也需要提醒人注意，因为尽管在希腊古典时代了解占星术的人并不多，但占星术却在整个时代越来越受欢迎，对正统的、有组织的宗教在不同层面构成了严重的挑战。

---

① Frank William Walbank, Martin Frederiksen & Robert Maxwell Ogilie eds., *The Cambridge Ancient History*, Vol. 8, Cambridge University Press, 1989, pp. 317-318.

（二）斯多亚学派（Stoicism）

1. 术语解读

斯多亚学派，又称廊下学派，是公元前4世纪到公元2世纪之间绵延五百多年的哲学学派，也是希腊化时期尤其是罗马最为重要的学术流派。这个学派的学说较为强调人的内在自由和德性，主要的贡献在于伦理学，强调遵循自然而生活。这个学派的哲学思想虽然不是十分深刻，但是影响十分巨大。这个学派的代表人物中既有奴隶，又有皇帝。最有代表性的塞涅卡一生致力于把哲学思想通俗地表达给普通人，这为这个学派思想的传播起到了很好的作用。最为著名的代表人物西塞罗以其出色的文采，十分深远地影响了后世，他的拉丁文著作成为后世的典范。

2. 语篇精粹

语篇精粹 A

When Epictetus claims above that "it is my nature to look out for my own interest (toemon sumpheron)" he is reformulating in different words the traditional Stoic idea that self-preservation is the object of any animal's (including a human being's) first impulse. Thus Epictetus is quite consistent with orthodox Stoicism in holding that self-interest is a brute fact of human (and animal) nature. It is important to note that, in contrast, he certainly does not view the desire for externals to be an unchangeable element of human nature. Epictetus consistently insists that the motive of our actions, of our utterances, of our being elated, of our being depressed, of our avoiding things, and of our pursuing things, is not beyond our control. Rather, the cause of every action an agent performs is his wanting to do so. We are responsible for our desires since our impulses to act, as rational adults, stem from what we conceive of as being good. It is the old impulses to desire externals like cake as good which were habituated into us as children that we must overcome as adults. Consequently, the tenacious pursuit of externals is in Epictetus′ view the result of a mistaken choice, a misestimation of where the good truly lies. To place the good amongst externals is once again contrary to reason because doing so directly leads us to compete viciously and struggle violently with each other for these externals. This can predictably escalate into anarchic, social chaos. The rational alternative, as Epictetus sees it, is to place the good only amongst our (internal) virtues and thereby avert such overwhelming strife. ①

参考译文 A

当埃皮克提图宣称“去发现我自己的利益是我的天性”时，他正在用不同的词来重组传统斯多亚学派的观点：自我保护是所有动物（包括人类）第一冲动之目标。这样一来，埃皮克提图就与正统的斯多亚学派在自我的利益是人（和动物）本性这一赤裸裸的事实上达成了一致。值得一提的是，相反，他当然不把外求的欲望当作一个一成不变的人性要素。他坚信我们行为的动机，

① William O. Stephens, *Stoic Ethics: Epictetus and Happiness as Freedom*, Continuum International Publishing Group, 2007, pp. 13-14.

说话的动机，神采飞扬的动机，沮丧的动机，规避行为的动机，以及追求企图的动机，都并非在我们的控制范围以外。当然，每一种行为的起因都证明人们自己想要这样做。我们会对自己的欲望负责，因为作为理性的成年人，我们去行动的冲动来自于我们将其构想为一种善。我们对蛋糕这种好东西的需求是早就有的冲动，这是自我们孩提之时就形成的，而作为成年人，我们必须要克服。结果在埃皮克提图看来，对外物的固执的追求是错误选择的结果，是对美好之物究竟在哪儿的一个错误的估算。将美好之物置于外物中就再次违背了理性，因为这样就直接导致，我们为了外物而彼此恶性竞争及疯狂斗争。这必然会升级为非政府主义的社会混乱。在埃皮克提图认为，一个理性的选择就是将善置于我们内心的德性中，从而避免了如此势不可挡的冲突。

语篇精粹 B

This opposition between Plato as the theorist of unity based on an absolute and rational standard and Aristotle as the defender of diversity who understood rationality as the application of the proper measure to each particular object forms a recurring theme in the history of political thought. Before a theoretical synthesis between the two could be proposed, the conquests of Alexander the Great destroyed Greek independence. The political thought that had been expressed in the public sphere where all citizens could participate now turned inward; it became a new type of antipolitics. The Cynics denied the force of outside authority; the Epicureans accepted only such external content as pleased them; and finally, the Stoics synthesized these two tendencies. The significance of these three philosophical orientations lies in their rejection of the confictual public sphere in favor of a unitary moral stance that concerns only the private person. Such moral comfort is a reaction to a situation in which political engagement seems impossible, although it can also be an excuse to avoid the risks of politics. The Stoic synthesis became important in late republican Rome, the stage on which latent democratic values reappeared after Greek in dependence was lost. ①

参考译文 B

柏拉图是以绝对和理性标准为基础的统一的理论主义者，亚里士多德是将理性理解为衡量每个特殊对象的正确方法之应用的多样性的支持者，两者的对立形成了政治思想史上一个反复出现的主题。在两者提出一个理论性综合论述之前，亚历山大帝已经征服了希腊。那种共和国里所有公民都可以参政的政治思想开始内化，并开始成为一种新型的反政治学说。犬儒主义者不承认外部政权的力量，伊壁鸠鲁主义者认为只有这种外因可以令他们快乐，而斯多亚主义者综合了这两种见解。这三种哲学流派的重要之处在于他们反对在充满争议的公共区域用一种统一的道德标准来关注个别人。这种道德反映出这样一种情况：政治参与似乎在这里是行不通的，尽管这也可以成为一个避免政治风险的借口。斯多亚主义的说法在罗马共和国后期变得重要，在希腊被征服后，供潜在的民主价值再次出现的环境也不复存在了。

---

① Dick Howard, *The Primacy of the Political: A History of Political Thought From the Greeks to the French & American Revolutions*, Columbia University Press, 2010, pp. 8-9.

语篇精粹 C

During such times philosophy remains the learned monologue of the lonely stroller, the accidental loot of the individual, the secret skeleton in the closet, or the harmless chatter between senile academics and children. No one may venture to fulfill philosophy's law with his own person, no one may live philosophically with that simple loyalty which compelled an ancient, no matter where he was or what he was doing, to deport himself as a Stoic if he once had pledged faith to the Stoic. All modern philosophizing is political, policed by governments, churches, academies, custom, fashion, and human cowardice, all of which limit it to a fake learnedness. Our philosophy stops with the sigh "If only..." and with the insight "Once upon a time..." Philosophy has no rights, and modern man, if he had any courage or conscience, should really repudiate it. He might ban it with words similar to those which Plato used to ban the tragic poets from his state, though reply could be made, just as the tragic poets might have made reply to Plato. ①

参考译文 C

在这个时期，哲学仍然是孤独的漫步者博学的独白，也是个人偶然得到的战利品，亦是不可告人的秘密，还是长者与少年间无关痛痒的闲谈。没有人会冒险去以身尝试哲学之法，没有人可以像一位受忠诚的教条约束的老者一样在生活中践行哲学，这样

① Friedrich Nietzsche, *Philosophy in the Tragic Age of the Greeks*, Regnery Publishing, Inc., 1998, p. 37.

的人，无论他在哪里，无论他做什么，只要他以一个斯多亚主义者的信条来约束自己，就会恪守不二。所有的现代哲学思想都具有政治意义，都被政府、教会、学园风气、时尚和人性的懦弱所管辖，所有这一切都把哲学限制成一门虚假的学问。我们的哲学止于一声叹息“要是……该多好”，也止于那句深刻的洞悉“从前啊……”。哲学没有权限，现代人若有勇气和良知，真的应该对其批判。人们应该使用柏拉图将悲剧诗人驱逐出他的国邦时所使用的语言，来驱逐哲学，尽管难免遭到反驳，正如那些悲剧诗人亦会反驳柏拉图。

（三）泛神论（Pantheism）

1. 术语解读

泛神论，又被称为万物有灵论，其基本的意思是，整个宇宙就是神，或者说神充满了整个宇宙。在前苏格拉底哲学家中的米利都学派、赫拉克利特、爱利亚学派等就存有泛神论思想。斯多亚学派的学者提出了一种“普纽玛”的学说，认为这种最富有火的能动性的热气充满了整个宇宙，这是一种气息或者精神，弥散于万物之中并使其成为一个整体，甚至石头之所以有完整的形状，也是因为有普纽玛在其中起作用，普纽玛类似于灵魂。在斯多亚学派看来，万物的存在也是有等级的，无生命物等级最低，然后是植物，然后是动物，然后是人，最后是神。但斯多亚学派认为普纽玛不在神那里，神具有的是不包含气的纯粹的火，而且是完全理性的火，他们甚至把神、理性和火作为同义词来使用。

2. 语篇精粹

语篇精粹 A

Xenophanes found the weapons he required for his attack on polytheism in the science of the time. There are traces of Anaximander's cosmology in the fragments, and Xenophanes may easily have been his disciple before he left Ionia. He seems to have taken the gods of mythology one by one and reduced them to meteorological phenomena, and especially to clouds. And he maintained there was only one god—namely, the world. That is not monotheism, as it has been called, but pantheism. It is a simple reproduction of that special use of the term "god" we have seen to be characteristic of the early cosmologists generally. There is no evidence that Xenophanes regarded this "god" with any religious feeling, and all we are told about him (or rather about it) is purely negative. He is quite unlike a man, and has no special organs of sense, but "sees all over, thinks all over, hears all over". Further, he does not go about from place to place, but does everything "without toil". It is not safe to go beyond this; for Xenophanes himself tells us no more. It is pretty certain that if he had said anything more positive or more definitely religious in its bearing it would have been quoted by later writers. ①

参考译文 A

克塞诺芬尼在当时的科学里找到了他需要的用来攻击多神论

① John Burnet, *Greek Philosophy*, *Thales to Plato*, Macmillan and Co., Limited, 1928, p. 35.

的武器。阿那克西曼德的宇宙论有少量片段流传下来，在阿那克西曼德离开伊奥尼亚之前，克塞诺芬尼本来很容易成为他的信徒。他把神话中的诸神逐个化简为气象现象，特别是云。他坚称只有一个神，即宇宙。这不是人们所说的一神论，而是泛神论。这是“神”这个词的简单再现，我们通常认为这个词本是由早期的宇宙学家使用的。没有证据表明克塞诺芬尼认为“神”带有任何宗教色彩，所有我们了解的有关他的（或祂的）一切都是被否定的。他（神）完全不像人，没有专门的感觉器官，但他“看到一切，思考一切，听到一切”。他不用从一个地方到另一个地方，但做一切事都“毫不费力”。我们知道的只有这些，因为克塞诺芬尼自己没再给我们讲更多。很肯定的一点是，他当初的观点中，如果有比较肯定的或比较明确的宗教说法，那说法早就会被后来的作者引用了。

语篇精粹 B

However, there was one aspect of the doctrine of self-preservation which could have appealed to Plotinus. Antiochus granted a self not only to man and beast, but even to plants. In so doing he was obviously influenced by Stoic monism and pantheism. Plotinus explicitly included plants in his schema of pananimism, though he was not sure whether to derive plant life from the animated earth rather than from their own soul. It could be that Antiochus inspired him with this idea. But we should not overlook the possibility that in the first century B. C. there might have been Platonists who represented a point of view different from either that of the New Academy or that of Antiochus.

Such Platonism seems to have found its expression in the source of Cicero's *Tusculan Disputations*, *Book i*. On the whole, this Platonism is strictly dualistic, and knowledge through senses is thoroughly depreciated. Philosophy is preparing for death; death is not to be feared, if or because the soul is immortal. Belief in immortality, i. e. immortality of the intelligence (metis) alone, first thought of by Pherecydes and his pupil, Pythagoras, is one of the hall-marks of Plato's philosophy.①

参考译文 B

自我保护学说中，有一个方面，本来是可以吸引普罗提诺的。安提奥卡斯不仅将“自我”赋予了人与兽，甚至也赋予了植物。他这样做显然是受到斯多亚学派一元论和泛神论思想的影响。虽然普罗提诺不确定植物是否是从充满生命的地球获得生命，而非从植物自己的灵魂获取生命，他依旧明确地把植物纳入了他的泛灵论。可能是安提奥卡斯激发了他的这一想法。但我们不应忽视的一点是，在公元前1世纪，可能有一些柏拉图学派的人，代表了一种不同于新学院派或安提奥卡斯学派的观点。具有这种论调的柏拉图主义似乎已经在西塞罗的《图斯库兰谈话集》第一卷中出现过了。总的来说，这种柏拉图主义是严格的二元论，通过感官获取的知识遭到彻底的贬低。哲学是为死亡作准备的；如果灵魂是不朽的，死亡并不可怕。信仰不朽，即认为唯有智慧（女神墨提斯）不朽的思想，最早是由弗瑞西德斯和他的学生毕达哥拉

① A. H. Armstrong, *The Cambridge History of Later Greek and Early Medieval Philosophy*, Cambridge University Press, 1967, p. 57.

斯提出的，这也是柏拉图哲学的里程碑之一。

语篇精粹 C

Soul is mutable: that makes it substantially different from God's unchangeable nature. As a Manichee, Augustine had believed that the good human soul is part of the divine, and he sees Stoic pantheism as leading to the same conclusions. The soul is subject to various kinds of mutability. Learning, the affections, moral deterioration and progress, all effect changes in the soul. Soul exists in a temporal medium in which it can and must change. It is maintained in its continued existence by God's will. To characterize soul's changeability Augustine uses the Aristotelian distinction between a subject and qualitative changes in that subject which do not entail substantial change in it. For the soul's identity persists through change. In fact, the necessarily unchangeable nature of certain kinds of knowledge entails the substantial identity of the mind in which, as in a subject, such knowledge is present. Augustine regards this as proof of the soul's immortality. He also argues for its immortality from its equation with life. ①

参考译文 C

灵魂是可变的：这一特点大大不同于神的不可变的性质。作为摩尼教徒，奥古斯丁认为，好人的灵魂是神的一部分，他还认为，斯多亚学派的泛神论也会导致相同的结论。灵魂有各种各样的变化。学习、情感、道德的堕落和进步，都影响着灵魂的变化。

---

① David Furley, *Routledge History of Philosophy Volume II: From Aristotle to Augustine*, Routledge, 1999, pp. 407–408.

灵魂存在于时间介质中，它可以改变，也必须改变。它以神的旨意持续存在。为描述灵魂的可变性特征，奥古斯丁使用亚里士多德区分法来区分主体及其性质的变化，而主体不会发生实质性的改变。因为灵魂的同一性通过变化持续存在。事实上，特定知识种类所具有的必然不可改变的本性涉及心灵的实在同一性，就像知识存在于一个主体之中。奥古斯丁以此作为灵魂不朽的证据。他还主张生命的不朽。

（四）神学观（Theology View）

1. 术语解读

斯多亚学派的哲学一般分为三个部分，分别是作为核心和目的的伦理学，作为手段的逻辑学，以及作为基础的自然哲学或物理学。而自然哲学或物理学部分，其实包括宇宙论和神学，这两者是有联系的，因为斯多亚学派的学者对宇宙的解释是精神化的，他们宇宙论的最高术语，如理性、神和火，实际上是同义词。他们认为普纽玛是由火生成的热气，而神则是纯粹的火，也就是完全的理性，是主动原则的体现者。神是宇宙的创造者，首先创造了火、水、气、土四种元素，原始的火变成气，气转变成湿气而成水，一部分水凝聚成土，另一部分留在表面而成蒸汽，形成包围在外面的球形的空气，气稀释后又消解成火。在这些元素的混合中，形成了动物、植物以及其他自然种类，也成为他们的宇宙论学说。

2. 语篇精粹

语篇精粹 A

Zeno's most stalwart colleague, and eventual successor on his death in 262BC, was Cleanthes, whose own contributions to Stoicism lay especially in the areas of theology and cosmology. Not all members of the School were entirely orthodox, however, and the ethical heterodoxy of the Stoic Aristo will be receiving particular attention in our book. The most important of all the Stoics, Chrysippus, was at this date an eight-year-old boy at Soli, on the shores of the east Mediterranean. In the period roughly from 232BC to 206BC he was to hold the headship of the school, and to develop all aspects of Stoic theory with such flair, precision and comprehensiveness that "early Stoicism" means for us, in effect, the philosophy of Chrysippus. ①

参考译文 A

克里安提是芝诺最坚定的同事和最后一位继任者，于公元前262年去世，他自己对斯多亚学派的贡献，尤其体现在神学和宇宙学领域。然而，并不是这一学派的所有成员都是完全正统的，斯多亚派贵族的伦理异端学说是我们的书中的重点。斯多亚学派最重要的学者克吕西普那时还是一个8岁的男孩，生活在东地中海海岸的索里。大约从公元前232年到公元前206年间，他引领这一学派，并以他的天赋、思维的缜密与全面，大力发展斯多亚

① Anthony Arthur Long, David N. Sedley, *The Hellenistic Philosophers*, Vol. I, Cambridge University Press, 1987, p. 3.

派学说的方方面面，因此“早期斯多亚哲学”正是克吕西普哲学。

语篇精粹 B

Where the Epicurean tradition was neutral about “the world” —its existence as such had no value one way or the other—the later Platonic tradition was excitedly ambivalent. Plato’s doctrine of the good and orderly cosmos was fused with the Christian theory of a benevolent creator by St Augustine, who, at the close of his Confessions, praised the beauty of nature as it issued from the hand of God, and this premise furnished the point of reference for later European physico-theology, whether the argument ran from the wisdom, goodness, and power of God to the desirability of all that existed and happened, or from the desirability of what existed and happened to the existence of a wise, benevolent, powerful God. At the same time, the Platonic and Augustinian traditions dwelled on the moral and spiritual perils of the most natural forms of engagement with objects, events, and people: curiosity and concupiscence. It was not simply the case that the ambient world might be admired but not touched; it ought not even to be looked upon too admiringly. ①

参考译文 B

伊壁鸠鲁学派认为“世界”是中性的——不管怎样，就其本身而言，“世界”的存在是没有价值的——而后来的柏拉图学派

---

① Catherine Wilson, *Epicureanism at the Origins of Modernity*, Clarendon Press, 2008, pp. 46-47.

却存在着自相矛盾的观点。柏拉图的善且有序的宇宙学说与圣奥古斯丁提出的一个仁慈创造者的基督教理论是一致的，奥古斯丁在他《忏悔录》的末尾赞扬大自然之美，因为它出自上帝之手，这一前提为后来的欧洲自然神学提供了重要参考——无论这论证是从对于神的智慧、善以及能力到所有存在和发生的万事万物的愿望，还是从所存在和发生的万事万物的愿望到一个智慧、仁慈而强大的神的存在。同时，柏拉图和奥古斯丁学说都在思考，那些以最自然的形式接触事物、事件和人时所带来的，道德上和精神上的危险：好奇心和色欲。这不单单解释了，为何周围的世界可能令人羡慕但却不一定让人感动，甚至不应该令人羡慕。

语篇精粹 C

As an unreformed Philonian or Carneadean Academic, Cicero cannot consistently claim to have discovered any truths that are certain; nor does he ever do so. However, in utramque partem dicere or words to that effect, as he repeatedly says, does not debar him from finding verisimilitude. Hence he can consistently use this method as a refutative and heuristic device, and at the same time, as he does, prefer Stoic theology to the Carneadean refutations of it mounted by Cotta in *Denatura deorum book* 3. Likewise, he can consistently expound with approval Stoic doctrine on officia in the work of that name, or criticize Stoic ethics from the Antiochean standpoint. His official allegiance to the sceptical Academy carries with it no doctrinal commitments outside epistemology, nor, on the other hand, need it inhibit him from approving the plausibility of philosophical theses—for instance the immortality of the soul in *Tusculan disputations book* 1—if he finds the arguments in their favour more convincing than those against them. His official stance also allows him, when he chooses, to keep the destructive arguments of Academic scepticism at a distance, as he explicitly does in *De legibus*. ①

参考译文 C

西塞罗是一位未改革的菲隆派或卡尼阿德斯派的柏拉图哲学信奉者，他向来没有宣称自己发现了任何确信无疑的真理，他不能也从不这样做。但是正如他一再重申的，就算他说过那样的话，也不会阻止他去发现绝对真理。因此他可以一直用这种方法作为反驳和探索的手段，同时，他喜欢斯多亚派神学，而不喜欢卡尼阿德斯对斯多亚学派的反驳，这种反驳是由科塔在《变性神》第三卷中发起的。同样，他经常以这一作品之命，对他所赞同的斯多亚派学说进行解释，或者从安提阿学派的立场批评斯多亚学派的伦理观。他正式宣布赞同怀疑论，这种承诺并不带有认识论以外的教条主义色彩，另一方面，也不需要让他否认哲学命题的合理性——例如，《图斯库兰谈话集》第一卷里的灵魂不朽说——如果他发现有利于他们的论据比不利于他们的论据更有说服力，他就会这么做。他的官方立场也允许他在做出选择时，与学院派怀疑主义者的破坏性论点保持距离，他在《论法律》中已经明确了这一立场。

① A. A. Long, *From Epicurus to Epictetus*: *Studies in Hellenistic and Roman Philosophy*, Clarendon Press, 2006, p. 289.

（五）幸福（Happiness）

1. 术语解读

幸福是人类追求的最高目的，虽然人们对幸福的理解不同。柏拉图认为只有正义的人才能拥有幸福。亚里士多德认为，幸福有两个层次，第一层次是像神一样的沉思，第二层次是过有德性的生活。斯多亚学派的幸福，却是按照自然生活而达到的，自然也就是正确的理性，甚至可以说是命运，他们认为人都有自己的命运而且是不可改变的，但可以改变自己面对命运的态度，正确的态度就是顺从命运，那些需要克服的不好的情绪，其实就是不顺应命运而产生的。在他们看来，理性的对待命运的态度是“不动心”，而这也就是他们所谓的幸福的目标，正如塞涅卡所说的：“什么是幸福？和平与恒常的不动心。”他们以内心的永恒的平静来应对外界的万般变化，已经完全不同于柏拉图和亚里士多德所认为的，幸福最好还是在城邦中得到的那种观点。

2. 语篇精粹

语篇精粹 A

For Aristotle it was axiomatic that all people both naturally pursue, and ought to pursue, eudaimonia—conventionally, and subsequently in this book, translated into English by “happiness”, sometimes translated instead by “flourishing”, but essentially the sort of life that brings satisfaction and of which we congratulate or “felicitate" the possessors. And this approach was shared by Aristotle's successors. Being "happy" and being a "good" person necessarily go together; but "a good person" means not so much a morally virtuous one (though moral virtue is a necessary and important component of goodness and happiness for Aristotle, a necessary component of it for Epicurus, and identical with it for the Stoics) as a human being who is living the best life for a human being. The question, for Plato, Aristotle, Epicureans and Stoics alike, is what sort of life is best, what sort of life constitutes "happiness". It follows that ethics for both Epicureans and Stoics is self-referential; the agent is concerned with how he or she can achieve a happy life, with what is the good for me. Here, however, there is a danger of misunderstanding. There are aspects of both Stoic and Epicurean ethics that may seem to a modern sensibility selfish and self-regarding in a bad sense, inconsiderate of others and lacking in humanity. But these features need not be the inevitable consequence of adopting a self-referential approach to ethics. In much modern thought, influenced by Christianity, there is a polar opposition between altruism on the one hand and selfishness on the other; if we think of ourselves at all, this view would imply, we must be sacrificing the interests of others to our own in a selfish and reprehensible fashion. ①

参考译文 A

对于亚里士多德来说，通常所有人都会自然而然地追求，也

① R. W. Sharples, *Stoics, Epicureans and Sceptics*, Routledge, 1996, pp. 83-84.

应该追求幸福（eudaimonia），这是不言自明的。按照惯例，随后幸福在这本书中被译为英文“幸福”（happiness）一词，有时则被译为“繁荣兴旺”（flourishing）一词，但基本都是指能够带来满足感的生活，我们祝贺拥有这种生活的人。亚里士多德的后继者们也认同这种方式。幸福和做一个“好”人必然是相辅相成的，但是“一个好人”并不意味着是一个具备道德德性的人。(道德德性对于亚里士多德而言，是善和幸福的一个必要且重要的部分；对于伊壁鸠鲁而言，是幸福的必要组成；对于斯多亚学派也一样）在柏拉图、亚里士多德、伊壁鸠鲁学派和斯多亚学派看来，这个问题则是：哪种生活是最好的，哪种生活包含着“幸福”。因此，对于伊壁鸠鲁学派和斯多亚学派而言，道德规范都是自我参照的；当事人在乎的是他或她怎样能拥有幸福的生活，在乎的是什么对我是好的。然而，这样便有了误解的危险。斯多亚学派和伊壁鸠鲁学派的道德规范，从坏的一面看，具有一种现代化情感的自私和利己，缺乏人情。但是这些特征并不一定是采用自我参照的伦理方法的必然结果。在受基督教影响的许多现代思想中，利他与利己是一个两极对立。如果我们完全只考虑自己，这种观点就意味着我们一定是以一种自私的、应该遭受谴责的方式谋取自己的利益，而牺牲了别人的利益。

语篇精粹 B

The concept of a Socratic tradition in ethics goes back to the Hellenistic historians of philosophy. It derives from their practice of identifying "founders" of intellectual movements, and of tracing lines of "succession" from the founder to the latest representative of a "school" . From an historical point of view this procedure is much too contrived and uniform. However, the "succession" writers, if only accidentally, identified the fact that Plato and other followers of Socrates were primarily responsible for establishing most of the ethical concepts and issues which were familiar to and explored by thinkers as distant from Socrates in time as Zeno, Epicurus, and the second generation of Peripatetics headed by Theophrastus. The concepts include happiness as the ultimate objective of all action, the identification of this objective with the acquisition of good (s), and the relation of both of these primary concepts to the following—excellence or virtue, rationality, desire or volition, emotion, pleasure, justice, friendship, and the distinction between soul and body. Socrates name could also be associated with such issues as the inter-relation of the virtues (especially wisdom, courage, justice and moderation), the relation of the virtues to knowledge, the supreme importance of wisdom or phronesis, the value of pleasure relative to virtue, the criteria for utility, the distinction between intrinsic and instrumental goods, the relation of happiness and virtue to social and familial obligations. These concepts and issues are as central and vital to Hellenistic ethics as they had been in their original Socratic contexts. ①

参考译文 B

在伦理学中，苏格拉底式传统思想可以追溯到希腊的哲学史

① Keimpe Algra et al. , *The Cambridge History of Hellenistic Philosophy*, Cambridge University Press, 2008, p. 618.

家，源于他们确认各种思想运动之“创始人”的习俗，还有追溯从创始人到最近一个流派代表的轨迹这一传统。从历史角度看，这一过程过于人为、过于一致了。然而，这些“前后传承”的作家们，如果只是偶然地，确认了这样一个事实：柏拉图和苏格拉底的其他追随者们首先创建了大多数伦理学概念和问题，这些概念和问题是从苏格拉底到芝诺、伊壁鸠鲁，以及塞奥弗拉斯特领导的漫步学派第二代思想家们都熟悉并探讨的。其概念就包括所有行为的终极目标，这个目标与获得善的目标是一致的，这个概念也包括如下基本观念之间的关系：德性、理性、意志、情感、欢喜、正义、友爱以及灵魂与身体之间的差异。苏格拉底派的声誉也是和如下问题联系在一起的：各种德性（特别是智慧、勇气、正义和节制）之间的内在联系、德性和知识的关系、智慧或实践智慧超乎寻常的重要性、欢喜中的德性价值、实用的标准、固有的和有用的善行的差别、幸福和德性与社会和家庭义务间的关系。这些概念和问题对于希腊伦理学来说非常重要，就像它们在最早的苏格拉底文本中被看到的那样。

语篇精粹 C

Logic is the wall around the garden; physics is the soil and the trees; ethics is the fruit growing on those trees. Ethics is the part of philosophy which justifies its claim to be an ars vivendi, a craft concerned with how to live. In ancient thought, a craft is characterized by at least three features: it will be based on a body of knowledge; it will consist in a stable disposition of the craftsman; and it will have a function and goal. Ethics is based fundamentally on a knowledge of the nature of the cosmos and man's place in it and, more particularly, of the value of things. The disposition of the agent is his or her character, ideally virtue. And the goal of the art of living is "happiness", eudaimonia. Most ancient ethical theories work from the assumption, best articulated by Aristotle, that everyone agrees that eudaimonia is the goal of life, the major dispute being about what happiness consists in. Some might say that it consists in a life of physical pleasures, others in a life of political power or social prominence; others might think that complete happiness lies in a life characterized by an abundance of intellectual endeavour and achievement, or in a life of selfless devotion to the welfare of others. In each case, the conception of happiness adopted would affect one's whole life, serving as a reference point for actions and decisions. ①

参考译文 C

逻辑学是花园围墙，物理学是土壤和树，伦理学是树上生长的果实。伦理学是哲学的一部分，自称是“生活的艺术”，一种关乎如何生存的手艺。古代思想中，一门手艺至少有三个特征：有一定知识基础，是一项稳定的手艺，有某种功能和目标。伦理学基本是以宇宙和生存在宇宙中的人的地位，特别是以事物价值的本质这一知识为基础的。当事人的手艺，就是他或她的品质，最好是他或她的德性。生活艺术的目标是“幸福”。多数古代伦理学原理源于假设，亚里士多德进行了很明确的解释，在这些假

① David Furley, *Routledge History of Philosophy Volume II: From Aristotle to Augustine*, Routledge, 1999, pp. 239-240.

设中，人们认同幸福是生活的目标，但主要的争议则是幸福在哪里。有人或许会说幸福体现在身体愉悦的生活中，有人说在政治权力和社会地位中；也有人或许会认为完整的幸福存在于富于理性的努力和有成就的生活中，或者存在于为他人的福祉无私地奉献的生活中。每一种情况里所采用的幸福的概念都将作为行为和决策的参照点，影响人的一生。

（六）自由（Freedom）

1. 术语解读

自由本是被希腊哲学家们所忽视的一个概念，在整个古希腊和罗马哲学中，这个概念都不占有重要地位，这个概念是近现代政治哲学中的核心词汇，是洛克、康德等哲学家所重视的。最早或许可以在斯多亚学派的一些语言中找到它的踪影。我们知道斯多亚学派强调内心的平静，强调理性对情绪的控制，因此也在一定程度上发展了内心的自由，因为虽然我们无力改变外部世界，但我们却可以改变自己的内心世界。

2. 语篇精粹

语篇精粹 A

Sextus does not tell us who these people are—and crucially does not indicate whether the latter group are Stoics too, or opponents from other schools. But however that may be, the notion of antecedent causes, aitia prokatarktika, is clearly Stoic: Chrysippus exploits it to rescue human freedom from the clutches of an all-embracing fate. In the analysis of the notion itself, however, one must range a little further than texts which canbe securely ascribed to the Stoics, since, as Sextus´ example suggests, the concept was particularly applicable to medical contexts. Galen wrote a short text *On Antecedent Causes* (CP) in which his purpose was to rehabilitate the concept against the attacks of Erasistratus and others. ①

参考译文 A

塞克斯都没有告诉我们这些人是谁——关键是也没有指出后面这一学派是否是斯多亚学派，亦或是来自于其他派别的反对者。但是无论如何，前因的概念无疑出自斯多亚学派：克里斯帕斯利用这一点从无人可逃的命运的魔爪中挽救了人类的自由。然而，在概念本身的分析中，它一定要比斯多亚学派的问题深刻一些，因为赛克斯都的范本表明，这一概念特别适用于医学。盖伦写了一个短篇《论前因》，目的是重新解释这一概念，以应对埃拉西斯特拉图斯和其他人的抨击。

语篇精粹 B

Since both Epicureans and Stoics regarded bodies as the only real existing things, in accounting for human beings´ self-consciousness and sense of personal identity they encountered the problems, still familiar to us, of the relation between mind and matter, between mind and body, and between the laws of physics and our sense of our own freedom of action. For the ancient Greeks questions about human func-

① Keimpe Algra et al., *The Cambridge History of Hellenistic Philosophy*, Cambridge University Press, 2008, p. 487.

tioning were questions relating not so much to the mind as to the "soul" (psuchê). That term, if used at all nowadays, tends to indicate a spiritual self distinct both from mind and from body; but for the Greeks ψύχη, which could denote simply "life" or "lifeforce", related to all the ways in which living things function which set them apart from inanimate objects—not only thought, characteristic of human beings, but also sensation and the apparent power of initiating their own movements. (The fact that we no longer talk about "soul" in this way is due above all to Descartes, who wanted to draw a sharp line between reasoning, on the one hand, and the functions we share with the rest of the animals, on the other.)①

参考译文 B

因为伊壁鸠鲁学派和斯多亚学派都认为身体是唯一真正存在的事物，可以解释人类的自我意识和他们遇到问题时的人格同一性，对我们而言更为熟悉的是，心灵和物质间的关系，心灵与身体间、物理定律和我们对行为自由的感知之间的关系。因为在古希腊时期，有关人类作用的问题与心灵的关系并不像与灵魂的关系那么大。如果今天还使用“灵魂”这个词的话，它往往指一种不同于身心的精神上的自我，但希腊语中的“灵魂”，表示简单的“生命”或者“生命力”，涉及生命体发挥作用的所有方式，使其与无生命体区别开来——不仅是思想，人类的特征，也有感觉和明显的运动力。(事实上我们不再用这种方式谈论“灵魂”，这全都是因为笛卡尔，他想在人类的推理能力和我们与其他动物同样

① R. W. Sharples, *Stoics*, *Epicureans and Sceptics*, Routledge, 1996, p. 59.

拥有的功能之间，画上一条清晰的界线。）

语篇精粹 C

Consequently, for one to desire externals as if they were real goods and to pursue them with that attitude is without doubt contrary to reason. But Epictetus makes his case for this first principle of his Stoicism stronger still. He maintains that even if you can and do, somehow, successfully manage to acquire and retain many externals, you will continue to feel the need for more, because although you may have material wealth, fame, political power, etc., you will need what you do not have, namely, "steadfastness, your mind in accord with nature, freedom from disturbance". These vital elements of happiness in theEpictetan conception simply cannot be gained from externals. He will argue that they derive only from the virtuous condition of the prohairesis (faculty of choice/volition). It is this which Epictetus takes to be the only real source of both good and evil, and therefore both the only subject of moral evaluation and the sole determining factor of a person's well-being. We shall see, moreover, that Epictetus indeed considers the prohairesis to be the true locus of the self. ①

参考译文 C

因此，有人渴求外物，并认为那是真正的善行，带着这种态度去外求，无疑是与理性背道而驰的。但埃皮克提图使他对斯多亚学派这一首要原则的主张更加坚定。他主张即使你有能力且已

① William O. Stephens, *Stoic Ethics: Epictetus and Happiness as Freedom*, Continuum, 2007, p. 16.

经以某种方式成功地获得了许多外物，你还会感到需要更多。因为尽管你有物质财富、名声、政治权力等，你也会想要你所没有的东西，这会是“坚忍不拔的精神、心灵与自然保持一致、从干扰中获得自由”。在埃皮克提图的概念中，这些重要的幸福元素不能简单地通过外求而获得。他会争辩说，他们仅仅来自于选择能力的道德状况。埃皮克提图把这看成是善与恶唯一的真正的源泉，因此也是唯一的道德评价和一个人获得幸福的唯一决定性因素。此外，我们应该知道，埃皮克提图确实认为，选择能力才是自我的中心。

（七）宇宙论（Cosmology）

1. 术语解读

宇宙论是人们对世界整体、宇宙整体的看法，前苏格拉底自然哲学家就开始关注宇宙了。到了柏拉图和亚里士多德时代，讨论的问题更为深入，二人都有专门的著作来讨论宇宙论，柏拉图有《蒂迈欧》，亚里士多德有《论天》，都各自对宇宙的本原、生成和结构进行了解释，亚里士多德还提出火、气、水、土之外的第五种元素“以太”来解释天体及以上的存在。斯多亚学派的宇宙论深受柏拉图和亚里士多德的影响，他们认为“普纽玛”充斥整个宇宙，因此宇宙本身是一个活着的整体，而且是有理性的整体，构成宇宙的整个部分也是有理性的，并按照一定的规律作循环运动，宇宙在空间和时间上都是有限的，是生成于火并会复归于火的。

2. 语篇精粹

语篇精粹 A

Zeus was, of course, central in Greek religious thinking, and in particular for Hesiod, whose poetry had a profound impact on the early Stoics, not just on Cleanthes, the second head of the school (who was even moved to imitate him by writing his own epic verse in honour of Zeus.) But the broader tradition of Greek philosophical cosmology also influenced the Stoics. Perhaps foremost they looked to Plato's *Timaeus*, with its creator god and its thorough-going teleological account of the physical world. But the Presocratics were also important, none more than Heraclitus (at least as he was understood in the period after Aristotle), who emphasized the central role of fire in the physical explanation of the world and also looked to Zeus as an organizing symbol for his thought about the relation of man to the cosmos. The influence of Empedocles is also detectable. The selection of the four basic forms of matter recognized by the Stoics (earth, air, fire, water) might also be the result of Platonic or Aristotelian influence, and the idea of a cosmic cycle might also be influenced by Pythagoreanism or the myth of Plato's *Statesman*. But Empedocles was also an important forerunner. As Epicureanism represented the current version of atomistic thinking about the nature of the universe, so Stoicism represented, in the Hellenistic period, the most widespread and up-to-date version of the traditional nonatomistic cosmology. The cosmos, as the Stoics saw it, is finite and spherical, with the earth at the centre. The four basic types of matter (earth, water, air, and fire) are arranged in roughly concentric spheres around the centre of the cosmos, which coincides with the centre of the earth. For the Stoics, as also for Plato and Aristotle, the four basic types of matter are not unchangeable. Empedocles had worked with the assumption that they are elemental and not derivable from each other or from any simpler physical reality. Stoicism offered a theory about the nature and derivation of the four basic types of matter which resembles Aristotle's theory more closely than it does Plato's. ①

参考译文 A

当然，宙斯是希腊宗教思想的核心，对赫西俄德而言尤为如此，赫西俄德的诗不仅影响了克里安提斯学派第二代领导人克里安提斯，对于早期斯多亚学派也影响深远。(克里安提斯甚至仿效赫西俄德，通过创作史诗来纪念宙斯。) 但是希腊哲学的宇宙论广泛传统也影响了斯多亚学派。斯多亚学派很尊崇柏拉图的《蒂迈欧》，也许是认可书中的造物之神，以及从目的论的角度来彻底解释物质世界。但是前苏格拉底各哲学家也很重要，没有人超过赫拉克利特（至少在亚里士多德以后的时代里，他是为人们所熟知的）。当赫拉克利特从物质的角度解释世界时，他强调了火的作用，在赫拉克利特人与宇宙关系的学说中，他把宙斯看作一个重要的象征。恩培多克勒对斯多亚学派的影响也是显而易见的，斯多亚学派所承认的四种基本质料形式（土、气、火、水）

① David Furley, *Routledge History of Philosophy Volume II: From Aristotle to Augustine*, Routledge, 1999, pp. 234-235.

或许受到柏拉图和亚里士多德哲学的影响，斯多亚学派宇宙循环的理念或许也受到毕达哥拉斯主义和柏拉图《政治家》中神话的影响，恩培多克勒也是一个重要的先驱。伊壁鸠鲁学派提出了现在流行的那种通过原子论思考宇宙本质观点，这也是现在流行的原子论思想，相对应地，在古希腊时期，斯多亚学派就提出了传统的非原子论的宇宙观，这也是最广为流传的最新的非原子论宇宙观。在斯多亚学派看来，宇宙是有限的、球形的、以地球为中心的，四种基本质料（土、气、火、水）排列在宇宙中心周围的大致同心圆的球体中，与地球中心重合。斯多亚学派与柏拉图和亚里士多德的观点一致，认为这四种基本质料是可变的。恩培多克勒曾提出假设，四大要素是基本的，不可相互生成，也不可从任何更简单的物理实体中生成。斯多亚学派提出了一个关于自然和质料四大基本要素的衍生的理论，与柏拉图理论相比，更类似于亚里士多德理论。

语篇精粹 B

Theatomists avoided the topic of celestial motions, the best and most mysterious example of natural order. Epicurus' astronomy was less impressive than his meteorology. He insisted that " in the sky revolutions, solstices, eclipses, risings and settings and the like, take place without the ministration or command, either now or in the future, of any being who at the same time enjoys perfect bliss along with immortality", but he had little to say about the pathways of celestial objects in the night sky, and, as noted earlier, he justified his neglect by saying that so long as one believed celestial occurrences to be natural rather than supernatural, achieving a precise understanding of them was unimportant. He was on more comfortable ground with thunder, lightning, rain, hail, and snow, conjuring up ingenious mechanisms involving friction, pressure, tearing, compression, collision, and congelation to explain them. Lucretius in turn provided explanations for physical, psychological, and even historical phenomena, encompassing color vision, the weather, epidemics, the formation of government and the social contract, dreams, love, and death, as well as describing the origins of our world and of all the other worlds in the cosmos. But he too showed no interest in mathematical astronomy. ①

参考译文 B

原子论者避开了天体运动的话题，这一最神秘的自然秩序范本。伊壁鸠鲁的天文学思想没有其气象学思想那么引人注目。伊壁鸠鲁坚持认为，“在天空的运行中，至点、日食，升起和降落等都是在无管理或无命令的的情况下自然发生的。无论现在还是将来，任何人都在同时享受着不朽和完美的幸福”，但他却鲜有提及夜空中的天体轨迹。正如前文所述，他说只要人们相信天体现象是自然的而非超自然的，理解得准确与否都不重要，这样一来，即使他对该领域建树不多，也变得名正言顺。他基于对雷鸣、闪电、雨、冰雹和雪等现象的理解，他想出了一些巧妙的机制来解释摩擦、压力、撕裂、压缩、碰撞和堵塞。卢克莱修也对物理现象、心理现象，甚至历史现象提出过一些解释方法，其中包括彩色视觉、天气、流行潮、政府信息和社会契约、梦想、爱和死

① Catherine Wilson, *Epicureanism at the Origins of Modernity*, Clarendon Press, 2008, p. 86.

亡，还阐述了我们这个世界的起源和宇宙中其他世界的起源，但他对数理天文学却不感兴趣。

语篇精粹 C

By the time of the death of Aristotle, there was some measure of agreement among educated Greeks about the nature of the cosmos. The word cosmos itself soon acquired a canonical meaning. Aristotle used it in its wider sense to mean "good order" or "elegance", but in the context of the study of the natural world he used it as a synonym for ouranos, thinking particularly of the heavens and their orderly movements. But the word was defined by the Stoic Chrysippus as a "system of heaven and earth and the natures contained in these", and this is a definition that reappears, sometimes with small variations, fairly frequently. It is repeated by the Peripatetic author of the treatise *On the Cosmos* attributed to Aristotle. The Epicurean definition was not significantly different. From the start this definition marks a difference between the classical use of the word and our own in the twentieth century. The ancient use of the word leaves open the possibility that the cosmos in which we live is only a part of the universe. A cosmos is a limited system, bounded on its periphery by the heavens: what lay beyond the heavens of our cosmos, if anything, was open to debate. This chapter will therefore be careful to preserve the distinction between the cosmos and the universe. ①

---

① Keimpe Algra et al., *The Cambridge History of Hellenistic Philosophy*, Cambridge University Press, 2008, p. 412.

参考译文 C

亚里士多德去世后，受过教育的希腊人对宇宙本性达成了某种共识。“宇宙”这个词本身很快就有了规范的意义。亚里士多德在更广泛的意义上使用“宇宙”一词，意为“良好的秩序”或“高雅”。但是在研究自然界的语境中，他把宇宙作为乌拉诺斯的同义词来使用，尤指诸天体和它们有序的运动。但是斯多亚学派的克律西波斯定义这个词为“包括天空、大地及自然现象的一个体系”，这是一个频繁出现的定义，有时稍有变化。在亚里士多德的《宇宙论》中，这位漫步学派的创始人重申了这一点。伊壁鸠鲁学派的定义没有太大差别。从开始这个定义就标明了古典词语的使用和 20 世纪我们所使用的词语的区别。古语的使用留下了一种可能性，我们生存的宇宙只是世界万物的一部分。宇宙是个有限的体系，有天空为其设限：我们宇宙的天空上面是什么？如果真的有什么，这还有待探讨。因此，这章会谨慎持有宇宙和世界万物有别的观点。

参考文献

一、中文文献

1. (影印本)［古罗马］Lucius Annaeus Seneca，*Moral and Political Essays*，(《塞涅卡道德和政治论文集》)，剑桥政治思想史原著系列，John M. Cooper and J. F. Procope（ed.），中国政法大学出版社，2003 年。

2. ［德］G. S. 基尔克、J. E. 拉文、M. 斯科菲尔德：《前苏格拉底哲学家——原文精选的批评史》，聂敏里译，华东师范大学出版社，2014 年。

3. ［古罗马］第欧根尼·拉尔修：《名哲言行录》，徐开来、溥林译，广西师范大学出版社，2010 年。

4. ［古罗马］普罗提诺：《九章集》(上下册)，石敏敏译，中国社会科学出版社，2018 年。

5. ［古罗马］普罗提诺：《九章集》(下册)，石敏敏译，中国社会科学出版社，2018 年。

6. ［古罗马］塞涅卡：《道德和政治论文集》，约翰·M. 库珀、J. F. 普罗科佩编译、袁瑜琤译，北京大学出版社，1995 年。

7. ［古罗马］塞涅卡：《面包里的幸福人生》，赵又春、张建军译，天津人民出版社，2007 年。

8. ［古罗马］塞涅卡：《强者的温柔》，包利民等译，王之光校，中国社会科学出版社，2005 年。

9. ［古罗马］塞涅卡：《哲学的治疗》，吴欲波译，包利民校，中国社会科学出版社，2008 年。

10. ［古希腊］柏拉图：《理想国》，顾寿观译，吴天岳校，岳麓书社，2010 年。

11. ［古希腊］柏拉图：《理想国》，郭斌和、张竹明译，商务印书馆，2002 年。

12. ［古希腊］亚里士多德：《尼各马可伦理学》，廖申白译，商务印书馆，2011 年。

13. ［美］N. 帕帕斯：《柏拉图与〈理想国〉》，朱清华译，广西师范大学出版社，2007 年。

14. ［英］罗素：《西方哲学史》(上卷)，何兆武译，商务印书馆，1996 年。

15. 李猛：《亚里士多德的运动定义：一个存在的解释》，《世界哲学》2011 年第 2 期。

16. 刘玉鹏：《自净其心——普罗提诺灵魂学说研究》，浙江大学出版社，2008 年。

17. 聂敏里：《存在与实体——亚里士多德〈形而上学〉Z 卷研究（Z1-9)》，华东师范大学出版社，2011 年。

18. 石敏敏、章雪富：《斯多亚主义（Ⅱ)》，中国社会科学出版社，2009 年。

19. 汪子嵩等:《希腊哲学史》(第四卷上), 人民出版社, 2014 年。

20. 汪子嵩等:《希腊哲学史》(第四卷下), 人民出版社, 2014 年。

21. 汪子嵩等:《希腊哲学史》(第 2~4 卷), 人民出版社, 1993—2010 年。

22. 汪子嵩等:《希腊哲学史》(第二卷), 人民出版社, 1993 年。

23. 王太庆:《柏拉图对话集》, 商务印书馆, 2004 年。

24. 先刚:《柏拉图的本原学说——基于未成文学说和对话录的研究》, 生活·读书·新知三联书店, 2014 年。

25. 先刚:《柏拉图的本原学说》, 生活·读书·新知三联书店, 2014 年。

26. 亚里士多德:《尼各马可伦理学》, 廖申白译, 商务印书馆, 2011 年。

27. 余纪元:《〈理想国〉讲演录》, 中国人民大学出版社, 2009 年。

28. 赵敦华:《柏罗丁》, 东大图书公司, 1998 年。

29. 赵敦华:《西方哲学简史》, 北京大学出版社, 2001 年。

二、外文文献

1. Aristotle, *The Complete Works of Aristotle*, J. Barnes, ed., Princeton University Press, 1984.

2. A. H. Armstrong, *The Cambridge History of Late Geek & Early Medieval Philosophy*, Cambridge University Press, 1967.

3. C. J. F. Williams, *Aristotle's De Generatione Et Corruptione*, Clarendon Press, 1982.

4. E. Zeller, *Socrates and the Socratic Schools*, Longmans, Green and CO, 1877.

5. J. Barnes (ed.), *The Complete Works of Aristotle*, Princeton University Press, 1984.

6. J. Barnes, *The Complete Works of Aristotle*, Princeton University Press, 1991.

7. J. M. Cooper, (ed.), *Plato*: *Complete Work*, Hackett Publishing Company, 1997.

8. Lucius Annaeus Seneca, *Moral Essays*, with an English Translation by John W. Basore, Vol. 1 – 3, Loeb Classical Library, Willianm Heinemann LTD. and G. P. Putnam's Sons and Harvard University Press, 1928–1935.

9. Nickolas Pappas, *Plato and the Repulic*, Routledge, 1995.

10. Plotinus, *Ennead*, A. H. Armstrong, (trans.), Loeb Classical Library, Second Edition, 1989.

11. T. A. Szlezák, *Aristoteles Metaphysik*, Akademie Verlag GmbH. Berlin, 2003.

12. T. Irwin, *Aristotle*: *Nicomachean Ethics*, Second Edition, Hackett Publishing Company, Inc. , 1999.

13. W. Jaeger, *Aristotelis Metaphysica*, Oxford University Press,

1957.

14. W. Charlton, *Aristotle's Physics: Books* Ⅰ *and* Ⅱ, Oxford University Press, 1970.

15. W. D. Ross, *Aristotle's Metaphysics*, Oxford University Press, 1924.

16. W. D. Ross, *Aristotle's Physics*, Oxford University Press, 1960.

后　记

“西方哲人智慧丛书”是我于2014年在美国佛罗里达州立大学（Florida State University）从事国际访问学者项目期间策划的选题，也是我在主持完成国家社会科学基金项目《西方后现代主义哲学思潮研究》(天津人民出版社，2003年）和天津市哲学社会科学重点项目《全球化与后现代思潮研究》(天津人民出版社，2012年）及《当代西方生态哲学思潮》(天津人民出版社，2017年）基础上继续探索的新课题。

我在美国从事国际访问学者项目期间，天津外国语大学原校长修刚教授、校长陈法春教授、原副校长王铭钰教授、副校长余江教授等对我和欧美文化哲学研究所的学科建设和科研工作给予了真挚的帮助，在此深表敬谢！本丛书得以出版要感谢天津外国语大学求索文库编委会的大力支持。

我在美国佛罗里达州立大学从事学术研究期间，得到了该校劳伦斯·C. 丹尼斯教授（Professor Lawrence C. Dennis）、斯蒂芬·麦克道尔教授（Professor Stephen McDowell）和国际交流中心交流访问学者顾问塔尼娅女士（Ms. Tanya Schaad，Exchange Visitor Advisor，Center for Global Engagement）的热情帮助，他们为我提供了良好的科研条件。佛罗里达州立大学图书馆为我从事项目研究，提供了珍贵的经典文献和代表性的有关资料。美国佛罗里达州立大学蓝峰博士和夫人刘哆（Dr. Feng Lan and Mrs. Duo Liu）等给予了多方面的关照和帮助，在此一并致谢。

天津外国语大学欧美文化哲学研究所设置的外国哲学专业于2006年获批硕士学位授权学科。2007年至2018年已招收培养11届共71名研究生。2012年外国哲学获批天津市“十二五”综合投资重点学科，2016年评估合格。在外国哲学学科基础上发展为哲学一级学科，主要有三个学科方向：外国哲学、马克思主义哲学、中国哲学。2017年获批“天津市高校第五期重点（培育）学科”。2018年获批教育部哲学硕士一级授权学科。

十余年的学科建设历程，我们得到了南开大学陈晏清教授、周德丰教授、阎孟伟教授、王新生教授、李国山教授、北京大学赵敦华教授、北京语言大学李宇明教授、中国社会科学院黄行研究员、山西大学江怡教授、北京师范大学王成兵教授、河北大学武文杰教授、中山大学陈建洪教授、天津大学宗文举教授、天津医科大学苏振兴教授、美国中美后现代研究院王治河教授、清华大学卢风教授、北京林业大学周国文教授、天津社联副主席张博颖研究员、原秘书长陈跟来教授、天津社科院赵景来研究员、秘书长李桐柏、天津市哲学社会科学工作领导小组办公室主任袁世军、天津社联科研处处长杨向阳等同志的关怀、帮助和支持，在此深表敬谢！

山西大学江怡教授（长江学者特聘教授、中国现代外国哲学学会荣誉理事长）在百忙之中应邀为本丛书作序，是对我团队全体编写人员的鼓励。江怡教授学识渊博，世界哲学视野宽广，富有深刻的哲学洞察力和严谨的逻辑思想，在学界享有赞誉，短短几天，洋洋洒洒万言总序，从宏观上对西方两千五百年的哲学史做了全面概括，阐述了深刻的哲学思想并做了实事求是的评价，值得我们认真学习。江怡教授对书稿有关内容提出了宝贵的修改意见，感谢江怡教授对我们工作的支持和鼓励！

特别要感谢授业恩师南开大学车铭洲教授对我一如既往的关怀和帮助。记得每次拜望车先生，聆听老人家对西方哲学的独到见解，总有新的收获。祝车先生和师母身体健康！

本丛书能顺利出版，要感谢天津人民出版社副总编王康老师。本丛书的出版论证、方案设计、篇章结构、资料引用、插图（包括图片收集的合法途径）及样稿等，均得到天津人民出版社的帮助和认可。特别要感谢王康老师曾把我们提交的样稿和图片咨询了天津人民出版社法律顾问和有关律师，目的是尊重知识产权，尊重前人成果，以符合出版规范和学术规范。天津人民出版社责任编辑郑玥老师、林雨老师、王佳欢老师等为本丛书的出版做了大量编审工作，在此深表敬谢！

我希望通过组织编写这套丛书，带好一支学术队伍，把“培养人才，用好人才”落实在学科建设中，充分发挥中青年教师的才智，服务学校事业发展，而我的任务就是为中青年才俊搭桥铺路。外国哲学的研究离不开外语资源，把哲学教师和英语教师及研究生组织起来，能够发挥哲学与外语学科相结合的优长，锻炼一支在理论研究和文献翻译方面相结合的队伍，在实践中逐步凝练天津外国语大学欧美哲学团队精神，“凝心聚力，严谨治学，实事求是，传承文明，服务社会”，同时为“十三五”学科评估积累科研成果，我的想法得到了学校领导和有关部门的大力支持和帮助，在此深表致谢！

编写这套丛书，自知学术水平有限，只有虚心向哲学前辈们学习，传承哲学前辈们的优良传统，才能做好组织编写工作。我们要求每一位参加编写的作者树立敬业精神，撰写内容必须符合学术规范和出版规范；要求每一位作者和译者坚持文责自负、译文质量自负的原则，签订郑重承诺，履行郑重承诺的各项条款，严格把好政治质量关和学术质量关。由于参加编写的人数较多，各卷书稿完成后，依照签订的承诺，验收“查重报告”，组织有关教师审校中文和文献翻译，做了数次审校和修改，以提高成果质量。历经五年多的不懈努力，丛书终于面世了，在此向每一位付出辛勤劳动的作者，深表感谢！

由于我们编著水平有限，书中一定存在诸多不足和疏漏之处，欢迎专家学者批评指正。

佟 立

2019 年 4 月 28 日

西方哲人智慧丛书书目

1.《古希腊罗马哲学家的智慧》
(*Wisdom of Ancient Greek & Roman Philosophers*)

2.《中世纪哲学家的智慧》
(*Wisdom of Medieval Philosophers*)

3.《文艺复兴时期哲学家的智慧》
(*Wisdom of Philosophers in the Renaissance*)

4.《启蒙运动时期哲学家的智慧》
(*Wisdom of Philosophers in the Enlightenment*)

5.《理性主义哲学家的智慧》
(*Wisdom of Rationalistic Philosophers*)

6.《分析哲学家的智慧》
(*Wisdom of Analytic Philosophers*)

7.《现代人本主义哲学家的智慧》
(*Wisdom of Modern Humanistic Philosophers*)

8.《科学–哲学家的智慧》
(*Wisdom of Scientific Philosophers*)

9.《后现代哲学家的智慧》
(*Wisdom of Postmodern Philosophers*)